趙少咸文集

趙少咸 著

經典釋文集説附箋殘卷

四

中華書局

經典釋文集說附箋卷第二十五

成都趙少咸

老子道經音義

唐國子博士兼太子中允贈齊州刺史吴縣開國男陸德明撰

老子姓李名耳河上公云名重耳字伯陽陳國苦縣厲鄉人史記云字聃又云仁里人又云陳國相人也○箋曰敘錄注解傳述人引史記云字聃又云曲里人一云陳國相人按今本史記作楚苦縣厲鄉曲仁里人也字伯陽謚曰聃正義云朱韜玉札及神仙傳云老子楚國苦縣瀨鄉曲仁里人也又續漢書郡國志陳國苦春秋時曰相有賴鄉劉昭注引古史攷曰有曲仁里老子里也則此云仁里鈌曲字敘錄云曲里鈌仁字殆傳寫致漏生而皓首劉向列仙傳云受學於容成生殷時為周柱下史覩周之衰乃西出關是周敬王時也為關令尹喜說道德二篇尚虛無無為劉向云西過流沙莫知所終凡五千餘言河上公為章句

四卷不詳名氏○箋曰公通志堂本作注江校於注字側施丨北館本同盧文弨本注作公按下文稱河上公敘錄于此
正稱河上公則盧改是也今從之文帝徵之不至自至河上責之河上公乃踊
身空中文帝改容謝之於是授漢文以老子章句四篇○攷證云舊以
字在漢文上誤今改正校語錄云授以以字盧校改在漢文下箋曰敘錄云於是作老子章句四篇以授文帝此以字則當在
漢文下于文意乃順今依盧改江校于以字側施丨北館本同蓋亦疑此以字有誤也言治身治國之要
其後談論者莫不宗尚玄言唯王輔嗣妙得虛無之旨今依王本博采
衆家以明同異道生天地之先德道之用也微小道也邊也微妙也古弔反較音角又校量深
淺也傾高下不正貌去營反隆之稱尺證反一本作號一本作名○箋曰王注云尚者嘉之名也貴者隆
之稱也稱名號三字雖異而義實同此亦陸氏所云今依王本博采衆家以明同異之指也臧校改號為号北館本同按廣韻
三十七号号亦作號又云號上同則號号一也不必改也曷何葛反何也為而常校音教能

相射食亦反　穿音川　窬音俞又音豆○箋曰禮記儒行釋文圭窬徐音豆說文云穿木戶也郭璞三倉解詁云門旁小窬也音臾此首音俞即同郭音又音豆即同徐音　探吐南反　聖人之治直吏反　弱其志心虛則志弱也本無為字○攷證云舊在隆之稱也上誤案本文云弱其志強其骨今移於強字上校語錄云盧移弱其志條於強字條上箋曰隆之稱也至聖人之治諸條今本經注皆在弱其志條之上盧文弨移于此是也臧校于此條上下施一益亦謂此十三字有誤倒今依盧校　強其良反又作彊○箋曰廣韻巨良切強健也彊與強通用說文曰弓有力也按強彊說文鉉音並巨良切二字同音故此經強其骨之強又有作彊者其義正與弱其志之弱相對　使夫音符　知者音智　道沖直隆反　不盈本亦作滿○箋曰滿與盈義同故王注不盈陸亦云或作不滿　淵兮河上作乎○攷證云淵乎今本皆作兮校語錄云乎當作兮箋曰江校改乎為兮此館本同按古逸叢書本經文亦作兮廣雅釋詁四兮乎詞也故河上公本兮作乎且字書韻書不載乎字今據改　挫子臥反　銳悅歲反　解其紛拂云反河上云芬○武義內雄老子原始云解其紛此句在四章又見五十六章舊鈔河上本被作忿此

章作紛王本於彼章作分據其注則分者忿之訛此章舊鈔與河上本同此王河兩本字亦同至景龍碑及敦煌本此章之紛皆改作忿此以假借字而還為正字者也箋曰扶云反即説文鉉音撫文切並為紛芬二字之本讀蓋陸氏所見王本實為紛亂之紛河上公作章句謂紛乃芬同音借字故釋為芬以經云挫其鋭解其紛和其光同其塵解其芬芳正道家清虛以自守卑弱以自持之旨也故王注於五十六章云除爭原也忿讀敷粉敷問二反其義為怒經文紛與門塵為韵依經文及陸氏反語皆不當作忿武義內雄以忿為正字恐非

湛直減反　夫執一家之量音亮　贍涉豔反

滿以造實七報反　又復扶又反　不盈或作滿　不能累力僞反

萬物舍音捨又作捨○攷證云又作捨舊捨仍作舍譌今改正校語錄云又作舍非異文誤盧改捨箋曰凡云又作者其字必異此正文作舍則注文例不得相同按王注云萬物舍此而求主舍説文鉉音始夜切本義為屋也引申有止義捨鉉音書冶切義為釋也王注之舍借捨棄之捨此音捨即讀為捨其又作捨者用本字也通志堂本又作捨之捨作舍實誤今依盧文弨改

汙音烏　而不渝羊朱反　以萬物為芻楚俱反　狗古口反　治

直吏反

有為 于偽反下有為不為皆同○攷證云有為舊有字本未刻今補校語錄云闕處盧補有字箋曰通志本有字處為墨釘此陸為王注有恩有為之為作音詩鳧鷖釋文為于偽反助也是其義若不作音則讀同廣韻五支薳支切其義為造作矣王注下文又有有恩有為及地不為獸生芻故陸云下有為不為皆同盧文弨于此墨釘處補有字是也今從之

其猶槖 他各反

籥 音藥

掘 求物反又求月反河上本作屈屈竭也顧作掘云猶竭也○攷證云又求月反河上本作屈求字本字舊俱未刻今補校語錄云闕處盧補本求字箋曰通志本又字下為墨釘上字下同盧本補求字本字是也今依改求物反讀同廣韻八物衢物切掘掘地又求月反讀同廣韻十月其月切掘穿也二讀之意義相近河上公本作屈屈云屈竭也古逸叢書本正作屈即依河上本王注釋為窮屈顧懽老子義疏本屈作掘與陸氏所見王本同屈乃屈之隸省說文尾部屈無尾也通訓定聲云呂覽安死智巧窮屈注盡也按廣韻衢物切有屈則屈掘為同音通用

動而愈出 羊主反又羊朱反○箋曰羊主反讀同廣韻九麌以主切又羊朱反則讀平聲集韻十虞容朱切愈勝也益也老子動而愈出正本此又音

排 扶拜反

槖 無底囊乃各反○校語錄云闕處盧補槖字注云無底囊乃各反案槖字下當

音乃各乃者囊字之音紐也以字數計之疑當作橐他各反本又作囊乃郎反箋曰通志堂本此條但殘存注文囊乃反三字餘為墨釘盧文弨雖補之而于攷證不言殆其偶疏惟依字數計之校語錄之說近是

空洞 同貢反

多

言數窮 王云理數也顧云勢數也○攷證云顧云勢數也舊數字未刻今補此下舊尚空四五格未刻校語錄云勢□也盧補數字以下未補箋曰通志堂本勢數之數為墨釘盧補數字是也今從之

足以共 音恭亦音拱○箋曰王注云則不足以共吹者之求也此首音恭即讀為供說文人部供給也鉉音居容切段注云古經用共為供之假借按王注用共亦借為供陸云亦音拱則讀上聲故云亦音

谷 古木反中央無者也河上本作浴浴者養也○惠棟校云谷本音育箋曰谷說文鉉音古祿切古祿即此古木在屋韻見紐為谷字本讀王注云谷中央無谷也則此中央無者也本王義河上公本作浴訓養則讀為養育之育鉉音余六切在屋韻喻紐浴鉉音余蜀切在燭韻喻紐釋文屋燭多混詩燕燕以勗勖凶玉反徐況目反玉在燭而目在屋是其證惟惠云谷本音育尚有未周

玄牝 頻忍反舊云扶比反簡文扶緊反○攷證云舊音扶死反舊音譌云死譌比今皆改正校語錄云舊云扶比反盧改作舊音扶死反經籍舊音辨證三云通志本作扶比反盧

文弨改爲扶死反承仕案比死同韻不應輒改今仍舊作扶比反箋曰比死同在旨韻扶比扶死皆即廣韻扶履切也又舊云與舊音之義不殊盧文弨改云爲音改比爲死俱非今並仍通志本之舊頻忍反爲典籍常用者故爲首音即廣韻毗忍切也扶比反爲舊讀故次之梁簡文帝老子私記音扶緊反與頻忍反爲輕重交互陸以其反語用字異故附于末

中央

無一本作空○箋曰無與空義同

私邪河上直云以其無私○老子原始云舊鈔河上本此句與王本同景龍碑云敦煌本與陸引河上本同箋曰王本經文作以其無私邪河上公本無句末邪字故陸云河上直云按王注云無私者無爲於身也則王本之邪非疑問詞邪與也義同經文云以其無私邪故能成其私可證說文邑部邪下段注云邪也古書多不分別此其例矣

處本合作居○攷證云一本作居舊作本合作居校語錄云本合作居合殆又之誤箋曰通志堂本作本合作居江校于合字側施丨亦疑合字有誤盧文改爲一本作居法偉堂謂合爲又之誤並非疑合乃或之聲近誤字傳鈔者致譌也居與處義同猶下文云滿堂本或作室咳本或作孩恬本或作栝下文云本或作者非一則此作本或作居正同一例

惡烏路反注同○攷證云注及下同舊譌注作同也今改正校語錄云注作同也注下有脫誤盧改注及下同箋曰通

志堂本注同二字作注作同也四字按此四字不通盧文弨改為注及下同四字亦非此為經文處眾人之所惡之惡字作音廣韵十一暮烏路切惡憎惡也即其義王注云人惡卑也則王注之惡與經同故云注同自此以下至六親不和有孝慈國家昏亂有忠臣經注皆無惡字六親二語王注云甚美之名生於大惡釋文云大惡烏路反則此不當有及下二字依陸書之例但作注同二字足矣今據正

幾 音機近也又一音祈○箋曰左傳僖十四年釋文云幾亡音祈又音機此二讀之義實同詳彼

善治 直吏反

揣 初委反又丁果反志瑞反顧云治也簡文章樏反○箋曰廣韵四紙初委切揣除也即此首音之義又丁果反讀為椯說文木部椯劉也銓音兜果切兜果即丁果經云揣而梲之王注云既揣末令尖又銳之令利此初委丁果二反正與王注所釋之義同志瑞反讀同莊子大宗師鑪捶之捶釋文云捶本又作錘徐之睡反郭象注以治鍛釋之即此引顧懽老子義疏云治也之義集韵五寘之瑞切揣治擊也即本此志瑞反章樏反讀如椎樏乃欙之省說文銓音力追切故集韵六脂朱惟切云揣治擊也老子揣而銳之梁簡文讀

而梲 音銳梲字音莌奪反又徒活反河上作銳○箋曰音銳即讀為銳以王注釋為利也河上公本作銳為本字王本經文作梲為借字莌奪反即說文銓音他活切屬

透紐義爲木杖非此經之義又徒活反則屬定紐讀如奪故云又　末令力征反　尖子廉反　勢必

摧粗雷反○校語錄云摧無清毋一讀粗益組之譌也箋曰粗屬清紐自是譌字然法偉堂改爲組組屬精紐亦未爲得此粗

當爲徂之譌廣韻十五灰昨回切摧折也是其義左傳昭二十九年釋文摧徂回反正用徂字　衄女六反　滿堂

本或作室○箋曰室與堂義同　自遺唯季反又以之反○校語錄云以之反上有脫字遺亦不讀以之反箋曰各本

無又字江校補又字北館本同是也今從之此首音唯季反讀同廣韻六至以醉切遺贈也又以之反讀如惟廣韻六脂以

追切遺贈也平去二讀相承釋文脂之多不分故此作以之反耳法氏于周易比卦曾云脂旨至與之止志陸殆不分故此六

部字多與廣韻不合後倣此按法氏彼說是也此謂遺不讀以之反正以廣韻在六脂遂與前說相違矣　咎求九反

功遂本又作成○箋曰經云功遂身退王注云功成則移陸云本又作成益典籍多用功成也　四時更

音庚　能無離力智反○箋曰周易漸卦釋文云離力智反鄭云猶去也即此經離字之義　滌徒歷反

疵在斯反　邪似嗟反　物介音界　民治河上本又作活○箋曰經云愛民治國王注云

治國無以智又云則民不辟而國治之也王本作治為長河上公本治又作活陸云又作實以著其異也　以求匿

他得反　辟匹亦反　開闔戶臘反　不昌尺亮反○攷證云按王弼注雌應而不倡不作昌字箋曰集韻尺亮切唱說文導也亦作倡昌則釋文作昌與今王注作倡一也　而處昌慮反　以知乎音智河上本又直作智○攷證云今文云明白四達能無為乎注作能無以為乎河上本正文作能無以知乎此所音河上本也校語錄云以知乎當移開闔條上箋曰陸氏于敘錄云今依王本博采眾家以明同異盧文弨謂此所音河上本也又謂王本經文能無為乎河上本作能無以知乎皆與釋文所說不合此謂王本以知乎之知乎河上本又直作智且無乎字耳猶上文王本經文以其無私邪河上本無邪字陸氏云私邪河上直云以其無私之例耳法偉堂謂此條當移開闔條上亦非開闔條上經文作能無知乎非以知乎三字連文王注云能無以智乎則以智乎三字為王注而陸云河上本云云必非王注矣則法說亦未可從

恃河上本作侍○攷證云侍字舊未刻今補校語錄云闕處盧補侍字箋曰通志堂本侍字處為墨釘臧校補侍字北館本同與盧文弨所補者合案經籍纂詁亦云老子為而不恃河上本作侍蓋即依諸家所校者攷恃說文鉉音時止

切侍鋌音時吏切則侍侍上去相承今依改**長**丁丈反**三十輻**音福車轂**共一轂**古木反車輻**當**丁浪反**無有車**音居又去於反○校語錄云車無讀去於者此未詳箋曰去於反讀如祛袖之祛集韵九魚丘於切車車也老子有車之用正本此則丁度等所見釋文已然矣**挻**始然反河上云和也宋衷注太玄經同聲類云柔也字林云長也丑連反又一曰柔挻方言云取也如淳作擊○攷證云挻諸家本並作埏古無埏字校語錄云君連反君益丑之誤如淳作繫繫益擊之誤長笛賦注引如氏曰挻擊經籍舊音辨證三云各本並作字林君連反任大椿字林考逸引作丑連反承仕案丑連反是也類篇集韵挻字有抽延一切是其證又按釋文有宋衷注本云經同七字語不可通應作宋衷注太玄經同漢書敘傳亾德相挻蕭該音義引太玄經曰與陰陽挻其化宋忠曰挻和釋文謂宋衷注與河上注同同耳太玄二字形近譌作本云遂不可通又按釋文云如淳作繫繫字為擊之形譌文選長笛賦丸挻彫琢李善引漢書音義如淳曰挻擊也李引如淳當即敘傳注語也此即德明所本荀子陶人埏埴而為器楊倞注擊也與如說同此作擊不作繫之證黃侃箋識云此言如淳引方言取作擊非謂老子有作擊之本箋曰盧文弨云挻諸家本並作埏者埏實挻埴之後出俗字廣韵二

仙式連切埏打瓦也老子注云和也其字正從土益以埴字從土而製之也陸氏云始然反者為挻字本讀即說文鋋音式連切也老子注解傳述人無宋衷則各本宋衷注本云經同本云二字乃太玄之形近譌字今依吳承仕所說改丑連反之丑舊譌為君江校改為丑北館本同說文木部梴長木也鋋音丑延切段注云道德經音義曰梴始然反河上云和也聲類云柔也字林云長也丑連反則段注已改君為丑今按廣雅釋詁一挻取也曹憲云式延丑延尤可證君為丑之誤今依諸家改惟始然反為挻字本讀字從手丑連反為梴字本讀字從木詩商頌殷武釋文云有梴丑連反不載始然反一讀即以其字從木也從才從木之字典籍相混者非一餘詳殷武方言一卷挻取也而如淳漢書音義訓擊故云如淳作擊釋文各本擊作繫者形近致譌廣韵二仙式連切挻柔也擊也和也取也長也柔也本聲類擊也本如淳和也本河上公取也本方言長也本字林然此五義皆據釋文此條耳今廣韵惟泰定本作擊餘本亦誤為繫是釋文此必作擊無疑矣今依法吳二氏所說改

埴 市力反河上云土也司馬云埴土可以為器釋名埴膱也杜弼云埴黏土也○攷證云釋名云埴膱舊膱譌職今據本書正校語錄云職當作膱下脫也字箋曰通志堂本膱誤職江校改為膱膱下又增也字按釋名釋地云土黃而細密曰埴埴膱也黏肥如

脂之職也則此職作職者以形近致誤又漏也字今依諸家所校改補　鑿戶在各反　五色青赤白黑

黃也　令力征反　盲陌庚反　五音宮商角徵羽也　聾力東反　五味酸鹹甜辛苦也　口

爽爽差也河上云亡也　騁勑領反　狂求匡反　令人行下孟反　妨音芳　去羌呂

反　寵辱簡文云寵得也辱失也　若驚顧云若而也　貴重也河上云畏也○攷證云舊云字作公

今依前後文改校語錄云河上公畏也公盧改云箋曰通志堂本云作公按陸氏于注文內皆省稱河上不出公字畏也二字

為河上公老子章句之言猶上文云爽差也河上云亡也之例今依盧文弨改　大患若身河上云空也　何謂

寵辱若驚河上本無若驚二字　身為于偽反　易以豉反　名武征反　曰夷顧云

平也鍾會云滅也平也　曰希希疏也靜也　搏音博簡文補各反○箋曰補各反即讀如博此直音與反語並

出者陸以簡文用字異故具錄之　曰微細也　致詰起吉反　故混戶本反　不皦古曉

反明也又胡老反○攷證云明式云胡老反明式不知何人不見序錄經籍舊音辨證三云按明式云三字為明也又三字之

誤尋類篇皦字注云吉了切明也皦又下老切明也老子其上不皦益吉了切訓明下老切亦訓明故兩出明也之訓又於下老切下出老子語明下老切明也其音義本之老子釋文使釋文本作明式云依類篇立文之例應云明式讀今無此言可證北宋本釋文之不誤矣宋人彭耜纂集道德真經集注釋文出不皦二字引陸德明云古老切又胡老切亦明式不為人名之一證箋曰吳氏所説是也通志本式云二字實也又二字之譌今依吳説改此首音古曉反即説文鉉音古了切為皦字本讀胡老反則讀為皓爾雅釋天釋文云皓胡老反光明也是其證以胡老反之音與字已異故云又耳

不昧　梅對反〇校語錄云悔對反悔對同部不能為切悔益梅之異箋曰通志本盧本梅作悔以形近致譌臧校改為梅北館本同是也今依改

繩　食陵反又民忍反梁帝云無涯際之貌顧云無窮不可序或曰寬急河上本作繩〇攷證云河上本作繩當是作繩繩少一繩字眾家攷異俱不言校語錄云繩非異讀必誤盧云當作繩繩云云老子原始云舊鈔河上本繩繩下有兮字此條王河之差只在兮字之有無耳箋曰繩説文鉉音食陵切為本讀故為首音民忍反益讀作澠集韻弭盡切繩繩無涯際貌即本梁帝所釋今王本經文作繩繩不可名疑此條正文是繩繩二字梁帝與王本同故集韻作繩繩無涯際貌河上公本繩

繩下有兮字故陸氏亦著其異臧校改或曰爲或云北館本同按或曰或云之義不殊今仍各本之舊　復音服

怳虛往反○攷證云怳今文作恍後惟恍惟惚同箋曰集韻虎晃切慌昬也或作怳恍則怳恍一字異體　治直吏反

强其丈反　豫如字本或作懊簡文與此同也　儼魚檢反○箋曰廣韻檢在琰韻釋文琰儼不分詩柏舟釋文儼然魚檢反與此正同可證

樸普角反又作朴○箋曰廣韻匹角切樸木素朴上同葢典籍以朴樸二字同音通用說文朴訓木皮樸訓木素此又作即借朴爲樸

混胡本反　蔽必世反王云覆葢也鍾婢世反梁武同也○箋曰廣韻必袂反蔽掩也與王注義同必袂即必世屬邦紐鍾會婢世反則讀並紐此乃邦並相混其義固與王注同

蔽覆芳富反　生長丁丈反　卒子恤反又尊恤反○攷證云子恤反舊子譌千今改正校語錄云千盧改子箋曰通志堂本子作千按千屬清紐而廣韻倉聿切無卒攷王注云故萬物雖並動作卒復歸於虛靜莊子秋水釋文卒崔子恤反盡也廣韻子聿切卒終也盡也子屬精紐皆可證千乃子之形近譌字今依盧文弨所改子恤尊恤反語用字之異

凡物本作夫○攷證云河上公作夫箋曰古逸叢書王本經文作夫物芸芸各復歸其根字即作夫此夫

為語助讀防無切屬奉紐非讀甫無切文夫之夫陸謂作凡者為夫之雙聲借字凡不當訓為廣韻符咸切非一也之凡故云本作夫耳盧文弨所說無據

則物離 力智反 **其分** 扶問反 **虎兕** 徐子反○箋曰兕說文鉉音徐履切在廣韻五旨子在六止此亦釋文旨止不分也

無所容鋒刃 芳逢反○攷證云王注作兵戈無所容其鋒刃有其字

大上 音太王云太上謂大人也顧云太古上德之人也

行施 始致反○攷證云始攱反舊攱作致譌今改正校語錄云致盧改攱箋曰始致反讀為廣韻五寘施智切之施易曰雲行雨施施致在六至者釋文寘至不分也盧文弨改致為五寘之攱未明釋文之例今仍通志本之舊

次侮 亡甫反 **疵** 字斯反 **釁** 許靳反○校語錄云釁靳不同部靳疑覲之誤箋曰廣韻釁在二十一震靳在二十四焮然釋文不分詩小雅斯干周禮龜人禮記月令左傳宣十二年釋文並作許靳反可證法說非也互詳斯干

悠 孫登張憑杜弼俱作由一本猶用也○箋曰悠由猶三字廣韻並在十八尤以周切同音通用此猶上疑當有作字

有應 應對之應 **知慧** 音智

趣 七喻反又音促○箋曰七喻反即廣韻十遇七句切趣趣向又音促即讀為促廣韻三燭七玉切促速也二義互相足

覩形見賢遍反　大惡烏路反　治直吏反　則濡而朱反又而注反○攷證云王注則相濡之德生也有相字箋曰莊子天運釋文相濡如主反又如瑜反按而朱如瑜皆即廣韻十虞人朱切之濡霑濡天運之如主疑當作如注廣韻九噳而主切集韻爨主切俱無此濡而集韻十遇儒遇切濡沾溼也當即本此而注反　百倍蒲罪反　令力征反　所屬之欲反注同　見賢遍反　抱樸普角反　之善一本作傑　行下孟反○攷證云王注仁義人之善也人本或作行箋曰依盧說則王注為仁義行之善也上句聖智才之善也陸云一本作傑則一本作聖智才之傑也　唯遺癸反舊云維水反○箋曰遺癸維水用字之異左傳定十四年釋文云曰唯唯癸反舊以水反惟癸即遺癸以水即維水詳彼　相去欺慮反　幾居豈反　燕於見反

雀將藥反　鳩九求反　鴿古合反　有仇音求　氈之然反本作旃○攷證云王注寒鄉之民必知旃裘箋曰氈旃二字說文鉉音皆諸延切氈裘作旃求者為同音借字方言十卷[illegible]郭注音旃裘郭以旃裘為方言作音可見魏晉時通用旃裘也　裘音求　續鳧音符　截昨結反　鵠戶各反○攷證云王注鵠作鶴道藏本同二字

本通用校語錄云鵠不音户各箋曰莊子天運釋文鵠本又作鶴胡洛反又庚桑楚鵠本亦作鶴户洛反户洛胡洛皆即此户各鵠本讀胡沃切二字雙聲通用且釋文亦有沃鐸混用者如詩小戎鋈音沃舊音惡可證古逸叢書本王注亦作鶴與盧文弨所見諸本同釋文作鵠而云户各反即讀為廣韵十九鐸下各切之鶴矣法偉堂所説非也

衆人熙熙其許反

若亨普庚反殺煮也簡文許庚反河上公作饗用也○攷證云諸本皆作如享宋本饗作嚮老子原始云現河上本王弼本皆作享玉燭寶典三引此文作饗與陸所引河上本合箋曰若如同屬日紐典籍通用普庚反即廣韵十二庚撫庚切亨煮也俗作烹許庚反即廣韵許庚切亨通也或作亯河上本亨作鄉人飲酒之饗為借字則讀許兩切廣韵三十六養許兩切饗獻也亨上同亦作享盧云諸本皆作享亨享皆亯之隸變説文五篇亯獻也鉉音許兩切又普庚切又許庚切故古逸本亦作享與盧所見諸本同若宋本饗作嚮藏校正改饗為嚮即依宋本乃北出牖也之向之俗廣韵許兩切亦有之謂為同音借字亦可惟典籍鮮有用嚮為饗或享字耳

牢力刀反

廓苦郭反河上本作泊普白反○攷證云今文我獨泊兮其未兆王弼本泊作廓藏本作怕説文怕無為也藏本為是今王弼本作泊古本作魄箋曰古逸本經文亦作泊按王

注云言我廓然無形之可名無兆之可舉則王本實作廓陸德明所據本是也今王本廓作泊者恐是後人依河上公本所改廣韻十九鐸苦郭切廓空也即王注所釋經文之意廣韻二十陌普伯切怕憺怕靜也又泊淺水皆無他訓河上作泊為同音借字藏本作怕用本字耳

咳

胡來反說文字本或作孩○箋曰說文口部咳小兒笑也從口亥聲孩古文咳從子鉉音戶來切戶來即此胡來按古逸本經文作如嬰兒之未孩字形作孩與陸云或作者同陸于此云說文字本或作孩者典籍或用咳為嚔咳字禮記內則釋文咳苦愛反可證

儽儽兮

力追反一本曰損益也敗也欺也說文音雷古本河上作乘乘兮○校語錄云曰損益也曰盧本作曰偉疑此處有闕誤訓損益訓欺並不可解老子原始云舊鈔河上本作儡儡兮景龍碑作乘乘兮箋曰陸謂說文音雷雷在灰韻來紐力追反則在脂韻此脂灰來紐相混按今本說文人部儽垂貌從人纍聲一曰嬾懈又儡相敗也從人畾聲讀若雷陸氏所引音雷或相敗也之儡字故段注云道德經傅奕本儡儡兮其不足以無所歸陸氏釋文曰儽一本作儡敗也欺也說文音雷又儽下段注云老子曰儽儽兮若無所歸王弼陸希聲本同河上公本作乘乘儽從積絫之絫與乘義相近今按古逸本作儽儽兮若無所歸實段所稱之王弼本也江校于此云當云一本作儡儡敗也欺也

說文音霤乃與說文合北館本同江氏所錄段校與說文偏字注所引陸氏釋文合景龍碑作乘乘與陸氏所見古本河上合

所別彼列反 析星歷反 所好呼報反 沌本又作忳徒損反又徒門反簡文音頓○箋曰徒損反即廣韻二十一混徒損切沌混沌廣韻二十三魂徒渾切忳悶也即本此又徒門反簡文音頓讀去聲平上去三讀相承案經文云沌沌兮俗人昭昭我獨若昏俗人察察我獨悶悶則此徒門反讀平聲與昏為韻簡文音頓與悶為韻故陸氏並載之

俗人昭昭章遙反一本作照○箋曰章遙反為昭之本讀一本作照則讀去聲王弼注云耀其光也王注與作照之本尤合

悶悶如字

澹兮其若海徒紺反古本河上作忽兮若海嚴遵作忽兮若晦

飂力幽反梁武作飄簡文云敷遙反河上作漂兮○攷證云梁簡文作飄河上作淵兮舊簡文在作飄下又下作字亦脫今移正並補老子原始云淵當作漂天文鈔河上本作瀏兮廣明幢作瀏兮瀧川本及世德堂本作漂兮按瀏瀏為漂之或體而漂飂音相近箋曰王本經文作飂兮若無止此首音力幽反為王本飂字作音梁武帝飂作飄簡文帝與之同故云敷遙反此猶下文恬澹條並載梁武及簡文之音釋也通志堂本漏一武字耳老子音義皆省稱云梁武云簡文無有作梁簡文三字者

盧文弨移簡文二字於梁下與全書之例不合今不從但補一武字於梁下則上下文並順義與全書一律矣陸云河上作淵兮淵當依武義內雄所說作漂廣韵四宵撫招切漂浮也亦作瀏與飄同音作淵則音與義俱不合又通志本河上下漏作字盧文弨補之是也今並從之

縶縶張立反一作執○箋曰莊子秋水釋文縶豬立反司馬云拘也三蒼云絆也即王注縶縶之義一作執則同說文㚔部執捕罪人也鉉音之入切字雖異而義同

母如字

德之容鍾云法也簡文云狀也○攷證云簡文云狀也舊脫文字今補校語錄云簡云簡下盧補文字箋曰通志堂本簡下漏文字盧文弨補之是也今從之

怳況往反又呼廣反○箋曰況往反即上文之怳虛往反並同廣韵三十六養許昉切為怳字本讀又呼廣反則同廣韵呼晃切在三十七蕩此為養蕩晚紐相混今王本經文怳作恍異體字也詳上

窈烏了反○攷證云窈舊下從幻譌今改正校語錄云窈盧改窈箋曰通志堂本窈作窈兆館本改為窈按說文穴部窈深遠也從穴幼聲鉉音烏皎切今依改

冥莫輕反

說一云悅○校語錄云一云悅三字殆誤箋曰廣韵十七薛弋雪切悅喜也樂也經典通用說陸云一云悅謂王注以無名說萬物始也之說如字讀為廣韵失爇切之說告也又有讀為弋雪切切之悅

者一云悅猶一音悅矣

狀哉 河上一本直云吾何狀也○箋曰王本經文何吾何以知衆甫之狀哉河上公一本哉作也又無以知衆甫之五字

見 賢遍反

枉 音往○校語錄云枉往不同讀音往二字必誤他處皆紆往反箋曰枉音紆往反者其義為邪曲也禮記少儀毋循枉釋文云枉紆往反邪曲也即可為證此經云枉則直王注云不自是則其是彰也依下經文不自是故彰為注則此云音往益讀為廣韵三十六養于兩切之㞷是也明也陸本王注作音故與他處紆往反者之音異而義亦異

窪 烏瓜反簡文烏麻反顧云洿也○箋曰瓜麻同韵烏瓜烏麻用字雖異而音實同陸以簡文用字有異故並載之

蔽 必世反○攷證云蔽今文敝則新河上公作弊藏本同王弼作弊箋曰王注云不自矜則其德長也陸云蔽必世反正依王注不自矜之義讀同廣韵必袂切之蔽掩也古逸本經文亦作敝其義為敗藏本作弊乃獘之俗字皆與王注之義不合且敝弊二字廣韵必袂切俱不收毗祭切乃有之依王注之義釋文本作蔽為長

轉

遠 于萬反

自見 賢遍反

彰 音章

淡 徒暫反一作澹○箋曰淡澹二字典籍通用莊子天下釋文淡本又作澹徒暫反即可為證

故飄 毗遙反又扶遙反○校語錄云扶遙上有脫字箋曰毗遙扶遙皆即廣韵

四宵符霄切字異音同通志堂本無又字故法偉堂謂有脱字盧文弨補又字是也今從之惟盧于攷證中未言及之耳

驟狀救反　道者於道河上於道者絶句○攷證云今文云故從事於道者道者同於道德者同於德淮南作從事於道者同於道河上本當作故從事於道者於道不重道者字又無同字校語錄云道者句與今本不同

企者苦賜反河上作跂○箋曰經云企者不立跨者不行河上公本企作跂為借字說文足部跂足多指也又人部企舉踵也段注云企或作跂衛風河廣篇曰跂予望之如段說此經河上作跂正與毛詩用字同

跨苦化反　餘食贅專稅反疣贅也簡文云之睿反河上云贅貪也○箋曰專之同屬照紐稅睿並在祭韵專稅之睿字異音同

行下孟反注同

郤至之行去逆反郤至晉大夫自伐事見左傳成公十六年

更為肬音尤　惡烏路反

混成胡本反　先天悉薦反　宗本亦作寂○箋曰廣韵二十三錫前歷切宗與寂同說文宀部宗無人聲也段注云宗今字作寂

寞音莫河上云寥空無形也鍾會作飂云空疏無質也○攷證云今本作寂兮寥兮畢氏沅云寂俗字說文無寥寞字寥當作廫寞當作募箋曰廣韵十九鐸慕各切寞寂寞陸云音莫則彼所見王本經文必

作寞今本作寂兮寥兮與河上公本同廣韻三蕭落蕭切寥空也又寂寥也鍾會本寥作飂寥飂同屬來紐一聲之轉畢沅依說文之字形為說非陸氏隨本作音之旨也

而不殆 田賴反危也○校語錄云殆字已數見並上聲何以此讀去聲殆田不同等殆賴不同部種種謬誤必非陸氏原文箋曰殆說文鉉音及廣韻並徒亥切與待怠諸字之音同今日俗讀上去相混乃讀去聲法偉堂謂田賴反必非陸氏原文是也惟謂殆田不同等為謬誤則非廣韻一先田徒年切而殆亦用徒為反語上字則此田賴反但賴字有誤耳

稱 尺證反 **强** 其丈反 **亦復** 扶又反 **重為**

輕 起政反 **躁** 早報反 **離** 音利○校語錄云他處皆力智反箋曰力智反在五寘音利在六至然釋文寘至不分則音利與力智反實同

輜 側其反 **重** 直用反 **榮觀** 古亂反 **宴處** 於見反簡文云謂靜思之所宴居也○孜證云河上本宴作燕易州開元石刻同箋曰燕與宴同音典籍多通用燕字如儀禮燕禮禮記仲尼燕居是也

萬乘之主 繩證反謂天子也 **輕則失本** 河上作臣○箋曰王注云失本為喪身也河上公本作輕則失臣與下句躁則失君之君相對且俱係平聲為韻

躁則失君 謂失君位 **喪** 息浪反 **善**

行下孟反無徹梁云應車邊今作彳邊者古字少也○攷證云梁當謂梁武箋曰全書于梁武帝皆省稱梁武無有再省云一梁字者此或傳寫漏去武字梁武云應車邊者唐寫玉篇殘卷車部轍除列反左氏傳莊十年視其轍亂杜預曰車迹也益梁時已有從車之轍為後出專字陸氏所見王本作徹從彳邊者依聲託事也臧校刪注文彳字江校及北館本並同按無彳則注意不知所指不當刪跡河上作迹○攷證云今文作無轍迹案說文無轍字莊子戰國策史記皆以軼為轍箋曰廣韻二十二昔資昔切迹跡為一字異體今王本經文作迹與河上公本同按莊子徐无鬼篇若是者超軼絶塵釋文引崔注云軼轍也國策齊策車軼之所能至高注云轍曰軼史記田敬仲完世家伏式結軼索隱云軼者車轍也諸家以轍釋軼者謂軼轍二字之義同也唐寫玉篇殘卷車部軼餘質徒結二反說文車相出也蒼頡篇從後出前也野王案莊子超軼絶塵楚辭九歎軼迅風於清涼源今作是也可見軼字本義如是盧文弨因說文無轍遂謂典籍皆以軼為轍實有所蔽無瑕下家反疵讁直革反譴責也○攷證云今文過也作讁與易州石刻同俗字也不別彼列反善數色主反簡文色具反河上作計○箋曰色主反即說文鉉音所矩切其義為計動詞河上本作計字異義同簡文色具反則讀為廣

韻十遇色句切之數筭數名詞經云善數不用籌策此上去二讀之義俱通 籌直由反 策初厄反 楗其偃反距門也 所好呼報反○攷證云今書中無此二字惟王注云不見可欲則民心不亂或可欲有作所好者箋曰王注不見可欲下有常使民心無欲無惑上下文相應如盧文弨說則下句又如何處置之乎凡今書中無者自當存疑不必妄加揣度也 裕羊注反○攷證云今文亦無案王注不因物於其道必失於當裕字之譌 長丁丈反○攷證云今文無官長自在下文此疑衍校語錄云所好以下三條今注本無箋曰今文無者當存疑盧文弨以爲衍非也 谿苦奚反或作溪○箋曰干祿字書溪谿上通下正則或作溪者用異體字耳 不離力智反 模莫胡反○攷證云注式模則也舊模從手譌今改正校語錄云摸盧改模箋曰通志堂本模作摸從手按廣韻十一模莫胡切模法也摸以手摸也二字音同而形義並異王弼以模釋式自當從木盧文弨改從木作模是也今從之 不忒吐得反顧云差也奭也 樸普角反 官長丁丈反 百行下孟反 故爲于僞反 無割乾過反○攷證云今正文作不割注作無割箋曰此蓋陸氏所見王本經文作無割乾過反即說文銍音古達切爲割字本讀

說文訓剝此經云故大制不割按尚書堯典湯湯洪水方割偽孔傳云割害也即此無割之義

物或歔 音虛河上本作呴許具反○攷證云案正文物下本有或行或隨此省去之耳說文無呴字畢疑應作欨說文欨吹也校語錄云今本物字不與或歔連箋曰集韻十遇吁句切呴氣以温之也或作欨呴欨二字從口從欠義本相近故集韻為一字異體畢沅見說文無從口之呴而改為從欠之欨實可不必王筠校云呴朱作咆按咆讀薄交切與許具反不合亦非

羸 力為反

或

挫 作臥反搦也簡文在臥反河上作載○老子原始云賈大隱述義云王本或作接或作隳據此則王本作接景龍碑亦作接然接字義不通據范應元集解則王本或作培或作墮按王本作培由培訛為接又訛而為挫培即莊子逍遙游篇培風之培同義即乘之意正與隳字相對河上本作載字亦乘之意箋曰作臥反即說文銼音則臥切乃挫字上本讀屬精紐簡文在臥反屬從紐此簡文精從相混故列于次然皆可證陸氏所見王本經文必是挫字故云搦也說文手部搦按也正與挫字本義同攷經文云或行或隨或歔或吹或强或羸或挫或隳强與羸義相對而行與隨歔與吹義相近挫與隳義亦相近是王本作挫非接之訛也河上公本挫作載乃與隳字相對耳臧校改河上之河為汙北館本同按無汙上其人汙必河之形近誤字今

不從 隳許規反毀也 去羌呂反 其事好呼報反 還音旋 治直吏反○攷證云王
注云為治者務欲立功生事今本治作始亦通 凶年天應惡氣災害五穀盡傷人也 難乃旦反 當
復扶又反 佳格牙反善也河上飾也○箋曰佳說文鉉音古膎切在廣韵十三佳與街同音牙在九麻格牙反蓋
讀為嘉集韵居牙切嘉善也或作佳殆即本此釋文今人讀佳如嘉不復讀若街此其濫觴矣 惡烏路反 恬
棕嫌反本或作栝梁武音膽○校語錄云㨦字太僻必誤箋曰㨦乃揲之俗體或唐人避世字諱所製廣韵三十怗徒協切揲
摺揲此字屬定紐周易繫辭揲之以四即用揲字法偉堂謂太僻必誤其說非也揲嫌反即說文鉉音徒兼切為恬字本讀或
作栝者為借字說文木部栝炊竈木鉉音他念切音與恬近蓋恬惔為雙聲連語方言十三恬靜也郭璞注云恬淡安靜即此
經恬澹之義也梁武音膽即本或作集韵古外切檜木名說文柏葉松身或作栝蓋尚書禹貢以栝為檜也禹貢之栝雖為檃
桰之桰而隸書桰亦作栝與炊竈木之栝形同也 澹徒暫反本亦作惔音同又音談字同河上本作恢梁武云苦回反簡
文作恬惔○攷證云今文作恬淡易州石刻同王弼作恬澹說文惔憂也非此義恢亦形近而誤簡文下舊脫作字今補老子

原始云恢即恢字之訛舊鈔本或作憺或作恢澹恢同音箋曰廣韻五十四闞徒濫切有憺惔澹淡諸字徒濫即此徒暫諸字同音而恬淡為雙聲連語又音談即徒暫反之平聲盧文弨以說文惔憂也為說割裂連語實誤此云本亦作惔者下文引簡文作恬惔及莊子刻意亦作恬惔也盧與武義內雄謂恢字訛誤案苦回反正恢字之音恢在十五灰乃隊韻之平聲與上恬本或作栝梁武音膾之音韻部相近膾在泰韻也若是誤字則已誤于梁武之前矣唯通志本簡文下無作字盧補作字是也今從之

樂五教反又音洛○箋曰廣韻三十六效五教切樂好也此經云是樂殺人猶孟子云嗜殺人矣故為首音

戰勝式證反

天下莫能臣也河上本作天下不敢○老子原始云不敢與莫能同義

侯王梁武作王侯

隤徒回反

長丁丈反

立名分憤問反○孜證云符問反符舊譌憤今改正校語錄云憤問反憤盧改符箋曰憤說文鉉音房吻反房屬奉紐與符雙聲盧文弨改憤為符非是今仍通志本之舊

錐音隹○校語錄云音隹隹當作佳箋曰通志堂本隹作佳以形近致譌今依盧本及法說改

治直吏反

行下孟反

道汜本又作汎周張並同○孜證云道汜舊譌汜今改正校語錄云汜盧改汜箋曰莊子秋水

釋文氾孚劒反字又作汎與此云氾本又作汎者皆爲同音通用說文水部汎浮貌氾濫也徐鉉並孚梵切王注云言道氾濫無所不適則作氾者爲本字周弘正講疏張嗣注張憑注本與他書同作汎爲借字通志堂本氾作汜案說文水部汜水別復入水也一曰汜窮瀆也鉉音詳里切與氾音義並異隸書易譌今依盧改 **衣** 於既反河上作愛也○箋曰廣韻八未於既切衣衣著動詞也此經云有衣養萬物而不爲主則衣養即衣之食之之義引申即爲愛之意河上本衣作愛衣愛並屬影紐一聲之轉 **施** 始豉反 **故復** 扶又反 **以其終不自爲大** 河上本云是以聖人終不爲大也 **於易** 以豉反○攷證云王注圖難於其易有其字案圖難於其易爲大於其細二句本老子語見德經 **樂** 音岳 **餌** 而志反 **過** 古臥反 **道之出** 尺類反 **淡** 徒暫反又徒覽反○攷證云舊脫又字今補校語錄云徒覽反徒上盧補又字箋曰徒暫又反即廣韻五十四闞徒濫切徒覽反則讀上聲通志堂本無又字實脫今依盧本補 **說** 音悅○攷證云王注感悅不作說箋曰此陸氏所見王注之字作說以其義爲喜樂故云音悅即讀爲弋雪切之悅也悅者說之分別文今王注作悅蓋後人所改 **令** 力征反 **中** 丁仲反 **將欲**

㒆 簡文作歙又作洽河上本噏也許及反顧云閉塞也○攷證云今文作歙説文無㒆字韓非子作翕傅奕本同舊簡下脱文字今補老子原始云天文鈔河上本及景龍碑作翕范應元所見王弼本亦作翕韓非喻老引亦同似王河兩本均作翕後人改王本為㒆而改河上本為噏箋曰經云將欲歙之必固張之將欲弱之必固强之歙與張相對其義為合為歙廣韵二十六緝許及切翕合也歙也各本作翕者自非無據唯集韵迄及切㒆歙也老子將欲㒆之或作噏通作歙則丁度等所見釋文即與今本同矣盧文弨謂説文無㒆字武義内雄謂後人改王本為㒆而改河上本為噏皆與陸氏所見王本及丁度等所見釋文不合陸云又作洽者廣韵三十一洽矦夾切洽合也聲義並同唯通志堂本簡下脱文字盧文弨補之是也今依補

去 羌呂反

脱 代活反

吾將鎮之以無名之樸 ○攷證云各本疊無名之樸四字

夫亦將無 簡文作不 **欲** 河上本作吾將鎮之河上者非老子所作也○老子原始云諸河上本無夫字而重無名之樸四字無欲作不欲又河上者九字貫大隱述義作梁簡疑此章非老子所作據瀧川本注於欄外之字推之則河字乃梁字之訛上者為此章之訛中間脱去簡疑二字箋曰無名之樸夫亦將無欲夫為語助莊子逍遥遊釋文云夫發句之端此無

夫字亦通又無欲簡文作不欲義同唯注文河上本作吾將鎮之此四字與王本同疑鎮之下有脫文河上者九字不詞必有奪誤然依武義内雄所校則此九字為梁簡疑此章非老子所作也十一字語意雖順而本書皆稱梁武稱簡文未有稱梁簡者

老子德經音義

德者得也道生萬物有得獲有故名德經四十四章一本四十三章○攷證云一本四十三章章字舊脫今補此當連上篇舊空數行非是箋曰通志堂本作一本四十三無章字盧文弨補之是也今依補

應應對如字則攘若羊反臂必寐反而扔人證反又音仍引也因也字林云就也數也原也故

去羌呂反無喪息浪反心見賢遍反肌己其反又音既○箋曰廣韵肌在六脂其在七之此釋文脂之不分又音既在去聲八未故云又音集韵居氣切肌體也即本此又音無所徧音遍之

量音亮母莫后反舍本音捨○攷證云今王注作捨母案此下今王注有脫文上云本在無為母在無

名下云捨母適其子則上句當云棄本而逐其末脫四字又下云捨其母而用其子棄其本而適其末仍作捨母箋曰論語雍
也釋文其舍音捨棄也一音赦置也王注之舍其義同棄故云音捨今王注之字作捨或後人改 博施始豉反○
箋曰江校改博為愽按說文玉篇廣韻諸書皆無從心之愽江校非也 偏音篇 抑於力反○箋曰江校删力
字按如江校則不成反語不當删力字 亢苦浪反 忩枉紆放反○校語錄云放當作往箋曰枉放同屬養韻
放雖有上去二讀而禮記曲禮釋文放方兩反又祭義放甫往反論語里仁同廣韻三十六養分网切倣學也放上同則此放
即倣不必改作往 尚好呼報反 敬校音教 為贍涉豔反 治直吏反 穢於廢
反○孜證云王注今作務而治薉箋曰說文艸部薉蕪也段注云今作穢是穢即薉也 耽都南反○孜證云耽今無
此字 行下孟反 遠于万反一本作弃○箋曰于万反即廣韻二十五願于願切遠離也王注云不可遠本則
一本作不可弃本義同 裂力竭反 恐歇許謁反 將恐蹶蹇月反又其月反又居衛反○
孜證云又其月反又字舊脫今補校語錄云其上盧補又字箋曰詩大雅蕩篇釋文蹶貌其厥反沈居衛反一音厥此蹇月即

讀如厥其月即其厥共為三音通志堂本其上闕又字盧文弨補之是也餘詳大雅又臧校刪居字江校及北館本並同按無居字則不成反語今不從 數色主反 礜逸注反毁礜也 琭音祿 珞音絡又音歷○攷證云音洛舊作音絡今從宋本箋曰廣韵十九鐸盧各切並有絡洛珞三字則通志本作音絡不誤今仍舊按音絡為珞字之音又音歷則讀為廣韵二十三錫郎擊切珠瓅之瓅珞與瓅同屬來紐一聲之轉 昧梅對反○校語錄云悔對反悔疑誤說見前箋曰通志本盧本梅誤悔臧校改為梅是也今依臧校及法偉堂說改詳道經不昧下

夷道若纇雷對反簡文云疵也河上作類一本作纇○攷證云簡文云疵也疵舊譌之今改正校語錄云之也之盧改疵老子原始云按纇不平也與夷相對為義類當是假借字箋曰通志堂本疵作之盧文弨改為疵案經籍纂詁卷七十云老子夷道若纇釋文引簡文注纇疵也則阮元亦從盧改今依改說文糸部纇絲節也段注云亦假類為之昭十六年傳曰刑之頗類服虔讀類為纇解云纇不平也按段說是也河上公本作類正是借字其一本作纇乃與王本同耳 內如銳反又若對反○攷證云王注纇㘨也不作內說文無㘨字以音求之當與凷塊字同若對疑當作若對校語錄云若對不成切若疑諾之譌盧校云疑當作苦對箋

曰若說文鉉音而灼切屬日紐對在十八隊為一等韻有泥紐無日紐則此若對即泥對泥日混用也泥對即說文鉉音奴對切其本義為入也陸以如銳反為首音者經文夷道若纇王注云纇內也纇與夷義相反夷為平纇為不平今王注內作吶為後出分別文其音則同廣韻十三祭而銳切盧文弨謂若對反之若有誤法謂為諾之謟法說是也然法又引盧說其意似未定何也

不見賢遍反　**全別**彼列反　**有分**符問反　**炎**于沾反　**貸**吐代反

恭一作供○攷證云王注云貸之非唯供其乏而已不作恭箋曰此恭供同音通用也今王注作供與陸氏所見一作同本字也恭則借字說文三卷共字段注云尚書毛詩史記恭敬字皆作恭不作共漢石經之存者無逸一篇中徽柔懿共惟正之共皆作共嚴恭寅畏作恭此可以知古之字例矣毛詩溫溫恭人敬恭明祀溫恭朝夕皆不作共靖共爾位箋云共具也則非恭字也

裁音才又才代反○箋曰廣韻十六咍昨哉切裁裁衣即此首音之義又十九代昨代切裁製裁即本首音今人俗語亦有讀去聲者

所惡烏路反　**稱**尺證反　**可舍**音捨　**愈遠**于萬反　**非強**其丈反　**騁**勑領反

折章舌反又常列反○箋曰左傳桓公十一年釋文折之設反又

市列反之說即此章說市列即此常列詳彼

名好呼報反

無厭於鹽反又於鹽反〇箋曰廣韻二十四鹽一鹽切猒飽也又於鹽切饜上同又五十五豔於豔切猒飽也又於廉切饜上同則此平去二讀之義不殊字形作厭者借為猒字也詳左傳昭十四年無厭條

費芳貴反

藏才浪反〇孜證云才良反舊才浪反今從宋本文云多藏必厚亡兩音皆通箋曰廣韻四十二宕徂浪切藏通俗文曰庫藏曰帑即此才浪反之音義良在十陽才良反當讀如在良切之牆藏無是讀也盧文弨從宋本誤

缺窺悅反

獘婢世反〇孜證云獘婢世反舊作弊今從宋本是河上公王弼本也傅奕本作敝婢世舊作婢庶譌亦從宋本正校語錄云獘盧依宋本作獘庶盧改世亦依宋本也箋曰爾雅釋言釋文獘字亦作弊婢世反廣韻十三祭毗祭切獘困也惡也俗作弊皆可證弊與獘一字也古逸本經文亦作弊江校改為獘與盧文弨同其實釋文作弊者非一今仍通志本之舊傅奕作敝者同音通用字詩緇衣釋文敝本又作弊符世反又禮記郊特牲敝本亦作弊婢世反棄也可見傅本作敝亦通惟通志本婢世作婢庶實譌世在十三祭庶在十一暮二韻不相通今依盧文弨改

不為于僞反〇孜證云案王注云隨物而成不為一象似當讀如字箋曰廣韻五支薳支切為爾雅

作造爲也即如字讀之義又廣韻五寘于僞切爲助也盧說是　屈丘物反僞也　訥怒忽反　躁早報
反　罷音皮　却除也　糞弗問反　禍莫大於不知足河上本此句上有罪莫大
於可欲一句○老子原始云韓非解老喻老皆有此句與王本咎莫大於欲得同義當是異文而已　咎其九反　不
窺起規反○攷證云今文作闚韓非子同箋曰禮記禮運釋文窺本又作闚去規反又穀梁序闚本又作窺去規反廣韻五
支去隨切闚小視窺上同則作窺作闚一也　羑牖二同由久反○攷證云今文無羑字陸蓋記異文也下黿蚖緷坦並
出皆與此同箋曰盧說羑牖黿蚖爲記異文以其同音也似是緷坦陸說詳下文再論之　搏波洛反　歙歙
許及反一本作惵惵河上本作悏顧云許葉反危懼貌簡文云河上公作怵○老子原始云諸河上公本皆作怵與簡文所見
本同畢沅曰歙怵義聲相近然則歙怵可得通用箋曰歙說文鉉音許及切王弼本作歙歙故以許及反為首音一本作惵惵者
集韻二十九葉虛涉切歙懼貌或作惵殆即本此按許虛同屬曉紐若怵說文心部云恐也鉉音丑律切屬徹紐聲紐遠隔但
義同耳畢沅謂聲近實非　渾胡本反　注之樹反○攷證云百姓皆注其耳目諸本皆有此句聚珍板誤脫去

咳胡來反本或作孩○攷證云河上本作孩箋曰古逸本亦作孩與陸云或作者同詳道經　冕音勉　旒音留
說文作瑬○箋曰說文玉部瑬垂玉也冕飾段注云弁師作斿玉藻從俗字作旒皆瑬之假借字按陸於此云說文作瑬正謂
王注之旒即說文瑬之借字也　充如字　黈吐口反　纊苦放反　戚七歷反　於慢武晏反
其經經定反　喪息浪反　所適丁歷反　舍音捨　兕徐履反　被皮彼反
投音頭　錯其路反○攷證云今文作措箋曰論語為政釋文錯七路反置也本作措按今本經文作虎無所措
其爪為本字陸氏所見作錯為借字　而令力征反　鋒芳逢反　累劣偽反　黿蚖二並
音元○攷證云王注無黿字陸記異文說見上　蟺徒多反又音壇又本作蟮○校語錄云注內蟺字據集韵當作壇箋曰說
文黽部鼉水蟲似蜥易長丈所鉉音徒河切此首音即讀為鼉王注作蟺為借字禮記中庸黿鼉鮫龍魚鼈生焉釋文云鼉徒
多反一音直丹反又月令鼉大多反又徒丹反又詩大雅靈臺鼉徒河反沈又音檀直丹徒丹與此又音壇並同通志堂本作
蟺涉正文蟺字而誤尊經書院刻盧本作又音蟮則涉下文又本作蟮而誤今依禮記毛詩釋文及法偉堂說改陸云又本作

蟢者蟢即蟺字之或體集韻二十八獮上演切蟺蟢為一字異體今之黃鱔是也又音壇即由此出 襲音習○攷證云

王注蚖蟺以淵為淺而鑿穴其中陸所見本鑿字必作襲箋曰今本王注作鑿其義為穿而廣韻二十六緝似入切襲重也則

陸氏所見王注作襲亦是 鷹憶矜反 鸇之然反 埤音婢○攷證云今本王注埤作卑箋曰廣韻四紙便

俾切庳下也或作埤則陸氏所見王注之字作埤正廣韻所云或作也今本王注埤作卑于義雖同而于陸音婢則不合

繒作能反○箋曰作能反即說文鉉音作滕切亦即莊子應帝王釋文則能反作則並屬精紐尊經書院刻盧本作誤竹竹

屬知紐非也 繳諸若反 網亡兩反 罟音古 卒子戌反 餌而志反○攷證云而志二字宋

本空舊補如止二字今案前篇樂與餌音而志反此必當同非臆改也校語錄云如止盧改而志箋曰而志反即說文鉉音仍吏

切莊子胠篋釋文作如志反周禮籩人釋文作而志反此條通志堂本為如止反實誤典籍無有讀餌為上聲者今依盧改

離音利○箋曰廣韻離在五寘利在六至釋文寘至不分尊經書院所刻盧本利作刈按刈在二十廢非也 稱

尺證反 長張丈反 亭之如字別也 毒之徒篤反今作育余熟反○攷證云舊余字未刻今補箋曰

北館改篤作篤劉履芬云育余反爲墨釘按說文馬部篤從馬竹聲鋐音冬毒切與毒並在沃韵故此毒又用篤爲反語下字字書韵書無有從艸之篤改篤作篤則誤又通志堂本但余字爲墨釘育說文鋐音余六切六熟並在屋韵盧文弨補余字是也今從之

庇必寐反又音祕亦作芘○箋曰必寐音祕字異音同亦作芘者爲借字詩大雅桑柔釋文庇必寐反又音祕本亦作芘同詳彼

廕於鴆反○攷證云今王注作蔭箋曰廕蔭一字爾雅釋言釋文云廕字亦作蔭於鴆反可證

復扶又反又音服○箋曰古逸本經文復作覆經云養之覆之此首音扶又反正讀爲覆又音服爲復字本讀與上文畜育毒爲韵

其兌徒外反箇文云言也河上本作鋭鋭自言也○攷證云箇文云言也文字脫也字未刻今皆補正校語錄云箇下盧補文字闕處盧補也字老子原始云舊鈔河上本及景龍碑皆作兌唯景福碑作鋭與陸氏所見河上公本同箋曰本書皆稱箇文無有者爲一箇字者通志堂本無文字實脫又也字處爲墨釘盧文弨所補是今從之

見賢遍反

小曰音越

遺唯季反

介音界

好呼報反

徑經定反邪徑

復扶又反

朝直遥反

絜好如字○攷證云今王注絜作潔非明刻一作絜箋曰古逸本王注亦作潔按說文糸部絜麻一耑也段

注云俗作潔攷廣韻十六屑古屑切潔清也經典用絜則作絜者為依聲託事加水旁作潔者為後出分別文盧文弨葢以說文無潔字遂以為非耳

蕪音無**厭**於豔反**夸**口花反**盜夸非道也哉**河上本同○攷證云今文不重盜夸二字傅奕本有箋曰古逸本經文作是謂夸盜非道也哉與盧所見本同

不拔皮八反顧云私

齊才細反**不輟**張劣反**孫傳**直專反**比**必履反○攷證云今王注作彼皆然也似誤箋曰經文以修身而家而鄉而國而天下王注釋之云彼皆然也陸氏所云比必履反葢讀為廣韻五旨卑履切之比並也依盧說自以釋文之作比為長廣韻四紙甫委切彼對此之稱其義與並異唯陸氏此條似為下經文含德之厚比於赤子之比作音廣韻五旨卑履切比校也是其義盧文弨以為是王注彼皆然也之音未是

蜂芳逢反**蠆**勑賣反

虺虛鬼反**蛇**食奢反**螫**失亦反又呼各反河上云毒蟲不螫○老子原始云據王本注義則王本亦作毒蟲不螫與河上本無異現存王本及陸氏所見本作蜂蠆虺蛇是據河上公本而誤改此非王本之舊箋曰王注云赤子無求無欲不犯衆物故毒蟲之物無犯之人也王殆以毒蟲二字釋蜂蠆虺蛇非複述經文也此河上云毒蟲不螫若是字句有異則

此云字依全書例當作作否則河上下當有本字　**攫**俱縛反　**不搏**音博○箋曰江校改博為博北館本同按不當改詳上博施條　**筋柔**居勤反筋者俗○箋曰說文四篇筋肉之力也從力從肉從竹竹物之多筋者按說文筋部在肉部後從肉不從角故爾雅釋地釋文云筋音斤本或作筋字非　**而握**於學反　**知牝**頻忍反　**牡**牟后反　**之合而全作**全如字河上作峻子和反本一作朘說文子和反又子壘反云赤子陰也子垂反○攷證云子垂反舊子作字今從宋本校語錄云字垂反字盧改子經籍舊音辨證三云按玉篇字又作㞂並形聲字也夋本屬諄部諄對轉脂故音子壘反脂旁轉歌故音子和子垂反朘與脽近說文脽尻也尻脾也脽脾聲近義同皆以後竅之名移稱前竅耳諄真旁轉最近故老子假全為朘宦者傳論曰體非全氣李善注引老子此文為證亦以全為男子陰也今廣州人正謂音子陰為朘讀如春鄒漢勛謂應讀如日朘月朘之朘朘縮也作起也其說未諦又按于和反于亦應作子類篇峻字列津垂祖回臧戈三切可證黃侃箋識云朘蓋脾之異字脾從隼聲本盅音也假借作全作篡(見內經)聲轉為攝見莊子後出字作朘峻㞂箋曰廣韻十五灰臧回切朘赤子陰也峻上同見老子㞂上同出聲類與陸氏所見河上公本作峻同玉篇字又作㞂

本聲類也說文大小徐本俱無朘唯徐鉉新附有段玉裁說文注桂馥義證皆據此釋文補于肉部之末子垂反之子通志堂本作字臧校改爲子北館本同按集韻津垂切朘赤子陰也或從肉津子同屬精紐則丁度等所見釋文亦作子不作字也字屬從紐今依正王弼本朘作全陸云如字則讀疾緣切屬從紐精從同爲齒頭音同位雙聲也則諸本之字雖異實一聲之轉不必如吴氏云韻轉矣又按子垂反與上子和子壘二反之音俱異疑此子垂上當有一音二字或有又字乃與釋文全書之例相合

終日號戶毛反

不嗄一邁反氣逆也又於介反而聲不嗄當作噫○箋曰一邁反即廣韻十七夬於犗切嗄聲敗又於介反即十六怪烏界切噫噫氣惟怪夬二韻釋文則不分如詩都人士釋文如蠆勑邁反又勑界反則此一邁於介字異音同

則夭於驕反又於表反○箋曰尚書禹貢釋文夭於驕反馬云長也即此首音之義左氏昭十九年釋文夭於表反短折也即此又音之義是此平上二讀之義適相反而陸以於驕反爲首者經文云益生曰祥王注云生不可益益之則夭也經文云心使氣曰强王注云心宜無有使氣則强陸以王注之夭與下强相儷也其又音於表反者殆以王注有生不可益之語而讀爲短折之夭也

强其良反

壯側諒反

挫子臥反

銳悅歲反 令力征反○箋曰臧校改征為正江校及北館本同按詩大雅韓奕釋文云令力呈反使也廣韻十四清呂貞切令使也而此經王注云以清廉清民令去其邪令去其汙則此作力征反不誤今仍各本之舊又按王注令去其邪云云乃經文廉而不劌之注則此令力征反及去羌呂反八字當在下條不劌之下汙音烏之上始與全書之例合或傳寫誤倒也 去羌呂反 不劌居衛反河上作害傷也○老子原始云王注云劌傷也義與河上公注不異淮南道應訓所引老子之文與王本同箋曰河上公注亦訓為傷與王注同然河上公本經文劌作害與王本異故必著之此條例所云今依王本博采衆家以明同異也 汙音烏 辟匹亦反○箋曰古逸本王注云以直導物令去其僻字作僻此云匹亦反正讀為邪僻之僻詩大雅板篇釋文云多僻匹亦反邪也注同左傳宣公九年又云多辟本又作僻匹亦反注同邪也詳大雅 激經見反又古堯反○箋曰經見反即說文鉉音古歷切為激之本讀故為首音莊子齊物論釋文云激經歷反如水激也即其義又古堯反蓋讀為徼廣韻三蕭古堯切徼抄也即其義莊子寓言釋文邀古堯反玉篇云抄也遮也並與王注而不以直激拂於物之義相近 拂芳佛反○攷證云拂藏本作沸今本同似非箋曰古逸本王注亦作沸按沸說文鉉

音方未切又分勿切皆屬非紐芳屬敷紐且廣韻八物敷勿切有拂無沸而其拂下云去也擊也正此王注激拂之意疑傳寫者以激字從水遂改拂為沸耳　**不嬥**以照反○攷證云今文作不燿箋曰古逸本經文作光而不燿說文火部燿照也鉉音弋笑切左傳昭三年釋文燿羊照反服云照也音義並與此經同從女之嬥說文鉉音徒了切廣韻徒弔切又有嬥其讀音既異其義皆與照不合而廣韻三十五笑弋照切集韻三十五笑弋笑切俱無從女之嬥則此嬥當作燿　**匿**女力反　**莫如嗇**生力反河上云貪也○攷證云今文如作若韓非作如箋曰典籍如與若通用如若同屬日紐一聲之轉　**去**羌呂反　**早復**音服　**謂之重**直容反　**柢**丁計反亦作蔕○箋曰通志堂本蔕作菷以形近致譌帚聲之字當在有韻不當在此丁計反之霽韻今依盧本陸云亦作蔕者借蔕為柢也說文木部柢木根也段注云道德經深其根固其柢長生久視之道柢或借蔕字為之段說即本此釋文也　**烹**普庚反不當加火○箋曰道經釋文若亨普庚反殺煮也詳彼　**小鮮**音仙　**以道莅**力至反古無此字說文作隸○攷證云舊古字脫今補箋曰通志堂本古字為墨釘劉履芬依段校補古字按說文立部隸臨也鉉音力至切段注云經典莅字或作涖注家皆曰

臨也道德經釋文云古無莅字說文作𨽸按莅行而𨽸廢矣今依段盧所補

治直吏反

牝頻忍反

靜

復扶又反

以下遐嫁反

則取七榆反又七喻反○箋曰榆說文鉉音羊朱切在平聲廣韵七榆反當讀為廣韵十虞七逾切之趨走也此經云故大國以下小國則取小國王注云小國則附之陸氏以七榆反為首音讀為趨附之趨也又七喻反讀為廣韵十遇七句切之趨趨向與趨附同

卑下遐嫁反

過古禾反又古臥反

奥於六反暖也河上烏報反○箋曰於六反讀為廣韵一屋於六切之燠熱也詩無衣釋文奥本又作燠於六反煖也煖與此暖同河上烏報反蓋讀同廣韵三十七号烏到切之奥也奥有深內藏三義與暖義近與注云奥猶暖也亦近暖亦隱也此首音及暖也即本王義

暧音愛暄也說文作僾○王筠校云說文從愛者只薆僾二字皆與暄無涉恐當作煖謂暄字說文作煖也校語錄云僾說文作僾箋曰說文人部僾仿佛也鉉音烏代切法偉堂謂說文作僾音同而義遠說文火部煖溫也鉉音況袁切即晅暄烜諸體之正字王筠謂當作煖義雖同而與音愛之讀異若是陸氏謂暄字說文作煖則此說文之上當出暄字按王注云奥猶暖也可得庇蔭之辭如以庇蔭為義則說文竹部薆蔽不見也鉉音烏代切是其義與庇蔭不

殊而其音正讀如愛也惟作薆又與此注暄也二字不協或陸氏所見說文心部有懓字為今本所不載也

庇必寐反本祕反〇攷證云又本祕反舊脫又字今補校語錄云本上盧補又字箋曰陸氏為王注庇蔭之庇作音云必寐反又音祕此直音反語並出反語下字不可用同音字也五十一章庇蔭之庇音正如是盧法俱失 **蔭**於鴆反 **尊行**下孟反

有拱居勇反 **璧**并歷反 **以先**悉薦反 **所以為**于偽反 **不曰**于月反

淡徒暫反 **於其易**以豉反 **必多難**乃旦反 **其脆**七歲反河上本作膬昌睿反〇老子原始云現存河上本作脆與上本無異箋曰脆膬皆即脆字廣韵十三祭此芮切脆說文曰小耎易斷也膬上同脆俗可證陸氏所見河上公本之字形與王本不同故亦著之七歲反屬清紐昌睿反屬穿紐清穿同是清聲之塞擦音故相混耳詩大雅蒸民釋文云毳昌銳反本又作脆七歲反昌銳即此昌睿互詳彼 **易泮**普半反 **於累**劣被反

者敗必賣反〇箋曰臧校改者者為老北館本同按經文云為者敗之執者失之此二者字作老則不詞今仍各本之舊 **施**始志反 **辟**匹亦反〇攷證云今王注物擾而民僻即作僻字箋曰此為王注巧辟滋作之辟字作音

也匹亦反讀為邪僻之僻詳上　好呼報反　令力征反　復以扶又反　稽式古兮反嚴河上作楷式○老子原始云稽楷古音同可得相通箋曰稽古兮反屬見紐嚴君平河上公本稽並作楷者楷說文銘音苦駭切屬溪紐見溪同是牙音同位雙聲也說文木部楷下段注云儒行曰今世行之後世以為楷楷法式也楷之言稽我稽古而後世又於此焉稽也武義內雄謂稽楷古音同則失實稽從旨聲楷從皆聲古同在脂微齊皆部耳非同音也　善下　言下遐嫁反　厭於豔反　夫音扶　唯大絕句　以陳直刃反○校語錄云直忍反忍當作刃箋曰忍說文銘音而軫切讀上聲陳字但有平去二讀無有讀上聲者各本刃作忍實誤今依法說改　費芳味反○王筠校云河上本作責初印本及朱葉二本皆無箋曰王注云節儉愛費陸云芳味反讀同廣韻八未芳未切之費惠也說文貝部費散財用也責飾也按廣韻五寘彼義切責卦名飾也又肥墳奔三音費責二字之義不同惟音近耳　匱其貴反　器長張丈反○箋曰光館本刪丈字按無丈字不成反語不當刪　舍音捨　而不辟音避○箋曰古逸本王注云相戀而不避於難故勝也字作避陸云音避即讀為避也　於難乃旦反　卒尊忽

反　帥所類反　爲于僞反　無行戶剛反　攘若羊反　扔音仍　幾音祈又音機○箋曰各本無又字按周易屯卦釋文幾徐音祈又音機近也又小畜幾望徐音祈又音機子夏傳作近左傳僖十四年幾亡音祈又音機昭十八年國幾音祈又音機下同又道經幾音機近也又一音祈音祈讀渠希切屬羣紐音機讀居依切屬見紐則此當有又字今依全書通例補　易以豉反　被音備○校語錄云被備不同音箋曰廣韻五寘平義切被服也即此經被褐之義備在六至平祕切然釋文寘至不分法說未諦　褐戶葛反　無狎戶甲反　無厭於豔反　離力智反　物擾而小反　辟匹亦反　不能復扶又反　潰戶對反　見賢遍反　故去羌呂反　之所惡烏路反　猶難乃旦反　繟音闡　坦吐但反梁武王尚鍾會孫登張嗣本有此坦平大貌河上作繟繟寬也繟尺善反又土單反○攷證云河上本又作繟三字音相近得通用梁王尚梁下當脫武字校語錄云坦字係有誤坦尺善反之坦疑當作繟上單反當是定紐之類隔老子原始云現存諸河上本皆作繟然與王本不異箋曰繟說文鉉音昌善切廣韻二十八獮昌善切繟寬綽即此經繟然而善謀

之義此王弼本也梁武王尚鍾會孫登張嗣本繟作坦故陸云吐但反又釋其義云平大貌河上公本則作墠釋云墠寬也其音則讀尺善反又土單反尺善反讀如闡與王本之繟同音集韻二十八獮齒善切墠寬也老子墠然而善謀河上公讀足見陸德明與丁度等所見之河上公本皆作墠此尺善反上之墠各本涉上文誤作坦與上下文不應與集韻不合今依法偉堂說正又土單反讀如灘集韻二十五寒他干切墠寬也即本此惟各本土作上實土字之殘壞今改法偉堂謂當是定紐之類隔案定紐對轉為澄紐若上則在禪禪定無有謂為對轉者法說非也又按梁下原漏武字依盧文弨說補又土單反下各本有也字江校于也字側旋丨北館本同殆謂為衍文也有也字與全書通例不合今刪

而見賢遍反

凶先恚薦反

恢苦回反

是大匠斲陟角反○攷證云藏本常有司殺者殺夫司殺者是大匠斲此王弼本也明皇本常有司殺者殺夫代司殺者殺是謂代大匠斲箋曰古逸叢書本經文與盧文弨所稱之明皇本同而古逸本即王弼注本

僻匹亦反

治直吏反○攷證云僻治二字舊倒案注云民之所以僻治之所以亂僻在治前今移正校語錄云治僻二條盧移轉箋曰通志堂本治條在僻條上盧文弨依今本王注移轉是也今從之

强其兩反舊

其良反○箋曰其兩反讀為廣韵三十六養其兩切之彊說文云弓有力也或作強其良反則讀為廣韵十陽巨良切之強健也此平上二讀之義雖異而實通之

柔脆七歲反　**枯槁**苦老反　**與**音餘　**抑**於力反

之量音亮　**身去**羌呂反○攷證云王注如惟無身去私乎今本去私作無私校語錄云身去二字今未見箋曰依釋文此條次第惟王注如惟無身無私乎一句相近或即如盧文弨所說陸氏所見王注無私作去私耳

天下莫柔弱於水河上本作天下柔弱莫過於水○箋曰陸氏但云河上本云云則彼所見衆家之本皆與王弼本同矣

垢古口反　**和大怨**紆万反　**契**苦計反　**不令**力征反○校語錄云不令二字今未見箋曰王注云有德之人念思其契不念怨生而後責於人也疑陸氏所見王注不念作不令今本王注不令作不念涉上文念思之念而誤

伯絕句河上本○箋曰江校于本下施＼北館本同殆謂本下有脫文也今王本經文作使有什伯之器而不用伯字不當絕句此條恐傳抄者致誤故不可讀也

不貪貨賂音路　**輿**音餘河上曰車○箋曰江校于曰字側施丨北館本同殆謂曰字有誤也按經文云雖有舟輿無所乘之攷工記輿人為車注云車輿也

蓋王本作輿河上本輿眾家本同惟河上以車釋輿故陸云河上曰車猶上文莫如嗇生力反河上云貪也彼以貪釋嗇與此一例

使人復　音服又扶又反○箋曰經云使人復結繩而用之此首音服讀為廣韻一屋房六切之復返也重也又扶又反讀為廣韻四十九宥扶富切之復又也返也二讀之義實同

樂　音洛

人己　基倚反○校語錄云己倚不同部箋曰廣韻倚在四紙己在六止居理切注云身己釋文紙止不分按己通志堂誤已盧本作己不誤今從之此經之己與人為對文果是已字則讀羊已切其義為止也或讀詳里切則為辰名矣

愈　音與○校語錄云愈與不同部箋曰廣韻與在八語愈在九麌然釋文不分猶釋草釋文之魚虞混用也釋草云蘧音渠或音劬渠在魚部而劬在虞部可證

而不爭　爭鬭之爭注同

經典釋文集說附箋卷第二十五

經典釋文集說附箋卷第三十

成都趙少咸

爾雅音義下

唐國子博士兼太子中允贈齊州刺史吳縣開國男陸德明撰

釋草第十三

草亦作艸說文云百卉也從二屮屮讀若徹象草木初生○匡名十三云案說文下艸百卉也從二屮又艸部草草斗櫟實也一曰象斗子從艸早聲經典往往以草代艸箋曰艸草二字說文鉉音並倉老切同音通用故廣韵采老切云草說文作艸百卉也經典相承作草陸云草亦作艸者正以說明此草為艸之借字

雈羊六反○十三經音略十一云雈羊六翻音育

韭居有反說文云菜名也一種而長久故曰韭象形在一之上一地也

茖古百反○十三經音略十一云茖古百翻音格古額翻同

葱本又作蔥音聰○攷證云蔥俗字邢本葱作蔥今從宋本注疏校勘記云茖山葱釋文五經文字唐石經單疏本雪牕本元本同作葱閩本監本毛本作蔥依說文改說文蔥

菜也從艸㥯聲匡名十三云案俗寫㥯為怱箋曰葱蔥為篆隸
之異五經文字廾部作葱可證故通志堂本釋文亦作葱又作
蔥者葱之俗廣韻
倉紅切㥯怱俗

勭

字又作蓟巨盈反〇十三經音略十一
云勭巨盈翻音瓊後勭鼠尾太平御覧引豨炎巨盈翻攷
證云案廣韻十八隊作莍山䉤莍蒲昧切本亦作勭匡名十三
引盧說又云玉篇云莍音佩山䉤案勭蓟莍三字皆不見於說
文箋曰廣韻巨成切勭鼠尾草又山蕥蓟上同巨成即此巨盈
開口字也周春云音瓊則讀為合口非也勭蓟二字以巠為聲
故在清韵猶輕重之輕讀去盈切也莍從北
聲故在隊韵猶邺背諸字亦讀蒲昧切也

䪥

本又作蕥同
户界反說文
云菜也菜似韭故從韭也〇十三經音略十一云䪥同蕥户界
翻音械匡名十三云案蕥字不知所從說文無箋曰蕥者䪥之
俗禮記內則釋文云䪥户界反俗本多作蕥非也陸氏
于此不以作蕥為非猶彼之不引說文詳略互見也

萬

力
的
反〇十三經音略十
一云萬力的翻音櫟

蒜

西亂反說文云葷菜也一本云菜之
美者雲夢之葷菜〇校語錄云一本
以下疑有脫誤箋曰說文艸部蒜葷菜也菜之美者雲夢之葷
菜段注云爾雅音義齊民要術太平御覽引皆作此九字音義
云一本如是今兩存之桂馥義證云葷菜者爾雅釋文引同又
引一本云菜之美者雲夢之葷菜御覽引同按如段桂所說則

一本以下無脫誤　種之用反　莖戶耕反或作英　薜方爽反郭布革反〇十三經音略十一云薜方
爽翻非幫輕重交互出切音百郭布革翻音同此以幫母本母出切也後薜山麻之薜卑麥翻音百亦以本母出切張氏訓云薜音備爾
雅五見箋曰備說文鉉音平祕切在六至韵並紐廣韵集韵此皆音百讀俱無薜字張說自非周春謂方爽反為非邦輕重交互出切
雖是然謂音百則誤方爽反讀如廣韵必益切之辟布革反讀如檗廣韵博厄切薜爾雅云山芹當歸也又曰山麻也即本釋
文爽在二十二昔百在二十陌廣韵集韵博陌切並無薜字亦可證薜不音百　蘄古芹字巨斤反〇匡名十三云案說
文艸部蘄艸也從艸斳聲江夏有蘄春亭臣鍇案爾雅書馬芹字或如此也臣鉉等案說文無斳字他字書亦無下有薪字注云
江夏平春有薪亭疑相承誤重出一字元照案爾雅無馬芹徐鍇所云或牛蘄之誤邪箋曰說文蘄箋說解蘄春亭之亭為縣
之誤字段注依漢地理志改亭為縣是也段云凡縣名系於郡亭名鄉名系於某郡某縣如段說則蘄春為縣名薪為亭名且
蘄屬羣紐薪屬疑紐廣韵巨斤切有蘄無薪語斤切有薪無蘄說文蘄艸也則為草名而薪為艸多貌此二字形音義並殊大
徐以蘄薪重出一字非也按說文芹楚葵也鉉音巨巾切與蘄音同義異陸云蘄古芹字依說文為同音通用陸見郭本爾雅

及廣雅釋草之山蘄而彼時多用芹為蘄字故以蘄芹為古今字也

麆七奴反後皆同又在古反本今作麤○攷證云案俗本作粗宋單注本作麤注疏校勘記云今似蘄而麤大單疏本同雪牕本元本麤作麄釋文作麆舊校云本今作麤閩本監本毛本改粗下準此校語錄云士奴反士乃七之譌箋曰奴在模韵為一等無牀紐士屬牀紐則士乃七之形近譌字今正七奴反讀為廣韵倉胡切之麄大也又在古反讀為廣韵徂古切之麆大也麄者麤之俗詳左傳襄公十七年麆者粗之異體集韵坐五切粗說文疏也或作麆粗說文鉉音徂古切麤鉉音倉胡切二字古書通用陸云本今作麤謂六代時通以麤為粗大之字也阮元以為舊校則誤

椴徒亂反

堇本或作槿音謹下同○攷證云邢本作槿注疏校勘記云按說文堇艸也從艸堇聲今隸省作堇是也木部無槿字此因木槿連文遂加木旁矣當從釋文月令木堇榮匡名十三云石經單疏本作槿禮記正義卄六文選注卄六詩正義三四之一切經音義卄六引作槿案說文十三下堇黏土也從土從黃省非艸名也此堇字當從艸作堇後人誤認廿為艸頭遂去其艸經典傳譌相承已久古艸木偏旁互相通借故堇又作槿說文木部無槿字箋曰說文之堇許慎釋為根如薺葉如細柳蒸食之甘此經木堇郭注云似李樹華朝生夕隕可食似為二物不當強合為一郭云

似李樹即今語木槿也其華可食葉大不似柳則槿為後出專字堇乃聲借字也

櫬楚靳反本又作藽○十三經音略十一云櫬楚靳翻音齔[illegible]本又作藽匡名十三云釋文云櫬本又作藽寴此亦艸木偏旁互用者說文艸部無藽字校語錄云據廣韻靳當作覲箋曰說文木部櫬棺也此經云櫬木堇乃木堇之別名作櫬為聲借字又作藽者為後出專字廣韻櫬覲在二十一震靳在二十四焮然釋文不分詳秦風小戎靳環條法說非也

列二彼列反下放此

隕于敏反

為日人逸反○孜證云今注脫為字案文選注太平御覽所引皆有月令正義引某氏注亦有注疏校勘記云或呼日及單疏本雪牕本同釋文為日人逸反按文選歎逝賦譬日及之在條李善引郭注曰或呼為日及又月令正義引某氏曰或呼為日及亦曰王蒸此注正本之今本日上脫為字當補

烝之仍反本今作蒸○孜證云邢本作蒸注疏校勘記云亦曰王蒸雪牕本注疏本同釋文作烝舊校云本今作蒸按文選注亦作蒸箋曰禮記月令鄭注云木堇王蒸也詩有女同車正義引陸璣疏云舜一名木槿齊魯之間謂之王蒸其字皆作蒸烝蒸同音通用猶釋訓蒸蒸作也陸云諸仍反本今作烝烝陸謂釋訓之蒸蒸六代時又作烝烝此注王烝彼時作王蒸也阮元以為舊校則非

朮徒律反本或作茮○十三

經音略十一云术本或作茮徒律翻定澄隔標出切音秩西域謂之吃力伽梘毬南方草木狀合校語錄云徒律即直律類隔也匡名十三云案說文艸部茮山薊也从艸术聲今作术者省文耳箋曰茮說文鉥音及廣韻並直律切在術韻合口字也秩在質韻為開口周春說徒律反音秩非也茮為本字术為借字故陸云本或作茮

薊 古帝反下同案本草术一名山薊一名山連一名山薑廣雅云术山薑也○攷證云廣雅云术山薑也舊脫山字今據本書補校語錄云术下盧補山字箋曰通志堂本术山薑也漏山字盧文弨補山字是也今從之陸引廣雅即以證本草术一名山薑也

抱 沈音孚又音浮又音包

葥 音箭一音子淺反說文作蕑同○十三經音略十一云葥音箭一音子淺翻音翦說文作蕑昨先翻音前案廣韻云爾雅葥王蔧本亦從草則字本從竹也匡名十三云釋文云葥說文作蕑同案說文艸部蕑王蔧也從艸湔聲蕑當是葥之誤校語錄云作湔同湔誤今說文作蕑校勘記云葥葉本作前葢誤箋曰正文葥字臧校江校並改為前即誤依葉本也案廣韻十三祭祥歲切蔧埽帚爾雅曰葥王蔧本亦從艸謂蔧字本有從艸作蔧者周春以為葥字非也從竹之篲本義為矢又以為竹名非此經葥王蔧之葥也果此字有從竹者陸氏當云本又作箭不得云音箭矣注文蕑字各本俱誤湔王筠校為蕑與今本說文合今

依正廣韵即淺切蕍王蔧草名正本此一音子淺反其字作蕍尚不誤廣韵子賤切葥草名本此首音其字作葥與陸氏所見
之郭本爾雅同
蔧息遂⿰丵音因銳⿰簭音二翻匡名十三云蔧類篇下一引作彗案說息遂因銳二反○十三經音略十一云蔧息遂
文艸部無蔧字當作彗箋曰左傳文十四年釋文云彗也䅘似歲反一音雖遂反似歲即此因銳雖遂即此息遂詳彼然雖遂息遂
實六代作音家去聲清濁音多混
埽素報反下同○攷證云埽邢本作掃非下同注疏校勘記云其樹可以埽蔧單
疏本亦作埽注疏本作掃俗字箋曰如阮說單疏本亦作埽則盧文弨謂邢本作掃為失實其以作掃為非殆以說文有埽無
掃也按唐風蟋蟀釋文云埽蘇報反本又作掃則陸氏不分正俗也且按五經文字云埽經典及釋文多作掃是六朝及唐代通
用從才之掃故廣韵蘇到切以埽掃為一字也盧阮皆未喻此校勘記云案埽當在帚下此誤倒箋曰郭注埽上埽下俱有帚
字依陸書之例帚之有反四字自當在此埽之上阮說是也
帚之有反
菉力辱反○攷證云彔邢本作菉
注疏校勘記云菉王芻唐石經單疏本雪牕本同釋文彔力辱反按五經文字菉力辱反見爾雅此作彔蓋誤校勘記見爾雅
下又有本釋文三字校語錄云彔乃菉之譌倘果作彔必云本或作菉矣匡名十三云彔石經單疏本作菉詩正義二三之文選

注二引作菉案説文艸部菉王芻也從艸彔聲詩曰菉竹猗猗彔省文箋曰彔説文鉉音盧谷切在屋韻菉鉉音力玉切在燭韻廣韻力玉切菉菉蓐草正本此經郭注力玉即此力辱則此字當從艸作菉明矣今依部本所作餘本作录者菉之殘壞嚴元照以爲省文非也

芻楚俱反本又作蒭○攷證云蒭俗字匡名十三云案説文艸部無蒭字箋曰説文艸部芻刈艸也象包束艸之形此經王芻之字用芻爲聲借字蒭者王芻之後出專字故陸氏于此著明之

蓐音辱

鴟尺之反○箋曰廣韻鴟在六脂不在七之此亦釋文脂之二韻不分也

莎素和反

蔏音商

藋徒弔反説文廣雅皆云堇也○十三經音略十一云藋徙弔翻調去聲

蘩音煩

皤白波反白也

蒿好高反

蔽本亦作墐去刃反讀者或作苦見反○十三經音略十一云蔽本亦作墐詩釋文字林作墐去刃翻困去聲讀者或作苦見翻牽去聲匡名十三云案説文蔽從艸㪁聲或從堅作墐箋曰去刃反爲開口囷去倫切爲合口周春謂去刃反爲囷去聲尚未準確去刃反爲蔽字本讀故爲首音刃在震韻廣韻三十二霰苦甸切蔽爾雅曰蒿蔽即依此讀者或作之音陸氏附録之實以著其異以其聲雖同而韻殊也

炙之亦反

啗本亦作啖又作噉皆徒覽反説文云噍也廣雅云食也○攷證云邢本作啖説

文有咍字無咲嗷字僅見注注疏校勘記云今人呼青蒿香中炙啖者為蔽單疏本雪牕本同釋文云云按詩鹿鳴正義引郭
云亦作咲·箋曰說文口部咍食也桂馥義證云爾雅釋文云云案本書咲嗺咲也　釋文所引當是咲字桂說是也廣雅釋詁
二咲食也其字亦作咲惟六代時咍咲嗷三字通用不別故鄭風東門之墠釋文云咍徒覽反本又作咲亦作嗷廣韵本之徒
敢切云嗷嗷食或作咲咲上同咍亦同案今本說文口部咲嗺咲也一曰嗷是說文有咲字盧文弨謂說文無咲而又云嗷字
僅見注其實嗷字正見于咲篆之注案說文釋例云咲下云一曰嗷此校者謂咲篆一本作嗷耳王氏謂為校者語尚未確惟
以咲嗷本一字則是、　蔚於貴反下同　牡亡后反　齧魚結反　彫丁遼反○攷證云丁舊譌一今案他
篇攷校勘記云一遼反盧本一改丁此誤校語錄云一盧改丁是箋曰通志堂本丁殘為一按彫說文鉉音都僚切釋天釋文
彫都聊反廣韵都聊切有彫而於堯切無則盧改一為丁是也今從之　蓬步公反　薦作見反孫李本作藆沈平兆反
○攷證云沈音當本作藨字藨亦草也形相近釋文內藨音皮兆反或平表反十三經音略十一云薦作見翻孫李本作藆沈
平兆翻音殍盧氏文弨釋文考證云薦沈本當作藨字形相近案薦字無讀平兆翻之理此說近之匡名十三云釋文云薦孫李本作藆案字體

小異耳。校勘記云：葉本䕩作蕩，疑蔗字之誤，故沈璇音平兆反，下蔗應之蔗，字林工兆反，顧野王平表反，可證。校語錄云：盧云沈音當本作蔗字，蔗亦草也。箋曰：臧校改䕩為蕩，與正文蕩字相同，即誤依葉本也。按䕩者，蕩之後出分別文。蕩之本義為獸所食草，典籍多借為艸席之荐，乃又造䕩以為獸食草之專字。在六代時蕩䕩為通用字，故釋文于周易豫卦云：蕩，將電反，本又作䕩，同。觀卦：蕩，王又作䕩，同，錢練反。商頌那篇：䕩，牋鍊反，本又作蕩，同。儀禮士冠禮：蕩，本又作䕩，子見反。此云蕩，李孫本作䕩，亦其比也。阮元以此䕩為蔗之誤，其説非也。沈音平表反，其本自為蔗耳。下文蔗應，郭注云：應即莓也，今江東呼為蔗莓子，似覆盆而大，赤酢甛可啖。如郭説，即今四川人所呼桑蔗也，四月實熟，紅如櫻桃。而淮南覽冥篇蕩梅，高誘注云：蕩梅，草實也，狀如桑椹，其色赤。慧琳一切經音義九十九卷紅莓條引許叔重注淮南子云：莓實似桑甚（椹當作），又引郭注爾雅云：即蔗，音皮表反，莓也，子似覆盆而大，赤醋甜可食。皮表與此平兆同音，而今本淮南作蕩梅，可證沈音乃其所見之本蕩或作蔗矣。

黍　音暑。○校語錄云：音著，著當作暑，見釋鳥。箋曰：著字有丁呂、陟慮、張略、長略諸讀，見于經傳者，陸氏且為之作音，自不得為此黍之直音也。說文鉉音暑黍並舒呂切，而廣韵暑為舒呂切之建首字，則各本暑作著者，乃以形近致譌，今改正。

種

之勇反

蘼 方寐反又方弭反○玫謐云一切經音義引作萆鼠莞孫氏星衍云蘼俗字十三經音略十一云蘼方寐音秘方弭音比二翻非幫輕重交互出切廣韻傍履音並母婢必鼻同方寐二翻羣經音義補侍同方寐補婢同方弭二翻注疏校勘記云蘼鼠莞唐石經單疏本雪牕本同釋文五經文字玉篇皆作蘼按廣韻四紙蘼弃弭切六至庳必至切互引爾雅經注殆隨音作字也孫星衍云一切經音義卷四引釋草蘼鼠莞補侍補婢二反蘼俗字說文所無知古本作萆矣匡名十三云寀集韻四紙云蘼萆艸名爾雅蘼鼠莞可以為席或作萆餘引廣韻及孫星衍說與阮元同箋曰王筠校云金光明經萆龍華玄應引萆鼠莞以解之然則蘼乃萆之譌而龍華又其三名也今按說文艸部萆雨衣一曰衰衣一曰萆歷似烏韭鉉音蒲歷切其音義與此經之蘼迥異則釋玄應所引此經作萆者實蘼之省偶與說文萆雨衣之字同也故集韻云蘼或作萆廣雅釋草龍木龍須也王氏疏證引此經亦作蘼孫星衍謂蘼為俗者以說文有萆無蘼耳盧文弨阮元嚴元照皆為其說所惑王筠謂蘼乃萆之譌其說尤誤若周春所引廣韻云云並與今本不合且履在五旨婢在四紙其云傍履翻音婢亦依後世韻書合紙旨為一而言也

莞 謝音官施音丸○箋曰下文莞苻蘺之莞釋文亦云謝音官郭音桓施音即與郭音同詳下

葝 巨盈反

皁音造　菥思歷反　蓂亡歷反　薺齊禮反○攷證云案注云似薺葉細吴本郎本皆有似字與類聚八十二同俗本多脱似字注疏校勘記云似薺葉細雪牕本注疏本脱似字按疏云似薺而葉細則邢本有似字箋曰齊民要術十卷引舍人曰薺有小故言大薺按郭注正謂大薺似薺而葉細耳　蒤大奴反　細刺七賜反下同

狼音郎　茅亡交反　覆音副　瓠戶故反舍人本又作瓠釋云瓠也○箋曰說文四篇瓠鄉飲酒之爵也七篇瓠匏也此經瓠棲辦郭注云瓠中辦也詩云齒如瓠棲則又作瓠者為借字故釋之云瓠也猶豳風七月篇八月斷壺毛傳云壺瓠也故此亦釋云瓠也　棲詩作犀音西○匡名十三云案文選注九五十引爾雅作犀箋曰衛風碩人齒如瓠犀言齒之白皙整齊也而犀之本義為獸名棲為烏棲止於木是詩作犀雅作棲並為聲借本無專字也　辦苻莧苻閑二反謝力見反郭云瓠中辦也字林云瓜中實也父莧反○十三經音略十一云辦苻蒲同莧並出毋切本音毋弁苻閑音趫近二翻謝力見翻音練字林父莧翻奉並輕重交互出切音辦今通讀匹見翻音瞻近校語錄云力見反力疑方之謁廣韵郎甸切有瓠字云瓜瓠或者謝讀辦為瓠乎經籍舊音辨證三云承仕案辦從辡聲與力見反聲類稍遠然自六朝迄唐此字自有力見一音文選

祭古冢文水中有甘蔗節及梅李核瓜瓣李善注云説文曰瓣瓜中實也白莧切一作辧字音練瓣與練字通此由當時行用練音故言古謂瓜瓣即今語之瓜練也廣韵有瓠郎甸切注云瓜瓠此則後出字黄侃箋識云從辡聲者可有舌音故小宰康辧或為廉端箋曰衛風碩人釋文云瓠瓣補遍反又蒲莧反沈又蒲閑反又豳風東山之瓣盧遍反又白莧反説文云瓜中實也沈薄閑反蒲莧白莧即此苻莧為瓣字本讀苻閑即本沈重讀謝嶠力見反讀為瓠即東山之首音盧遍反也法偉堂于碩人篇謂此力見反之力必方之譌亦誤説也當從此後説為是字林父莧反與首音苻莧反同此為反音同而反語有異者亦具列之之例也

茹音如字亦作蕠○匡名十三云案蕠俗字箋曰陸謂彼時茹藘之茹亦作蕠也廣韵本之人諸切云蕠蕠藘草也嚴元照以説文蒐字説解為茹藘篆文又無蕠字遂以蕠為俗耳

藘力居反

蒐色留反

蒨本或作茜七見反○攷證云案郎本鍾本皆作茜詩正義引李巡注同與説文合箋曰中山經釐山其陰多蒐郭璞注云茅蒐今之蒨草也此經茹藘茅蒐郭注云今之蒨也可見郭氏習用蒨字攷廣雅釋草地血茹藘蒨也則蒨為魏晉時通用之字陸云本或作茜茜者史記貨殖傳千畝巵茜説文艸部茜茅蒐也因典籍之字或作茜故如是云

臝力果反

栝

本或作苦古活反 **樓** 本或作蔞力侯反本草栝樓一名地樓一名天瓜一名澤姑一名果蓏實一名黃瓜陶弘景注云出近道藤生狀似土瓜而葉有乂實中人今以雜作手膏用也根入土六七尺大二三圍者服食亦用之○攷證云案說文艸部萿萿蔞果蓏也從艸𠯑聲注疏校勘記云果蓏之實栝樓唐石經單疏本雪牕本同釋文云云按作苦蔞是也毛詩傳用括樓假借字說文作苦蔞正字爾雅多用正字校勘記云一名地樓葉本地作他非箋曰臧校改地為他即誤依葉本也按栝樓二字從木從艸一也惟爾雅之字竝從木毛詩傳栝作括乃唐宋人書從木從才之字相溷所致非假借字也阮元于豳風東山且以括字為是皆誤說也詳東山果蓏條 **荼** 音徒說文同案詩云誰謂荼苦大雅云菫荼如飴本草云苦菜一名荼草一名選生益州川谷名醫別錄云一名游冬生山陵道旁冬不死月令孟夏之月苦菜秀易通卦驗玄圖云苦菜生於寒秋經冬歷春得夏乃成今苦菜正如此處處皆有葉似苦苣亦堪食但苦耳今在釋草篇本草為菜上品陶弘景乃疑是茗失之矣釋木篇有檟苦荼乃是茗耳 **萑** 音隹○十三經音略十一云萑詩箋作鵻職追翻釋文云爾雅作萑音同案說文萑職追翻音鵻萑胡官翻音丸自是兩字玉篇萑至維翻萑胡官翻兩字尚分石經萑雈之萑與萑葦之萑竟無別矣攷證云舊隹譌佳今從宋本正校

勘記云音佳葉本盧本佳作佳此誤校語錄云佳盧改佳是匡名十三云詩王風傳萑鵻也以鵻代萑蓋假借字箋曰通志堂本隹作佳以形近致譌王風中谷有蓷釋文云鵻音佳爾雅又作萑音同又大車篇釋文云鵻也本亦作萑音隹皆可為證今依改葉本郃本盧本並作佳是也

蓷他回反或音推郭云茺蔚也本草茺蔚子一名益母一名大札一名益明一名貞蔚陶弘景云處處生葉如荏方莖子細長三楞白華華生節間○箋曰推說文鉉音他回切然則此他回反與音推乃直音與反語並出之例也

茺音充蔚音尉

荏而甚反

蓋音益本今作益○攷證云邢本作益注疏校勘記云又名益母廣雅云雪總本注疏本同釋文云云按引廣雅字當從艹今本廣雅亦作益非箋曰廣雅釋草益母充蔚也王氏疏證不云益字有作蓋或當作蓋者蓋蓋為俗字陸氏所見郭注如是作故云音益本今作益以其時作益不加艹也阮元反以作益者為非實誤說也

鷏又作鷊五歷反郭音五革反○十三經音略十一云鷏五鬲翻音鷊郭五革翻音額說文引詩作鷏匡名十三云詩陳風防有鵲巢邛有旨鷊傳鷊綬草也正義曰鷊綬釋草文案說文鷊即鶂字箋曰說文鷏鷊徐鉉並音五狄切毛詩作鷊為同音借字五狄即此五歷故為首音廣韵二十一麥五革切鷏注引此經正本郭音額在二十陌周春謂五革反音

穎依後世韻書合陌麥為一而言也**綏**音受**粢**音咨左傳云粢食不鑿杜注云黍稷曰粢郭云今江東人呼粟為粢陶注本草云白粱粟或呼為粢音緇字林云黏稷也今苗及穀似粟○箋曰廣韻咨在脂韻精紐緇在之韻莊紐已混此精莊之不分猶詩山有扶蘇釋文既云如字讀心紐而又云徐又音踈又讀疏紐也若脂之二韻無別釋文全書固如是矣陸以音咨為首者此經粢稷說文禾部作粢稷也粢鉉音即夷切廣韻即夷切咨為建首字陸氏兼載陶音實以著其用字之異耳**稷**本草云稷米味甘無毒益氣補不足陶注云不識書多云稷恐與黍相似詩黍稷稻粱禾麻菽麥此八穀世人莫能證辨如此穀稼米不能明而況芝英者乎氾勝之種殖書無稷案禮記云子卯稷食菜羹又云君沐粱大夫沐稷士沐粱相承云稷粟也又郭注衆秫云黏粟而説文字林皆云黏稷今秫苗及穀全似粟唯色及黏為異又衆家釋粢皆為粟知稷即粟也然本草稷米在下品別有粟米在中品又似二物○校勘記云詩黍稷稻粱葉本粱作梁下並同凡宋本書稻粱字每從木箋曰臧校改粱為梁下同即誤依葉本也宋人書多俗字不可為據也**衆**音終**秫**音述郭云黏粟也説文云稷之黏者字林亦云黏稷本草云秫米味甘微寒主止寒熱利大腸治漆創案江東人皆呼稻米為秫米嚼稻米以治漆創亦驗然北閒自有

秫穀全與粟相似米黏北人用之釀酒其莖稈似禾而麤大也○攷證云衆秫齊民要術二引爾雅粟秫也箋曰尊經書院所刻盧本案作安江東人以下為陸氏辯證本草之語作安字非也各本並作案

黏

女廉反字林云相著

尗

舒育反本亦作菽○攷證云尗字與說文合邢本上作叔下作菽案詩正義太平御覽皆引郭注云春秋齊侯來獻戎捷穀梁傳曰戎菽也管子亦云北伐山戎出冬蔥及戎菽布之天下今之胡豆是也又見邢疏今本止存末句注疏校勘記云戎叔謂之荏菽唐石經雪牕本注疏本同按釋文於荏上出尗字云本亦作菽下不别出明無異文唐石經上叔下菽非匡名十三云單疏本及詩正義十七之一引上下皆作菽說文七下尗豆也象尗豆生之形也菽乃俗字今通行之箋曰尗為本字菽為後出字叔為同音借字此云本亦作菽者豳風七月小雅采菽魯頌閟宮俱用後出字也詳七月邢本上作叔下作菽亦沿唐石經所作耳依釋文則上下二字皆作尗唐石經所作者非陸氏所見郭本爾雅之舊

荏

而甚反

卉

虛謂反

揔

子孔反○攷證云揔說文作總五經文字引作總箋曰注疏本郭注亦作揔與陸氏所見者同揔即總之或體也廣韵作孔切揔與總為一字又尚書禹貢釋文總音揔以揔音總是陸時通行揔字矣

莬

悅轉反又古本反○攷證云莬從公譌當

從台校語錄引盧說又云古本反字當作蓑十三經音略十一
云莬悅轉音兖古本音袞二翻匡名十三云兖本作沇見釋地移水於
上則為兖又譌而為兖與袞字相似釋文有悅轉古本二音據
古本反則當從袞然蓑字亦不見於說文徐養原曰是穮是蓑說文禾部穮字注引
作袞據崔弁之義作袞為是又云莬字尤俗箋曰說文水部沇字段注云古文作台
小篆作沇隸變作兖此同義而古今異形也如段說則沇兖為
篆隸之異嚴元照以兖為譌非也兖本從台聲而典籍多從公
作兖者釋言釋文云袞古本反說文云從衣從台台羊耎反或
云從公衣詳彼此經郭本之字從兖聲故陸以悅轉反為首音
又古本反則其字從袞袞聲兖袞二字形似蓋六代時經文有作
莬作蓑二本猶隸釋七卷王純碑以袞為兖州字矣按兖為兖
州字袞為天子服此經作莬作蓑皆為後出專字徐養原以作
兖為是嚴元照謂蓑字
不見於說文皆有所蔽

籥子若反

麥亡革反

燕烏見反

蘾戶怪反○攷證云蘾邢本作蘹案下澤烏蕵注云即上蘾也則蘾字
誤注疏校勘記云蘾蘾烏蕵唐石經雪牕本同釋文蘾戶怪反石
經考文提要引至善堂九經本亦作蘾注疏本作蘹按玉篇別
為一字非也箋曰廣韻胡怪切蘾蘾烏蕵草字亦不從懷盧阮
說
是

蕵西存反○匡名十三云蕵當依石經作蕵今釋文從飧
誤也然說文艸部無蕵字當依集韻十六怪引作烏飧玉

篇亦云蘾烏飱飱當作草注疏校勘記云蘾烏蕵唐石經雪牕本同蕵當從石經作蕵從夕下須蕵蕪澤烏蕵同五經文字云飱見爾雅校語錄云蕵當從飱箋曰飱字從夕食不從歺各本蕵從飱者實誤今正然飱與草義無涉蕵乃專字其作飱者亦為借字廣韻思渾切蕵烏蕵草又蕵蕪酸可食也字並從艹作蕵可證嚴元照謂此字當依石經作蕵是也又謂說文無蕵此字當作飱則非

萰音練菟音免荄古來反一音皆○十三經音略十一云荄古來翻音該一音皆荄與音前同萰義菟異荄之

箋曰廣韵來在十六咍皆在十四皆此釋文咍皆二韵見紐相混也下文云荄顧謝音該郭音皆陸氏以諸家用字有異故並載之耳然則此亦直音與反語並出之例

蘩音煩

蒵音兮

蔩羊善反又弋仁反○十三經音略十一云蔩羊善翻音演又弋仁翻音寅箋曰經云蔩菟瓜郭注云菟瓜似土瓜廣韵以淺切蔩土瓜即本此首音廣韵翼真切蔩菟瓜即本此又音

茢音列

薽音真

豕傷氏反

彘音滯

蟾音占

豨虛豈反

熂字或作熂焻炒鬺鬻焣七字並音初卯反三蒼云熬也說文云火乾物也○攷證云說文止有鬻字云熬也從鬲芻聲徐鉉以煼炒皆非是箋曰桂馥說文義證云鬻熬也者爾雅釋文引作火乾物也馥疑所引方言之文方言焣火乾也凡以火而乾五穀之

類秦晋之間或謂之聚今按陸氏載此七字者以此七字散見于典籍而實為一字所以廣異聞也盧文弨引徐鉉之說實未了陸意

蠶 雜南反 蛹 音勇 荓 音瓶 帚 之酉反 蓍 音尸說文云蒿屬也生千歲三百莖 埽 蘇早反

蘶 胡罪反〇十三經音略十一云蘾戶罪翻音匯五經文字又工回音瘣注疏校勘記云蘶懷羊唐石經雪𤴓本舊本閩本監本同毛本蘶改蘾按玉篇廣韵作蘾蓋毛本所據改釋文五經文字皆作蘶校勘記略同匡名十三云蘾玉篇作蘾廣韵賄十四引亦作蘾文選注一引作蘶案說文艸部無蘶蘾二字當作瘣箋曰說文疒部瘣病也詩曰譬彼瘣木一曰腫旁出也與此經之蘶為懷羊乃艸名者迥異嚴元照之說滯矣集韵戶賄切蘾蒐艸名懷羊也或省可證此字無有不從艸者

茭 郭胡卯反又音交或戶交反〇十三經音略十一云茭牛蘄之茭郭戶卯翻巧韵皛音又音交或戶尸訛作交翻婄下文葯茭之茭止戶巧卿音戶交二翻不音交校語錄云尸交反尸乃戶之譌箋曰廣韵下巧切蘐或作茭即同郭璞所讀茭說文鉉音古爻切即此又音交也戶交反讀如肴各本作尸者即戶字之殘周春改尸為戶是也今正其云戶巧即音卯音當為胡之誤字又廣韵皛胡了切在二十九篠卯莫飽切在三十一巧周謂戶卯反皛音非

蘄 音芹 葵 孫郭

並他忽反施徒忽反○十三經音略十一云葖孫郭並他忽翻脫月韻施徒忽翻音突周密癸辛雜識云今都城麪店下呼蘿蔔為葖子雖市井語亦有所本箋曰他忽反即廣韻之他骨切徒忽反即廣韻之陀骨切皆在十一没脫在十三末並不在月韻周謂他忽反音脫在月韻非他忽徒忽為入聲透定二紐相混今語猶然

二 **蘆** 郭音力何反謝力吳反○十三經音略十一云蘆郭力何翻音羅歌韻謝力吳翻音盧虞韻箋曰方言三卷蘴蕘蕪菁也其紫華者謂之蘆菔郭注云蘆菔羅匐二音即今語蘿蔔也陸氏以郭音為首蓋其時之讀音已如是矣按廣韻吳五乎切盧落胡切並在十一模周春謂力吳反音盧在虞韻是依後世韻書合虞模為一而言也

萉 郭音菔蒲北反○十三經音略十一云萉郭音菔五經文字防非翻音肥釋文蒲北翻攷證云案後漢書注引爾雅作葖蘆菔云菔字或作蔔注疏校勘記云葖蘆萉單疏本雪牕本同郭注云萉宜為菔經義雜記曰說文菔蘆菔從艸服聲萉枲實也從艸肥聲後漢書注卷十一引爾雅曰葖蘆菔菔音步北反字或作蔔據說文及後漢書注知爾雅本作菔蓋郭本以形近致譌匡名十三云郭注云萉宜為菔案說文萉枲實也從艸肥聲又蘆蘆菔也郭改讀是也蔔俗字校語錄云萉據郭音則字本當作菔則所據本已誤疑正文作菔注云郭音服又蒲北反與廣韻合矣箋曰萉乃枲實說文鉉音房未切郭注云萉宜為

蔽即謂葩為誤字陸云郭音蔽正本郭注宜為蔽也方言郭注有音匐一讀可為證廣韻房六切蔽蘆蔽菜也葢後世以蔽從

服聲而讀如服也法偉堂因以有郭音服一語實誤　蕪音無本或作蔓音萬○箋曰鄉風谷風篇采葑采菲鄭箋云此

二菜者蔓菁與葍之類也周官醢人朝事之豆其實菁菹鄭注云菁蔓菁也皆蕪菁作蔓菁也蕪蔓一聲之轉猶凡將云門菁

證俗音云冥菁矣　菁音精又子丁反○箋曰廣韻精在十四清丁在十五青釋文清青不分也　雹步角反

淔恥力反聲類云淔灌莤芝也○十三經音略十一云淔恥力翻音測穿母字箋曰恥力反讀如敕乃徹母字廣韻恥力切

敕紐有淔而初力切測紐無淔即可為證　莤沈顧音祥由反謝音由○十三經音略十一云莤沈顧音祥由翻音因謝

音由箋曰讀如因屬邪紐音由屬喻紐喻邪同為摩擦濁聲惟喻在舌前邪在齒頭小異耳　芝音之瑞草　筍

息尹反竹初生也　萌亡耕反　簜徒朗反說文云大竹也尚書云篠簜既敷是也本或作⿱竹易音同案說文⿱竹易

大竹筩也字林他莽反○攷證云案引說文大竹也大舊譌人又引說文大竹筩也竹舊譌作今並校改校語錄云人盧改大

作盧改竹匡名十三云釋文簜說文云大竹也本或作⿱竹易案說文竹部⿱竹易大竹筩也從竹易聲非此義此作⿱竹易者簜之省耳箋曰

通志堂本大竹作人竹大竹箭作大作箭惠孫並依說文改為大竹及大竹箭與盧文弨所改者同部本亦作大竹及大竹箭皆是今依正案簜簜二字說文鉉音並徒朗切故陸氏謂簜與簜音同字林讀簜為他莽反他屬透紐徒屬定紐透定上聲釋文多混尚書禹貢釋文云簜徒黨反或作簜他莽反徒黨即此徒朗彼云或作此云本或作又引說文者詳略互見也

莪五河反　蘿力何反　藘良甚反廣雅云莪蒿藘蒿也　苨奴禮反　菧丁禮反○校勘記云菧葉本作菧箋曰臧校改菧為菧即誤依葉本也凡從氏聲之字在脂微齊皆灰部從氏聲之字在支佳部此菧陸云丁禮反則字必從氏聲

經待節反　莕音杏本亦作荇詩云參差荇菜說文作莕○攷證云按說文莕菨餘也從艸杏聲荇莕或從行同與陸所引異蓋陸得之匡名十三引盧說文云元照案五經文字云莕荇二同並音杏見爾雅校語錄云今說文莕之重文作荇五經文字亦引說文作莕則今本作荇誤也箋曰說文艸部段注改荇為莕云依爾雅音義五經文字正是也陸云本亦作荇者謂周南關雎也關雎釋文云荇本亦作莕謂此經也

接如字說文作菨音同　余羊如反本或作荼非○攷證云案說文莕菨二字下皆引作菨餘匡名十三引盧說箋曰此經及關雎毛傳作接余說文作菨餘為同音通用菨接皆

子葉切餘余皆以諸切也或作荼則其義為苦菜其音讀同都切蓋或以荼蓳二字皆從艸遂于此余字亦加艸故陸氏以為非

菅古顏反 薜方麥反 蘄巨斤反 菲芳尾反 芴音物 葍方服反說文云亦名舜楚謂之葍秦謂之藑藑蔓地生而連花○孜證云舊藑譌夏今依說文改正校勘記云秦謂之藑盧本藑作藑依說文改正校語錄云藑盧改藑是箋曰通志堂本藑誤蔓江校改為藑按邵本亦作藑並與今本說文合皆是也今依正

葍音富

熒户坰反 萎謝於遠反孫於為反郭女委反本今作委○孜證云萎邢本作委注疏校勘記云熒委萎唐石經單疏本雪牕本同釋文委作萎云云舊校云本今作委按委萎一字唐石經今本作委非當從陸本作萎玉篇廣韵以萎同荾云胡荾香菜蓋此經之誤久矣匡名十三云釋文云萎本今作委石經單疏本作委集韵紙引作委寀說文艸部無萎字十三經音略十一云萎本今作萎謝於遠翻音委孫於為翻音痿郭女委翻音你箋曰於遠反讀如委陸時有作委者故云本今作委唐石經因之邢昺即沿唐石經所作阮元以本今作委為舊校不審實陸德明所云也孫炎於為反即委之平聲謝讀上聲若胡荾之荾說文艸部作葰荾即葰之省潘岳閒居賦之字作萎故玉篇廣韵云萎同荾實與此經無涉此經熒萎萎萎萎萎二字

爲熒猶御覽九百九十一引本草一名烏萎也阮元謂胡萎之萎爲此經之萎非也周春所引本今作萎之萎當爲委其云女

委反音你亦非委爲合口字你乃開口字且廣韵你在六止委在四紙不得用你比譬女委反之讀也

萎 謝於危反孫人垂反郭音痿痱同案痿音人垂反字林云痱也韓信云痿人不忘起是也讀史漢者或於危反○十三經音略十一云萎謝於危翻於爲翻同孫人垂翻音蕤郭音痿痱之痿痿痱同箋曰孫炎郭璞之讀同陸氏並出之者以其用字有異也

箭竿 音幹又音干或古但反○箋曰幹去聲干平聲古但反爲上聲平上去相承古但反讀爲廣韵古旱切之笴箭笴遷易其字故陸云或音幹讀爲莖榦之榦又音干爲竿字本讀

葋 求于反 艼 天頂反又天丁反 熒 音迥又音螢○攷證云葋艼熒案說文艸部云艼熒朐也則葋字本不從艸中山經熊耳山有草焉其狀如蘇而赤華名曰葶薴郭音亭寧町矃二音畢校本疑即此艼熒匡名十三云說文曰艼熒朐也艸部無葋字箋曰說文肉部朐脯挺也則艸部艼篆說解之朐爲聲借陸氏所見郭本爾雅之字作葋爲後出專字若此經葋艼熒郭注云未詳說文艼字段注亦未云係何艸畢沅以山海經之葶薴當之恐未是郝懿行山海經箋疏即不用畢說廣雅釋草公蕢蘘菜薴蕃荏蘇也王氏疏證云薴上當有葶字引中山經爲證亦不

言及此經之葋芋荧盧文弨引中山經及畢校非也

竹 本又作筑張六反〇攷證云案齊民要術十引作筑十三經音略十一云竹本又作筑張六翻知母字詩釋文如字又敕六翻徹母字韓詩作藩徒沃翻定母字匣名十三云說文艸部藩水萹筑從竹從水毒聲讀若督又萹萹筑也從艸扁聲又筑萹筑也從艸筑省聲詩衛風淇奧綠竹猗猗傳云竹萹竹也韓詩作藩云藩萹筑恐當從艸也與說文合但筑筑偏旁小異或係傳譌耳毛詩藩作竹詩傳筑作竹係古文通借箋曰本又作筑之筑各本俱誤從竹作筑與衛風淇奧釋文之誤同今改正詳淇奧

萹 匹善反顧補殄匹緜二反〇十三經音略十一云萹匹善翻篇上聲顧補殄扁音匹綿篇音二翻說文作扁箋曰說文二篇冊部扁署也從戶冊戶冊者署門戶之文也與此經萹字之義迥異蓋此經之萹即說文艸部之萹爾雅說文之字實同周春不當出此說文作扁四字

蓄 勑六反陶弘景云萹蓄亦呼為萹竹

好生 呼報反

蟲 直中反

葴 之金反〇攷證云案宋本注末有音針二字箋曰之金反即讀針陸氏于之金反上不署姓氏者以作音家之讀俱同也

⿱艹寒 何干反本今作寒〇攷證云案說文艸部無⿱艹寒字邢本作寒是校勘記云葴寒漿唐石經單疏本雪牎本同釋文云云按玉篇艸部⿱艹寒⿱艹寒蔣也廣韻二十五寒⿱艹寒⿱艹寒蔣草也與陸本合匡名十三云

案說文艸部無⿱艹寒字箋曰陸氏所見郭本爾雅從艸作⿱艹寒玉篇廣韵所本也陸時又有作寒不從艸者故云本今作寒唐石經所本也邢昺即沿唐石經所作盧文弨以邢本為是以說文無⿱艹寒字為準未審陸氏隨本作音耳

蘚郭音皆一音古買反○十三經音略十一云蘚郭音皆一音古買翻音解箋曰廣韵十四皆古諧切蘚蘚若藥名決明子是也即本此郭音十二蟹佳買切蘚爾雅曰蘚若英茪即本此一音一音同又音

若古口反秦人名蔆曰蘚若廣雅云蔆芰蘚若

英古穴反本亦作決

光本或作茪古黃反○攷證云案說文無英茪二字則字當作決光注疏校勘記云蘚若英茪唐石經單疏本雪牕本同釋文云云此後人移改五經文字云茪音光爾雅或作光可證阮氏又云按說文無茪當是後人加艸為之校勘記云據五經文字當以茪為正匡名十三云釋文云英本亦作決案說文艸部無英字又云光本或作茪石經單疏本作茪廣韵劉二集韵卄陽四皆又引亦作茪五經文字云茪音光爾雅或作光盧學士曰說文無英茪二字當作決光箋曰此亦陸氏所見郭本爾雅如是也郭本英字從艸光字不從艸云本亦作決本或作茪陸見他書所作載之以廣異聞皆據六代時而言也盧文弨阮元嚴元照以漢時之說文為說則有所蔽阮元又謂據五經文字當以茪為正按陸云本或作茪是光字加艸不加艸

一也必以加艸之莌乃為正字則拘矣 茱常朱反 萸羊朱反 蔆字又作菱音陵○箋曰菱即蔆之省

詳下 茭亡符反讀者或常制反又戶耕反○十三經音略十一云茭亡符翻音巫讀者或常制翻音逝又戶耕翻音衡

校語錄云案常制反譌為筮戶耕反譌為莖經籍舊音辨證三云承仕案茭蒐本草作無夷亡符反是也讀常制反者以形近

誤仞作筮讀戶耕反者以形近誤仞為莖箋曰六代竹亦作廿故混莖俗字作莖皆與茭字形近有依誤字讀者陸氏兼載之

法吳二氏所說是也 蒐羊而反○箋曰廣韵蒐在六脂而在七之此亦釋文脂之不分也 蘈所黠反 蘠在羊反

蕢巨貴反 瓞大結反詩云緜緜瓜瓞 瓝步角反字林作𤬪云小瓜也○十三經音略十一云瓝步角翻

音雹說文作𤬪同匡名十三云案說文瓜部𤬪小瓜也從瓜交聲無瓝字校勘記云按說文𤬪小瓜也無瓝字是許叔重所據爾雅

作瓞𤬪不作瓞瓝也字林本之說文箋曰交聲勺聲同屬于豪沃部爾雅作瓝說文作𤬪一也陸氏云瓝字林作𤬪正謂其為

一字異體耳 絡市洛反 蔓音萬 著子丁略反 芍戶了反○十三經音略十一云芍戶

了翻音鳥攷證云舊戶作尸譌了官本作孑案後藕中的亦有戶了一音官本皆改作孑非箋曰各本皆作戶殆盧文弨所據

之本户残爲尸耳**鳬**音扶**茈**本又作蕪沈顧祖斯反謝祖咨反○十三經音略十一云鳬茈續漢志作符訾鳬廣韵作蔦茈玉篇作蕪孜證云案玉篇艸部作蕪後漢書注十一云續漢書作符訾匡名十三引盧說校語録云祖斯祖咨支脂分部箋曰廣韵斯在五支咨在六脂然釋文不分陸氏兼載謝音者以其與沈顧之用字有異也鳬符二字同音茈訾二字並從此聲故鳬茈續漢書作符訾即今語葧臍一名藉姑者也鳬作蔦爲後出俗字廣韵防無切蔦蔦茈草也案爾雅曰芍鳬茈不從艹可證此經之字實作鳬

蘱力愧反又力對反○箋曰廣韵愧在六至對在十八隊此二反語爲釋文至隊二韵合口來紐混同陸氏因其用字有異而兼載之也

薡音頂**蕫**本或作董丁動反施音童○孜證云案說文無薡字蕫字下云鼎蕫也從艸童聲則作董非匡名十三云案說文艸部蕫鼎蕫也從艸童聲蘱薡蕫三字說文皆無之箋曰蘱薡二字從艸者陸氏所見郭本爾雅如是其云本或作董者則爲陸所見他書蕫或作董也盧文弨嚴元照俱以漢時許慎之書爲說于陸氏此書之恉實有未了

蕛大兮反本又作稊莊子云道在稊稗是也○十三經音略十一云蕛大兮翻音題五經文字又他兮翻音稊孜證云蕛一切經音義引作荑匡名十三云案稊省文箋曰說文艸部荑艸也鉉音杜兮切蕛苵也鉉音大兮切杜兮大兮

字異音同玄應音義十五卷所引作蒬爲此蕛之同音借字猶孟子告子篇五穀不熟不如荑稗亦用借字也莊子知北遊篇之稊爲蕛之或體廣韻杜奚切蕛字注引此經注而又云或作稊可證嚴元照以稊爲蕛之省文亦依說文之字作蕛而言也

苵大結反

稗蒲賣反字林云禾別名也

鉤古侯反

芺於表反又於老反○十三經音略十一云芺於表翻音杳又於老翻音襖箋曰於表反讀如夭廣韻在三十小杳在二十九篠周春謂於表反音杳依後世韻書合篠小爲一而言也按正文芺字從夭聲尊經書院所刻盧本芺作芙從夫聲非也

拇音母

薊音計○攷證云薊邢本作薊是校勘記云薊雪牕本同此唐人俗字見五經文字今本注作薊改從正字注疏校勘記云莖頭有臺似薊單疏本閩本監本毛本同釋文雪牕本元本薊作薊按五經文字云薊從角者訛校語錄云薊乃薊之俗箋曰下文赤枹薊又芺薊其實荂釋文各本俱作薊音計不從俗體則此薊或唐宋人傳寫偏旁每以角易魚非陸氏所見郭注之舊注疏校勘記遂謂此注之薊釋文作薊似未得其實

䪥胡界反

薈烏外反

薔師力反說文作蘠云虞蓼也音色○箋曰師力反讀如色此亦直音與反語並出之例陸氏引說文舊音正以證舊音之讀與其時相同也

蓼音了

蓧他彫

反○十三經音略十一云蓧他凋翻音挑

蓨他的反○十三經音略十一云蓨他的翻音惕

虋詩作麋字林亡昆反郭亡津反本亦作虋○攷證云麋舊譌糜今校改詩正義十七之一引作虋校勘記云詩作糜盧本糜改麋此誤匡名十三云毛詩釋文正義十七之一引皆作虋案虋之俗體爲亹說文無麋字十三經音略十一云虋詩作麋字亦作虋字林亡昆翻音門郭亡津翻音民並微明輕重交互出切校語錄云麋盧改麋生民音義郭亡偉反是也津乃形近之譌箋曰通志堂本麋誤麋盧文弨周春改爲麋與大雅生民篇合是也郃本亦作麋今依改詳生民玉篇草部虋莫温切虋同上俗無讀尾者集韻類篇始依生民之音作武斐切矣法偉堂以此津爲偉之譌未諦

粱音良

芑羌紀反

秬音巨黑黍也或云今蜀黍也米白穀黑說文作𩰪或作秬字○匡名十三云案說文鬯部𩰪黑黍也一稃二米以釀也從鬯矩聲或從禾從巨作秬秬說文禾部新附字校語錄云或作秬字說文𩰪之或體作秬箋曰說文新附秬粔籹膏環也與此經之義異依今本說文此或作秬字之秬當從禾作秬陸引說文之𩰪及重文秬耳

秠孚鄙反又孚丕反字林匹几匹九夫九三反○十三經音略十一云秠孚鄙翻音[illegible]又孚杯訛作丕翻音坯字林匹几音[illegible]匹九音剖夫九音否三翻匹几匹九本毋出切孚鄙孚杯夫九則敷滂輕重

交互出切也校語錄云孚丕同紑丕疑邳誤廣韻敷悲切箋曰大雅生民釋文云秠孚鄙反又孚悲反郭芳婢反詩雅之首音即廣韻匹鄙切此孚丕即詩之孚悲並為次音周春謂丕為杯譌非是廣韻芳杯切無秠可證法偉堂謂丕為邳誤是字林匹几反與首音孚鄙反同按廣韻九在四十四有剖在四十五厚周春謂匹九反音剖依後世韻書合有厚為一而言當音廣韻芳否切之恒

稃音敷本作稃聯並同○匡名十三云案說文䅵稃或作粰從米付聲稃聯皆譌體校語錄云集韻稃聯並訓餓死不與稃同二字殆並譌也集韻稃之重文作粰紨紨三體箋曰陸云本作某者有一字異體亦有通假字此稃聯二字依廣韻集韻諸書與稃為同音字不可因其本義與稃異而斥為譌也

任城音壬

稌稻待古反又他古反詩云豐年多黍多稌為酒為醴禮記云牛宜稌羊宜黍本草云秔米主益氣止煩泄稻米主溫中令人多熱陶注云道家方藥有俱用稻米稉米此則是兩物云稻米糠白如霜今江東無通呼稉米為稻米耳不知其色類復云何案說文云沛國謂稻為穤秔稻屬也字林云穤黏稻也秔稻不黏者李登聲類亦以秔為不黏稻但江東人呼為稬字林曰稬乃亂反字亦作穤北人呼為穤稉與粳皆俗秔字也音庚今稉穤甚相類但黏與不黏耳依說文穤即稻也○十三經音略十一云稌待古楷他古

音吐二翻廣韵又他乎翻吐平聲無透母字廣韵箋曰廣韵十一模他胡切有捈乃模韵之字不在虞韵也周春依後世韵書而言誤者多矣攷證云但江東人呼為稉舊譌作稉今改正下同校勘記云稻米糠白如霜盧本糠作穅此誤又稉改稉按從火者俗作耳凡耎字俗作㬊者甚多不妨仍其舊乃亂反字當作稬若作穤從需失其正矣校語錄云穤稬並當改為稬盧刻但改二稬字非也字亦作穤北人呼為穤二穤字可仍舊然亦稬之譌也箋曰稻米糠白如霜之糠通志堂本缺首筆從木作糠盧文弨改從米作糠俱未是大雅生民釋文云糠者音康俗米旁作康非陸氏于彼既以從禾作糠為俗為非則此當從禾作糠明矣今依正又通志本稬從火作稬孫校改為稬與盧文弨同是也郤本亦從稬今從之阮元謂當仍舊非也若稬稬穤二字從需者自為俗體詳鄭風子衿陸云字亦作穤猶于子衿云碝本又作瑌耳

沛音貝國名

葍音福

藑巨營反又詳究反〇十三經音略十一云藑巨營翻音瓊太平御覽引郭氏音義同又詳究翻音近踐銑韵邪母箋曰藑說文鉉音渠營切故陸以巨營反為首音又詳究反讀為廣韵二十八獮祖兖切之雋蔨雋菜名乃此經藑以形近譌為雋而作音家又從邪相混也兖為合口字踐為開口字周春謂詳兖反音近踐殆失檢

一種章勇反

茗音條

臺字又作臺同〇臣名十三云案

薹俗體校勘記云薹據詩釋文當作薹箋曰小雅都人士臺笠緇撮鄭箋云臺夫須也釋文云臺如字爾雅作薹草名詳彼

夫音扶蕦音須本今作須○攷證云邢本作須匡名十三云石經單疏本作須文選注二類篇中引作蕦案說文艸部無蕦字箋曰此陸氏所見郭本爾雅之字從艸作蕦陸以彼時又有作須不從艸者故云本今作須唐石經所本也邢昺沿唐石經所作

箋即田反

籞音語

笠音立

藆居輂反本亦作搴字

藅音伐本又作罰○匡名十三云案說文艸部無藆藅二字箋曰此亦陸氏所見郭本爾雅藆藅二字從艸耳不必以漢時之說文有無其字為說也

莔亡庚反詩作蝱同本草云貝母一名空草一名藥實一名苦華一名苦菜一名商草一名勤母

荍祁堯反或巨遶反○十三經音略十一云荍祁堯翹巨繞翹聲上二翻箋曰祁堯反即廣韻四宵渠遙切陳風東門之枌釋文云荍祁饒反饒遙同在四宵堯在三蕭此釋文蕭宵不分也集韻三十小巨夭切荍艸名爾雅荍蚍衃即本此或音

蚍婢夷反郭音疕○十三經音略十一云蚍婢夷翻音毗郭音庀箋曰婢夷反即廣韻六脂房脂切為蚍字本讀並紕字也廣韻為類隔郭璞音疕則讀如卑履切上聲旨韻邦紐周春疕作庀為庀具之庀讀匹婢切上聲紙韻滂紐恐非

衃本或作芣又作虾房尤反郭芳九反

○十三經音略十一云蚽本或作芣又作蚽房尤翻音浮蜯郭方訛芳作九翻音否非母攷證云案詩正義引此正作芣匡名十三云詩陳風東門之枌視爾如荍傳云荍芘芣也正義曰荍芘芣釋草文釋說文虫部無蚽字艸部荍字注芘芣也蚽字係傳譌箋曰說文荍字段注云釋艸曰荍蚍蚽毛傳曰荍芘芣也與說文皆字異音同按段說是也陸云本或作芣又作蚽者正以毛傳作芣說文作蚽也嚴元照以說文荍字說解之蚽為譌非是集韻四十四有俯九切芣蚽艸名芘芣荍也或作蚽俯屬非紐周春謂此芳為方之譌是也廣韻芳否切集韻匹九切皆無芣字陳風東門之枌釋文芣又芳九反芳亦方之譌

艾五蓋反　**冰**彼廾反

蕇音典　**亭**字或作葶同　**歷**字或作藶廣雅云狗薺大室亭歷也本草云一名大室一名大適丁歷反一名丁歷一名蕇今江東人呼為公薺○匡名十三云釋文云亭歷字或作葶藶案從艸者俗書

芥音界　**狗**音苟

璫音當　**蘗**布麥反

庾字或作⿱艹庾謝羊主反孫音臾○匡名十三云案說文艸部無⿱艹庾字箋曰此陸氏依六代時庾或加艸作⿱艹庾而言也不當以漢時許慎之書為說按廣韻九麌以主反有⿱艹庾本謝嶠讀十虞羊朱切有⿱艹庾本孫炎讀

蔜五高反本今作蔜　**蕿**字或作蔞謝先老反沈施所留反本草呼為蘩蔞○十三經音略十一云蕿譌嫂或作蔞謝先

老翻音嫂毋心沈施所留翻翮山同牛音搜毋畱攷證云蔱邢本作蔱窣邢本作蔱蔢䕅此蔢下無䕅字陸氏於注中今蘩䕅也先音蘩後方為縷字作音可知經本無䕅字說文蔢艸也校勘記云葉本䕅作蔞按唐石經今本作蔱蔢䕅釋文於蔱蔢下無䕅字云本草呼為蘩蔞於郭注今蘩䕅也始出䕅字音則今本經中䕅字當行說本盧文弨攷證匡名十三云釋文云蔱本今作蔱蔢字或作蔢窣皆隸變小異說文艸部無蔱字盧學士曰云云元照窣石經已有之矣玉篇同非始於邢本或經文本作縷不從艸故陸不加音耳說文艸部無䕅字校語錄引盧文弨說箋曰臧校改蘩䕅為蘩蔞王筠校同即誤依葉本也陸氏為䕅字作音云字亦作縷力主反蔞為蔞蒿可以烹魚讀力朱切或音力侯切此䕅為蘩䕅俗名鷄腸草是䕅蔞形音義俱異今仍各本之舊注疏本經文作蔱蔢䕅如依釋文則盧文弨所說近是若嚴元照說則陸氏不得為注文䕅字作音而云字亦作縷矣嚴說無據按所留反屬疏紐周春時審疏未分沿舊稱審紐耳

蘩音煩

䕅字亦作縷力主反今蘩䕅草

蘺力知反本今作離○攷證云蘺邢本作離匡名十三云石經單疏本作離注疏校勘記云離南活莌唐石經單疏本雪牕本同釋文云云箋曰下文倚商活脫郭注云即離南也彼離字即不從艸此蘺字從艸陸見郭本經文如是

活胡闊反

莌

字或作蔙徒活反○十三經音略十一云茪字或作蔙徒活翻音奪後倚商活脫之脫又作茪音同匡名十三云案茪蔙二字皆不見於說文當作脫下文倚商活脫郭以為即離南也彼釋文云脫字又作茪可證茪即脫矣箋曰此亦陸氏所見郭本爾雅茪蔙二字俱從艸也活茪為離南猶下活脫為倚商也陸見下文脫字不從艸故云字又作茪即謂此作茪也嚴元照所說未了陸意

瓤女良反三蒼云瓜中子也

祖日人一反

龍郭音聾施音龍○箋曰廣韵聾在一東龍在三鍾郭璞施乾讀音已混

蘥餘若反

蕦音須本今作須○攷證云蕦邪本作須注疏校勘記云須葑蓯唐石經雪牕本同釋文云云匡名十三云禮記正義一五十集韵葦類篇引作須案說文無蕦字箋曰此亦陸氏所見郭本爾雅蕦字從艸也陸時又有作須不從艸者故云本今作須唐石經因之邪曷即沿唐石經所作

葑方孔反○校語錄云篇韵葑皆讀鍾部非紐無讀方孔反者此必誤也詩谷風采苓皆孚容反殆是而與篇韵亦不合此蓋與蓯疊韵故讀葑為一等上聲箋曰釋文東鍾二部之字多有混讀者上文龍郭音聾施音龍即其例五經文字廾部葑方孔反又音封張參多本釋文可證此方孔反不誤正聾龍之例不當以廣韵玉篇無此讀而疑之蓯音揔法氏後說謂與蓯疊韵則是

蓯音揔

蒡

郭音彭又音旁○箋曰廣韵薄庚切蒡菜一名隱忍似蘇可為菹即本郭音二等也又音旁者以蒡從艸旁聲而讀步光切依偏旁之音則為一等同為並紐 荵音忍注同 蒩莊居反 瀹餘若反字林云煮也本亦作汋音同後放此○箋曰下文莃菟葵郭注云頗似葵而小葉狀如藜有毛汋啖之滑釋文汋以灼反以灼即餘若彼正用汋字 莤郭音由又音酉 蔓或作曼通音萬 蓾音魯 蔖施謝才古反郭才河采苦二反字林千古反○十三經音略十一云蔖施謝才古翻組上聲郭才河瘥音采苦麤聲上二翻字林千古翻同采苦箋曰才古反讀如廣韵徂古切之粗才河反讀如廣韵昨何切之醝依偏旁虘字之音在七歌開口字也周春謂才河反音瘥瘥在八戈昨禾切乃合口字也實誤采苦千古字異音同才屬從紐采千屬清紐清從但為清濁之異上聲無別也 苴將呂反一云將盧反字苑云鞔苴履底○攷證云鞔苴履底鞔當作㼱今邢本作鞔校勘記云字苑云鞔苴履底盧本鞔作鞔考證云當作㼱按邢疏引字苑作鞔苴校語錄云鞔疏作鞔殆是箋曰鞔通志堂本作鞔惠校江校作鞔按廣韵二十阮於阮切鞔鞔底履名攷邢疏引字苑正作鞔則惠江所校是也今依正作鞔作鞔俱非小學鉤沈所引釋文此條作鞔亦誤盧文弨謂當作㼱按說文三篇㼱柔韋也讀若耎銑音而兖切與此

鞔義雖近而形音絶遠盧説不可從

柱張縷反本或作拄同○十三經音略十一云柱夫之柱張縷翻音拄知母字本或作拄同注疏校勘記云柱夫搖車唐石經單疏本注疏本同雪牕本柱作拄釋文柱本或作拄同匡名十三云按拄俗字類篇𣏌翀引作柱扶箋曰廣韻九麌知庾切柱柱夫草一名搖車也其字從木陸云本或作拄同者隸書從木從才之字多混六代時或寫柱夫爲拄夫耳柱夫二字爲草名皆爲聲借故云作拄同

夫音扶如字

或**搖車**尺蛇反又音居

隧音遂

蘧郭音氍巨俱反謝音渠

蔬郭音毹山俱反謝音疎○十三經音略十一云蘧郭音氍巨俱翻讀如衢韻虞謝音渠韻魚蔬郭音毹山俱翻韻虞謝音疎韻魚校語錄云郭依氍毹作音故收虞謝依經本字讀故收魚賓則當各依本字讀經當從謝注當從郭箋曰廣韻氍俱毹在十虞渠疎在九魚惟釋文不分猶陸氏于下云氍音衢又音渠毹所俱反又所魚反亦虞魚混用也陸氏因郭璞謝嶠之用字異故並載之

菌巨隕反

菰音孤廣雅云蔣也

啖大敢反

甜徒謙反

滑手八反

䉡之延反本亦作旃同○孜證云俗本脫䉡字吳元恭校刊宋本有之注疏校勘記云音䉡氍毹單疏本雪牕本同注疏本䉡作同係臆改按釋文䉡之延反本亦作旃同校語錄云盧云俗本脫䉡字箋曰邢疏云音䉡

氍毹者張揖云氍毹毛席是邢昺所見郭注亦有氈字與陸氏同毛席之義氈為本字旃為曲柄旗亦作旃者為氈之同音借字

氍 音衢又音渠字又作瞿

毹 所俱反又所魚反本今作毹○攷證云毹邢本作毹箋曰㝌叟篆隸之異

蘄 巨斤反

茝 昌改昌敗二反本草云白芷一名白茝○校語錄云敗不知何字之譌疑當作里箋曰敗在夬韻廣韻集韻十七夬皆無茝字案內則又有昌在反改在俱列海韻無讀去聲者則此敗字誤然法氏謂當作里則非昌里昌改皆讀如齒昌在亦然昌屬穿紐改在皆在海韻一等韻無穿紐當讀同昌里反之音等韻家所謂寄韻憑切也敗或為在誤

麋 亡悲反本今作蘪○攷證邢本作蘪注疏校勘記云蘄茝蘪蕪唐石經單疏本雪牕本同釋文云云按雪牕本注云臭如蘪蕪史記司馬相如傳索隱引樊光注云藁本一名蘪蕪麋字皆與釋文合匡名十三云石經單疏本作蘪案說文艸部蘪蘪蕪也從艸麋聲古字省偏旁故作麋箋曰麋為鹿屬陸見郭本爾雅作蘪為蘪之同音借字而六代又有作蘪者故云本今作蘪他書蘪蕪之蘪從艸者即用本字耳

蕪 亡符反本草蘪蕪一名微蕪一名江離芎藭苗也陶注云葉似蛇牀而香

如萎 於危反字林於僞反

臭 昌又反

茨 組咨反或作資同○匡名十三云一切經音義十又十二又十六引作資十八作茨引詩牆有茨

楚楚者茨毛鄭皆以爲蒺藜用雅訓也案說文艸部薺蒺兩徐本皆作蒺說也艸部無蒺字黎也從艸齊聲詩曰牆有薺禮記濟趨以采齊注云齊讀楚薺之薺則是詩古本皆作薺許鄭同也今作茨者蓋古者次齊偏旁通借如齎或作粢餈或作鑇饕或作齋皆見說文齎或作資見周禮注儀禮注乃其例也說文茨以茅覆屋從艸次聲與此無涉其或作資者後世增益之字猶蠐之作蟦也釋蟲蟦蠐螬方言云蟦螬謂之蟦與說文資訓艸多貌者別箋曰說文艸部薋字段注云離騷曰薋菉葹以盈室王注薋蒺藜也詩楚楚者薋蒺藜之字說文作薺今詩作茨叔師所據詩作薋皆假借字耳按段說是也凡次聲資聲齊聲古屬脂齊部廣韵六脂疾資切有茨薋薺三字爲同音且薋字注云蒺藜詩作茨說文作薺陸云或作薋同者正以屈原用薋爲蒺藜而王逸所見詩茨作薋也嚴元照以或作薋者爲後世增益之字實非

蒺音疾蔾音梨案本草蒺蔾一名旁通一名屈人一名止行一名豺羽一名升推一名即梨一名茨多生道上布地子及葉莖有刺狀如雞菱○攷證云蔾邢本作藜宋本作蔾即蔾之小變也注疏校勘記云茨蒺藜唐石經單疏本同釋文藜作蔾雪牕本注疏本作蔾據說文改五經文字云蒺蔾音棃見爾雅玉篇云蔾疾蔾藜蒿類匡名十三云蔾詩正義十三之二左傳正義三十六引作藜案說文艸部藜艸也從艸黎聲未必指此艸部無蔾字當作黎箋曰廣韵六脂力脂切蔾蒺蔾十二

齊郎奚切蔾藜藿與玉篇同分蔾藜為二字按說文艸部薺疾黎也黎為聲借六代時則多用蔾藜二字周易困卦釋文云蔾音梨蒺蔾茨草左傳襄二十五年蒺藜力私反嚴元照謂當作黎但據說文為言耳阮元謂雪牕本注疏本作蔾據說文改而說文無蔾字阮說誤

刺人七亦反 見詩賢遍反後放此 蘮居例反郭巨例反 蒘女居反○匡名十三云案五經文字云蒘女居反釋文作蘩據此則今釋文係後人竄改校勘記云按女居反字當作蘩說詳注疏校勘記注疏校勘記云蘮蒘竊衣唐石經單疏本雪牕本同五經文字蒘女居反釋文作蘩按今釋文作蒘蓋後人據石經改箋曰說文豕部豦讀若蘮蒘艸之蘮段注云蘮蒘當作罽挐之罽當作之挐今按玉篇艸部蘮蘮蒘似芹廣韻十三祭居例切蘮蘮蒘似芹集韻九魚人余切蒘蘮蒘艸名又女居切蒘蘮蒘艸名似芹可食子大如麥著人衣諸書之字皆與今本釋文同且玉篇艸部蔾音如藜蘆草也音義與此並異廣韻女余切亦有蒘無蔾阮元嚴元照但據孤證為說不可從也

竊音切 芹音勤 著人直略反 髦音毛 顛都年反 蕀古力反○攷證云案說文艸部無蕀御覽九百九十八作棘孫炎曰一名白棘匡名十三引盧說校語錄云古力反古疑居之譌箋曰下文棘薨釋文云棘居力反字或作蕀同此經顛

蕀之蕀廣雅釋草作棘不從艸而棘莞之棘廣雅作蕀從艸陸氏則隨本作音可以互見也按古力居力字異音同古居皆屬見紐釋文反語用字例不畫一法偉堂謂古爲居之譌非也

雚郭音灌謝音官沈施音丸○十三經音略十一云雚郭音灌謝音官注以雚芄爲句蘭爲句與詩不同疏從詩以芄字屬下句說文云芄蘭莞也莞草可以作席匡名十三云說文艸部芄芄蘭逗莞也爾雅莞作雚未知孰誤箋曰說文艸部芄字段注云釋艸雚芄蘭此莞當爲雚說文莞與蘭蒲爲類芄蘭與香艸爲類割分異處斷非一物今按衛風芄蘭毛傳云芄蘭草也鄭箋云芄蘭柔弱恒蔓延於地有所依緣則起是毛許鄭皆以芄蘭二字爲一物之名郭注云雚芄蔓生云云殆如邢疏所云或傳寫誤也若爾雅作雚說文作莞雚聲完聲之字本同在桓部雚莞皆爲芄蘭之別名蓋聲借字也漢時已有作雚作莞二本耳陸氏所見郭本爾雅之字作雚故以郭音灌爲首謝沈施三家之讀則其字與說文同作莞矣

芄音桓**蘭**力丹反

斷之丁管反

汁之什反

蕁孫云古藫字徒南反說文云或作蕁字○十三經音略十一云蕁說文作蕣或孫云古藫字徒南翻音潭孜證云案今說文正作蕁云或從爻作蕁注疏校勘記云蕁茺藩單疏本雪牕本注疏本同釋文五經文字唐石經蕁作蕁下蕁海藻同九經字樣云尋

從口從工作尋者訛匡名十三云盧學士云云元照案尋本作𢔶說文寸部𢔶從工從口從彐從寸彡聲蕁從𢔶聲則當作蕁今

從爻爻乃彡之譌蓋說文本從蕁從艸𢔶聲或作蕁從𢔶省耳今本譌舛不可通段氏注說同箋曰五經文字卄部云蕁徒南反與

今本釋文同又說文艸部蕁芜蕃也從艸𢔶聲蕁蕁或從爻段注本如是段氏未嘗以蕁之爻為彡之譌且說文寸部𢔶從工

口從又寸彡聲則嚴元照謂此蕁之爻乃彡之譌其說非也王筠校云蕁當依五音韻譜作蕁今按陸云說文或作蕁字蕁非

說文所有王說殊誤 莐 字或作芜音直林反○攷證云說文無莐有芜字云艸也匡名十三云案說文艸部有芜無莐箋曰

陸氏正以說文諸書莐作芜與其所見之郭本爾雅微異故云字或從芜也 藩 甫煩反又音煩郭云一名蝭母本草謂之

知母一名蚳母一名連母一名野蓼一名地參一名水參一名貨母一名蝭母一名女雷一名女理一名兒草一名鹿列一名

韭逢一名兒踵一名東根一名水須一名莐藩一名蕁陶注云形似菖蒲而柔潤葉至難死掘出隨生須枯燥乃止堪治熱病

亦主瘧疾○攷證云一名提母舊作蝭母案下文有一名蝭母不應重出宋本前作提母據改校勘記云郭云一名蝭母葉本

蝭作提此誤盧本已改正校語錄云蝭當作提見校勘記盧亦據宋本改提案一名蝭母句引郭注下句乃引本草無嫌於複

且彼此並作蝭母蓋懺注說之有本似不必改箋曰通志堂本上下並作蝭母臧校但改上蝭為提王筠但改下蝭為提臧氏即依葉本王氏又涉及下蝭字俱非也法偉堂之說至審今仍舊郤本亦同通志本所作

蕍羊朱反

蕮本又作舄私夕反下同郭云今澤舄案本草云一名水舄一名及瀉一名芒芋陶注云葉狹而長叢生淺水中仙經服食用之令人身輕能步行水上○攷證云一名及寫舊作及瀉今據宋本改校勘記云一名及瀉盧本瀉作寫云據宋本改匡名十三云案說文艸部無蕮字校語錄云下文注內小蕮別作音此外無蕮字下同當作注同及瀉瀉盧依宋本改寫箋曰通志堂本及瀉之瀉臧校改為寫江校王校並同即依宋本也按楚詞九歎云筐澤瀉以豹鞹兮王逸注云澤瀉惡草也又本草澤瀉水瀉及瀉字並作瀉無作寫者則此作及瀉不誤今仍舊惟下同之下依釋文全書之例當作注殆傳寫誤注為下耳法偉堂之說是也

蔨謝其隕反郭巨阮反施其免反沈巨轉反○十三經音略十一云蔨謝其隕翻䓪郭巨阮翻蘒施其免翻犕沈巨轉翻與其免同箋曰其免巨轉二反皆讀如圈廣韵二十八獮渠篆切蔨爾雅曰蔨鹿藿可證免轉篆圈俱合口字若件為其輦切乃開口字周春謂其免巨轉二反音件以合口讀開口實非

蔍力斛反本今作鹿○攷證云蔍鹿邪本作鹿注疏校勘記云蔨鹿藿唐

石經單疏本雪牕本同釋文云云匡名十三云說文艸部無蔍字箋曰此亦陸氏所見郭本爾雅從艸作蔍耳六代時又有作蔍鹿不從艸者故云本今作鹿即唐石經以下諸本所依據者

虇 火郭反說文云蔽之少也字又作藿○攷證云案說文作虇箋曰說文蒩字說解已用藿則藿即虇之隸省也

狃 女久其久二反○十三經音略十一云蒩女九狃音其九二翻案五經文字女九女又聲丑去二翻為是其九音白非校語錄云其久反誤釋木杻音女九汝九二反箋曰集韻巨九切狃爾雅其實狃即本此其久反也凡丑聲多在娘日無在羣者周春據五經文字以女又反為是然廣韻集韻女救切皆無狃字疑女又之又有誤法偉堂引釋木杻字有汝九反為說而廣韻人九切亦無狃字集韻忍九切雖有狃字注云犬狎也一曰習也與此訓異俱不可從

蔓 音萬

莚 以戰反又音延本今作延○攷證云莚邪本作延箋曰莚讀去聲依蔓字讀又音依偏旁讀陸云本今作延者彼時又有不加艸作延者下文蔓莚餘見反本今作延亦與此同互詳邛風旄丘蔓莚條

蔦 胡老反

莎 先禾反

媞 尼兮反○攷證云御覽九百九十七作大兮反校語錄云尼譌集韻年題切內無此字釋訓篇內音徒低切是也盧云御覽作大兮反經籍舊音辨證三云承仕案媞字篇韻並無尼兮一切德明作音大抵與切韻同

則尼爲誤字明矣。尋邢疏本直音提，影宋圖注本直音提，釋文此音當亦相近（御覽九百九十七引作大兮反）。黃侃箋識云：尼或徒同之誤。箋曰：五經文字女部娓，大兮反，見爾雅。尼屬娘紐，大屬定紐，大徒同諸字與此尼迴不相似，尼或地之誤，釋文透定多混，它屬透紐，尼殆它之形近譌字。

夏（音下）小正（之盈反）

蘛（弋垂、徂規二反。廣雅云：蔕也。又云：地毛，莎蘛也。本或作蓨，他狄反）〇十三經音略十一云：蘛弋（誤作戈）垂（音帷）徂規（音厜）二翻。攷證云：弋垂、徂規二反，舊弋譌弋，又蔕作蒂，今依本書改。校勘記云：盧本弋作戈，蒂作蔕，云據本書改。案弋字是。校語錄云：弋垂，盧改戈垂，大誤，其改蒂爲蔕則是也；徂規當爲徐規，陸從邪多混也。經籍舊音辨證三云：通志堂本作弋垂反，盧文弨校本改弋爲戈。承仕案：曹憲廣雅音弋箠反，廣韻悅吹切，舊作弋垂是也，盧校大謬。箋曰：戈屬見紐，廣韻居爲切無蘛，而悅吹切有。盧文弨改弋爲戈實誤，其改蒂爲蔕與今本釋草合，是也，今從之。惟莎蘛之蘛今廣雅作隮，王氏疏證未言及此，疑隮即蘛之異文。按廣韻垂在五支，帷在六脂，周春謂弋垂反音帷，依後世韻書合脂支爲一而言也。其謂徂規反音厜，攷集韻才規切厜，爾雅崒者厜㕒，郭璞讀（原誤說），又有蘛字，周春或即本此。然周于釋山之厜，郭才規反，云音近隨，似又知郭音爲從邪之混。法偉堂謂此徂規當爲徐規，其說是也。夏小正云：正月緹縞。傳云：縞也者莎隨也此首音弋垂反依⿱艹隋字讀徂規反即讀爲夏小正之隨矣陸氏又云本或作蓨者按上文蓧蓨郭注未詳然齊民要術十卷引詩義疏謂爲羊蹏草與此義異蓨從脩聲古屬蕭部此⿱艹隋從隋聲古屬歌戈部蓨與⿱艹隋音義皆無涉則或作蓨者殆以形近致誤陸氏廁于末以斥其非也

莞 本或作⿱艹睆謝音官郭音桓字林音緩俗音關○攷證云舊⿱艹睆作⿱艹覒譌臧氏琳云案説文莞艸也⿱艹睆夫蘺也葢莞乃借字苻夫得通用今據改正注疏校勘記云莞苻蘺唐石經單疏本雪牕本同釋文莞本或作⿱艹覒經義雜記曰説文莞艸也⿱艹睆夫蘺也則莞當作⿱艹睆莞乃別一字釋文云本或作⿱艹覒⿱艹覒乃⿱艹睆之訛校勘記云本或作⿱艹覒臧琳云説文⿱艹睆夫蘺也作⿱艹覒譌盧本據以改正匡名十三引臧説又云元照案集韵二十一混引作⿱艹睆校語錄云⿱艹覒盧改⿱艹睆依説文也據字形則陸本從皖箋曰通志堂本⿱艹睆誤⿱艹覒江校改爲⿱艹覒案經韵樓集一皖字攷云睆皖晥三字皆不見説文而時俗任意通用大約古作皖或作睆又譌爲晥如段説則此⿱艹睆作⿱艹睆亦不誤今依説文艸部⿱艹睆從艸睆聲陸以經文莞爲⿱艹睆之省借故云本或作⿱艹睆如説文耳攷小雅斯干釋文云莞音官徐九還反列子天瑞釋文云莞音官楊承慶字統音關俱以音官爲首郭璞音桓即説文鋎音胡官切也字林音緩即郭音之上聲俗音關即同詩之徐音及字統音桓刪二韵相混也

苻蘺 力知

反本或作離○匡名十三云案離者文箋曰離即蘺之聲借猶此苻字說文作夫俱以同音通用耳

蒚郭音翮又音歷

荷音河**芙**音苻本或作扶**渠**本又作蕖音同○攷證云邢本依說文作蕖注疏校勘記云荷芙渠唐石經單疏本雪牕本同石經考文提要引至善堂九經本亦作芙渠注疏本渠改蕖按釋文渠本又作蕖今本蓋出此說文亦作蕖阮氏又云按芙俗字也古作扶渠匡名十三云詩正義四之三引作扶蕖案說文艸部無芙蕖二字蓮茄荷蔤藕五字注中有之係傳刻之譌當作扶渠箋曰說文艸部無芙蕖二篆蓮茄五字說解從艸者或係後人所改惟陸氏作音義依郭本故扶作芙從艸其云渠本又作蕖以其時又有從艸作蕖也

蓉音容本亦作容

莖戶耕反

茄古牙反

其葉蕸字或作葭音遐又音加眾家並無此句唯郭有然就郭本中或復脫此一句亦並闕讀○十三經音略十一云蕸字或作葭音遐又音加說文無蕸字攷證云案說文有葭無蕸藝文類聚八十二引作葭初學記二十七作其葉荷注疏校勘記云其葉蕸唐石經雪牕本作其菜蕸注疏本菜作葉改唐諱也釋文云云經義雜記曰說文茄芙蕖莖荷芙蕖葉蔤芙蕖本亦無其葉蕸句荷為芙蕖葉則其葉名荷高注淮南子說山篇云其莖曰茄其本曰蔤中無其葉蕸句可證眾家本及郭本並無此句其有者直係俗人妄加匡名十三

云白帖一百引作葭案說文荷夫渠葉釋文云云段氏玉裁曰無者是也高誘淮南注說山云荷夫渠也其莖曰茄其本曰蔤云云大致與爾雅同亦無其葉蕸三字元照案文選注十一引荷芙蕖其莖茄其本蔤是李善所據本亦無也箋曰說文艸部葭葦之未秀者與此芙渠葉之義迴異證以說文荷字段注所說漢時自無此句即陸氏亦云衆家並無也攷玉篇艸部葭古遐切葦未秀也蕸何加切荷葉也皆無他讀廣韻古牙切葭蕸蘆也胡加切蕸荷葉則此音遐從遐字讀又音加依字或作葭者讀陸氏所據之郭本有此句故亦為之作音郭本亦有無此句者陸氏並及之臧琳遂謂衆家本及郭本並無此句其有者係妄加與陸氏說異

蔤亡筆反

蒻音若

菡户感反

萏字又作藺徒感反說文云菡萏華未發也已發名芙蓉張揖同亦曰芙渠本今作萏○攷證云邢本依說文作萏校勘記云按五經文字萏道感反見爾雅與此異匡名十三云案說文艸部藺從艸閻聲箋曰此亦陸氏所見郭本爾雅之字作萏從臽聲耳以說文諸書菡萏作菡藺故云字又作藺又以六代時又作萏故云本今作萏即張參邢昺所本者盧文弨謂邢本作萏依說文阮元謂五經文字作萏與此異皆誤

蓮力田反

藕字亦作蕅同五口反案本草云一名水芝丹○攷證云字亦作藕案說文蕅芙蕖根從艸水禺聲以

其出於水中故從水此從耒從人並非校勘記云按藕當作蕅字之誤也說文蕅芙蕖根從艸水禺聲匡名十三云案說文艸部蕅從艸水禺聲俗體從艸從耦校語錄引盧文弨說箋曰通志堂本注文蕅誤藕盧本改為蕅邵本同是也玉篇艸部藕五後切荷根蕅同上廣韵五口切藕爾雅曰荷芙蕖其根藕蕅上同皆無藕字從艸耦聲者典籍所用郭本爾雅如是從艸水禺者說文故陸云字亦作蕅同今正

的丁歷反又戶了反或作菂同〇匡名十三云案的菂二字皆不見於說文此字當作芍張載魯靈光殿賦注引爾雅作菂李善曰菂與芍同音的玉篇云芍都歷切蓮子也廣韵二十三錫云芍蓮中子也亦作的見爾雅箋曰玉篇艸部芍字注又云又下了丁誤切蒬茈也又菂丁歷切菂薂亦作的案此經下文菂薂郭注云即蓮實釋文云菂丁歷反本今作的彼云本今作的即謂此的不從艸也此云或作菂同正以彼從艸作菂也然皆讀丁歷切此云又戶了反不但其字形為芍且讀為蒬茈之義矣此條例所說作音不依注者蒬茈即今語葧臍與此蓮子之菂實異賦云綠房紫菂張載云菂中芍也李善曰菂與芍同音的嚴元照因此經之的菂二字說文所無遂謂當作芍未審說文之芍訓鳧茈非蓮子也

薏於力反

蘢力恭反又力公反〇箋曰廣韵恭在三鍾公在一東此亦釋文不分也

蘬謝丘軌反

郭匡龜反○十三經音略十一云蘬謝丘軌翻虧上聲郭匡龜翻音虧說文以蘬為薺實連下文為一非箋曰匡龜反即廣韵之丘追切在六脂丘軌反在五旨虧在五支周春謂匡龜反音虧依後世韵書而言也若說文蘬訓薺實段注云今釋草云云許所據絕不同如段說周春以說文為非恐非持平之論也

為龍

如字本今作蘢○攷證云邢本作蘢注疏校勘記云俗呼紅草為蘢鼓單疏本雪牕本注疏本同按蘢鼓當作龍鼓釋文音經蘢力恭反音注為如字此經注異文之明證淺人援經改注校者因云本今作蘢矣箋曰如字與力恭反為用字之異其音實同郭注云俗呼乃記其音其字作龍作蘢俱是陸以其所見郭注之字作龍不從艸而六代時又有作蘢者故云本今作蘢音則如上注力公反矣阮元以為校者之語非是

蒫

才河反又子邪反○十三經音略十一云蒫才何翻音痤又子邪翻音嗟箋曰才河反讀如醝開口字也廣韵七歌昨何切蒫薺實即本此若痤廣韵八戈及說文銼音皆昨禾切乃合口字周春謂才河反音痤非也

黂

本或作蕡符刃反或扶沸反○十三經音略十一云黂符訛作蒲刃翻音近問震韵奉母或扶沸翻音翡太平御覽引孫炎云黂麻子齊民要術同音汾鄭夾漈云又有肥費二音攷證云本或作蕡儀禮喪服疏引孫氏注本作蕡匡名十三云案攷工記弓人牛筋蕡濟注蕡枲實也盧學士云云案

說文萉枲實也從艸肥聲或從麻賁作黂其作蕡者假借耳校語錄云刀字譌玉篇扶沸父云二切廣韵扶沸切注云又音肥則刀殆云或非之譌箋曰太平御覽九百九十五引此經字作黂注云符云切廣雅釋草黂麻也黂曹憲音扶云五經文字廿部蕡父分反皆無他讀禮記內則釋文蕡字又作黂扶云反徐扶畏反則此首音當讀如汾刀蓋分之誤陸云本或作蕡正以弓人內則等皆借蕡為黂也周春依苻刀謂為震韵奉母不知震韵固無奉母疏甚黂說文鉉音房未切即此扶沸反並同內則徐音

枲息似反

苴七徐反下同

別彼列反

蕵音孫○校語錄云蕵當從飧箋曰飧從夕食不從歹詳上文蕵西存反下釋文各本俱誤惟石經單疏本不譌今依正

酢七故反

菲孚匪反又音妃

葸音息本又作息○注疏校勘記云菲葸菜唐石經雪牎本同釋文葸本又作息按單疏本菲一名息菜與釋文又本合匡名十三云案說文艸部無葸字箋曰詩谷風正義引陸璣疏云菲似葍爾雅謂之葸菜本不從艸陸見郭本此處作葸故云本又作息也阮元以作息者為釋文又本嚴元照謂說文無葸字皆非陸意

蕢字亦作蕢巨愧反又苦怪反○十三經音略十一云蕢巨愧翻音匱又苦怪翻音蒯陸氏埤雅以蕢為紅莧本草作蕢匡名十三云案𧶠隸變作貴

莧閑辨反○

攷證云閑辦反舊作閑辦反譌今改正校勘記云盧本辦改辨箋曰廣韻三十一襉蒲莧切辦為辨之俗體如依說文此字在刀部從刀辡聲辦辨皆其俗體今仍通志本之舊

蘠音牆○攷證云蘠藝文類聚八十一作薔匡名十三云案薔省文

蘼亡彼反又作靡同○匡名十三云案說文作靡艸部無蘼字雪牕本作靡注疏校勘記云蘠蘼虋冬釋文唐石經單疏本注疏本同雪牕本蘼作靡釋文蘼又作靡同按說文蘠蘠靡虋冬也字作靡箋曰此亦陸氏所見郭本爾雅之字從艸作蘼也正以說文不從艸故云又作靡同

虋音門本皆作門郭云門俗字亦作蘴字○攷證云藝文類聚引作蘴注疏校勘記云釋文云云按山海經中山經其草多芍藥蘴冬注本草經曰蘴冬一名滿冬今作門俗作耳此郭氏改門作虋之事注仍依俗作門為經注異文之證虋作蘴與上虋赤苗作蘴正合匡名十三云案虋門音同通借不可謂門為俗箋曰上文虋赤苗釋文云字林亡昆反本亦作蘴蘴即虋之俗體詳上亡昆讀如門故此云音門彼以虋為赤苗此以虋冬二字為一名陸云本皆作門者郭注作門又冬下陸引本草天門冬麥門冬字並作門也郭云門俗字謂通俗以門代虋耳中山經注可為證嚴云不可非是

冬山海經云條谷山其草多芍藥虋冬郭云本草一名滿冬案本草天門冬一名顛勒麥門冬秦名羊韭齊名愛

韭楚名馬韭越名羊蓍一名禹葭一名禹餘糧葉如韭冬夏生無名滿冬者

萹匹緜反

藫郭舒若反孫餘若反○十三經音略十一云藫郭舒若翻音鑠孫餘若翻音藥

貫古亂反

衆音終本草云貫衆一名貫節一名貫渠一名百頭一名虎卷一名萹苻一名伯藥一名藥藻此謂草鴟頭也衆爾雅篇苻止郭云未詳本草乃是貫衆

著其隕反孫居筠反○十三經音略十一云著其隕翻音窘孫居筠翻音均廣韻居銀翻又渠殞翻同說文著牛藻讀若威顏氏家訓引音隱說文音隱四卷隋志見鴂瑰翻與縲同縲威音同而韻微異讀若威者猶言讀如影母也經籍舊音辨證三云說文家訓云云承仕案著從君聲君從尹聲段玉裁說尹亦聲宋保說從口尹聲並通本屬諄部對轉脂則讀若威說文音隱鴂瑰反者依說文讀若而為之反語也下文蕍芛釋文云顧野王羊述反樊光本作蕈與此同比箋曰廣韻十七真居筠切為合口讀如麏鹿屬之麏居銀切為開口讀如巾若均在十八諄周春謂居筠反音均依後世韻書合真諄為一其謂廣韻居銀翻同則讀如巾是不分開合非也又謂說文著讀若威讀如影母其義不了說文讀若之例有但取其雙聲者此著讀若威猶祥讀若普皆當於雙聲得之不必如吳氏之釋以韵轉也若下文蕍芛羊述反即廣韵之余律切而蕈于鬼切此自謂樊本作蕈與芛相似而異非謂蕈音羊述也

藻音早

遂

他六反○校勘記云段玉裁云當作池下他羊反同箋曰江校改他為池下他羊反之他同即依段說也按小雅我行其野釋文遂勑六反廣韵丑六切此為牛蘈之蓫若蓫薚馬尾之蓫廣韵直六切他屬透紐勑丑屬徹紐作他正類隔與下薚正雙聲薚說文作募鉉音及廣韵並褚羊切褚亦徹紐又吐郎切有薚募上同褚羊之讀即本呂郭之他羊反透徹交互出切讀如倀耳則下他羊反亦不誤

薚 呂郭他羊反謝他唐反廣雅云馬尾蔏陸也郭云江東呼為當陸一名薚根一名夜呼如人形者有神○十三經音略十一云蓫他六翻音禿薚呂郭他羊翻音湯謝施他唐翻亦音湯案下他字疑是式字之訛式唐翻音傷否則與他羊翻重出矣五經文字蓫耻六翻音禿薚耻同楮羊翻音湯並隔標出切箋曰五經文字耻六反讀同我行其野之勑六反亦如蓄冬菜之蓄不得音禿他羊反讀如倀即五經文字耻羊反也周春謂耻羊反音湯實誤羊在陽韵為三等有徹紐無透紐故也他唐反不譌即廣韵吐郎切所本也且式屬審紐唐韵為一等無審紐則式唐不能成切周春殆合陽唐為一然廣韵式羊切無薚其說亦不可為據周春所說並誤

蔏 音商本亦作商○箋曰此陸氏所見郭注引廣雅之字從艸作蔏也今本廣雅釋草同王氏疏證引神農本草作商陸與此云亦作者同又周易夬卦釋文陸馬鄭云莧陸商陸也商亦

不從艸

苹音平

萍本或作蓱音瓶○十三經音略十一云萍亦作苹音平庚萍本或作蓱青周禮注鄭司農云萍讀為蛢青音瓶或為萍號起兩之萍庚元謂今天問萍號作萍庚爾雅曰萍蓱其大者蘋真讀如小子言平之平庚漢時真庚青之別其嚴如此可知六朝之韻久有師承而謂其盡出吳音何耶攷證云苹邢本作萍萍邢本作蓱注疏校勘記云萍蓱雪牕本注疏本同正德本作苹萍非唐石經單疏本作苹蓱當據以訂正釋文云云按五經文字云苹音平蓱音瓶釋文又作萍則張氏所據釋文當為萍音瓶本又作蓱今本非箋曰說文艸部苹蓱也無根浮水而生者銍音符兵切又蓱苹也又水部洴苹也水艸也銍音並薄經切符兵即此音平庚韵並紐合口三等薄經即音瓶青韵並紐開口四等然三字實為一物故典籍或通用周禮秋官釋文云萍音平本亦作苹同名南采蘋大蓱本又作萍薄經反小雅鹿鳴蓱本又作萍薄丁反可見六代時此三字已不嚴加區別矣阮說未審釋文此條萍蓱二字上下雖易與采蘋鹿鳴亦相應苹與蓱萍異讀不誤校勘記說未敢信從

藻郭音瓢婢遙反廣雅云藻蓱也○攷證云廣雅云瓢萍也案瓢舊作藻藻譌今依本書改正校勘記云按藻藎藻之訛盧本依本書改作瓢校語錄云藻盧改瓢是箋曰通志堂本注文藻誤藻江校改為藻與阮氏所說合是也今依正盧文

沼依今本廣雅改爲瓢按瓢藻集韵毗霄切爲異體字王氏廣雅疏證亦云瓢與藻同若陸氏所見之廣雅字作瓢則當云廣雅作瓢云萍也此直云廣雅云藻蓱也則陸氏所見之廣雅與郭注字形無異矣通志堂本誤爲藻藻正與藻之形近又婢遥反即讀如瓢直音與反語並出之例

蘋 毗人反說文作薲○攷證云案說文薲大蓱也匡名十三云案說文艸部薲大蓱也從艸賓聲俗體從頻

莃 虛祈反

菟 湯故反

葵 夬唯反○校語錄云集韵葵無二讀夬殆其之譌見采菽釋文箋曰玉篇艸部葵渠追切無他讀且夬屬見紐廣韵居夷切居追切皆無葵字法氏謂此夬爲其之譌是也

汋 以灼反

藬 本又作藬同吐回反○箋曰臧校改藬爲藬王筠校小同案此猶上文蕢字亦作蕢之例皆隸書與篆文小異耳藬不成字

蘈 大回反

穗 音遂說文作采云禾成秀人所收也穗俗字廣雅云采稾采也

縹 匹眇反又匹妙反字林云青白色

淋 音林字林云以水沃也

藚 音續

⿱艹脣 音脣本今作脣○攷證云⿱艹脣邢本作脣注疏校勘記云藚牛脣唐石經單疏本雪牕本同釋文云云按玉篇⿱艹脣牛⿱艹脣也與陸本合匡名十三云詩正義三五之三引亦作脣按說文艸部無⿱艹脣字箋曰此亦陸氏所見郭本爾雅之字從艸作⿱艹脣也以其時又有不從艸者故云本今作脣即詩正

義唐石經以下所本者**蒚**音昔**苹**皮英反**蘋**力大反**翹**字亦作䕒祁饒反本草連翹一名異翹一名軹一名蘭華一名折根一名三廉○匡名十三云案䕒俗字**苕**音條**蔆**蘇存反○攷證云今本澤烏藧無蔆字案前有藧烏蔆陸本此處必是澤烏蔆郭注即上藧也是今本烏藧乃烏蔆之譌石經宋本俱作蔆當據改正注疏校勘記云澤烏蔆雪牕本正德本同石經考文提要引至善堂九經本亦作烏蔆閩本監本毛本蔆作藧因注云即上藧也致誤葉鈔釋文唐石經單疏本蔆作蔆從夕校勘記云蔆葉本盧本作蔆字從夕校語錄云蔆石經同今本作藧非字當從飱匡名十三云蔆石經單疏本作蔆俗本誤作藧案當作飱箋曰蔆從艸飱聲飱從夕食不從歹今依石經及葉鈔釋文正嚴元照謂此蔆當作飱以說文艸部無蔆字也未審此為陸氏所見之郭本爾雅與說文無涉並詳上文蔆西存反下**傅**音付**橫目**如字胡彭反或音黃○箋曰橫如字讀說文鋐音戶盲切即胡彭反也庚韵匣紐音黃則讀胡光切唐韵匣紐薔依偏旁讀故云或**結**音姑本今作結○攷證云結邢本作結注疏校勘記云一名結縷單疏本雪牕本注疏本同釋文云云集韵十一模結結縷草名本此按當作結縷俗謂之鼓箏草語轉耳一切經音義十四引孫炎注云俗名句屢草句縷猶結縷也

皆一聲之轉文選上林賦布結縷郭注曰結縷蔓生如縷相結此結縷亦結縷之訛結縷猶結縷菩蔞括樓也阮記又云按姑與結雙聲舊校云上林賦結當為結非也箋曰漢書司馬相如傳布結縷師古曰結縷蔓生著地之處皆生細根如綫相結故名結縷今俗呼鼓箏草兩幼童對銜之手鼓中央則聲如箏也因以名云此經郭注云一名結縷俗謂之鼓箏草則小顏正申郭說矣惟陸氏所據郭注之本結作結而彼時又有作結者故云音姑本今作結皆不以為非以作結作結並通也

縷本亦作縷力主反

箏側耕反

𧂇力基反

蒙亡公反

䔖字又作蓤力矜反本今作蔆〇攷證云邢本蔆作蓤舊蔆亦作蔆今案當從水校勘記云本今作蔆葉本盧本蔆作蔆是也匡名十三云石經單疏本作蔆一切經音義十五又十八引作蓤集韻六脂引作蓤案說文艸部無蔆蓤二文蔆芰也從艸淩聲校語錄云蔆陸改從水箋曰通志堂本蔆作蔆臧校改為蔆即依葉本是也攷玉篇艸部廣韻力膺切皆蔆蔆蔆三體為一字無有從淩作蔆者今依正

蕨居月反

蘪亡悲反孫居郡反又居羣反〇十三經音略十一云蘪亡悲翻微明輕重交互出切音眉孫居郡翻音斤去聲又居羣翻音單依孫說則鹿下從禾不從米潛研堂文集二十七跋經典釋文云尋其條例當以先者為優後者為劣今攷之亦未盡當

如釋艸篇蔆蕨攈釋文兼收亡悲居郡居羣三音依前音宜從麋依後二音宜從麇說文有攈無攗且蕨攈為雙聲則文當作攈而讀如麇矣攷證云案一切經音義十五引作菱蕨麋十八引作菱蕨麇作麋與亡悲反同當讀為眉作麇與孫居郡居羣反合當讀為囷錢氏大昕曰說文無攈字當用孫音而作攈字凡艸木之名多取雙聲蕨亦雙聲也注疏校勘記云蔆蕨攈唐石經單疏本同釋文云云按一切經音義卷十五引爾雅菱蕨麇字從禾與孫音合下落麇舌釋文麇俱綸反本或作麋音眉是麇麋二字易相亂錢大昕云云匡名十三校語錄亦引錢說經籍舊音辨三引錢說又云承仕案草木之名多取雙聲誠如錢說然名聲相依本無正字撰述箋注者隨應立文已不定與說文相應又以展轉移寫譌俗滋多增省偏旁詭更正體此徵之漢魏南北朝碑銘及唐人寫本而益信者也是故釋文本作攈安知其原不作麋孫讀作攈安知其原不作麋即不得以說文之有無定形體之正乏矣篇中所有異文悉宜以是通之黄侃箋識云案作麇作麋皆無不可蕨麇則雙聲聲轉又為英光故前薢若英光郭注引或說以為薢若即蔆蕨麇則叠韵（灰昌韵部最近）聲轉而為決明適與英明同語故注家混菱與決明而為一也至攈字玉篇尚不載惟廣韵有之集韵又譌作攗從米爾雅舊本必有作麋者故因緣而亦加手於麋旁耳箋曰凡

二字爲一名者多爲雙聲或疊韻固不僅草木如是也惟陸氏作此經音義依郭本郭本之字從麋聲故肴云亡悲反又載孫居郡居羣二反俾讀者因音孜字即知孫本之從麋聲矣錢大昕但持釋文作音先優後劣之例殆於陸氏作音所據者爲郭本有所未審按居郡反即廣韻居運切乃君之去聲合口字也若斤之去聲讀如居焮切之靳開口字也周春謂居郡反音斤去聲非也黄君謂蕨麇則疊韻灰曷韻部最近案未聲在齊非灰欮聲在末與齊不近灰實橫口曷末則縱口此其不類也

芺巨義反字林云楚人名蔆曰芺

菊居六反

蘧○音渠或音劬字或作蘧音同校語錄云蘧又音劬者以字又作瞿也當各依字讀箋曰廣韻渠在九魚劬在十虞釋文不分上文蘧蔬釋文蘧郭音氍巨俱反謝音渠蔬郭音毹山俱反謝音疏俱魚虞混同此亦其比詳彼

麥字亦作麦郭云蘧麥一名麥句薑即瞿麥廣雅云茈萎麥句薑遽麥本草瞿麥一名巨句麥一名大菊一名大蘭陶注云一莖生細葉華紅紫赤可愛○匡名十三云案麦俗體

瞿求于反

薜彼麥反○十三經音略十一云薜彼麥翻音百說文蒲計翻音蔽箋曰彼麥反即廣韻之博厄切在二十一麥百在二十陌周春謂彼麥反音百依後世韻書合陌麥爲一而言也廣韻計在十二霽蔽在十三祭周謂蒲計反音蔽亦依後世韻書合霽祭

為一矣**牡**亡后反**蕡**子旦反**蕍**子賤反○十三經音略十一云蕍子賤翻音箭五經文字云箭蕍二字同子賤翻又音前山梅也爾雅用下字箋曰五經文字箭蕍二字之箭作湔此周春偶疏五**苺**音每又音梅後注同

藨皮苗反又皮表反○孜證云又皮表反舊譌皮耒反今校正校勘記云又皮耒反盧本耒改表此形近之譌校語錄云皮耒反耒乃表之譌箋曰通志堂本表誤耒盧文弨改為表是也部本亦作表藨說文鉉音平小切廣韵平表切有藨皆即此皮表反今依改皮苗皮表二反正平上相承

齧五結反**苦堇**音謹**洵**以灼反**潭**徒南反

落徒來反郭云一名石髮說文云水青衣也或大之反本今作菭○孜證云落邢本作菭注疏校勘記云水菭也單疏本雪牎本注疏本同釋文云云按此草生水中故字從艸從水台聲今說文作水衣從艸治聲非當據此訂正郭氏注本用落字廣雅云水衣落也校語錄云大之反大蓋丈之譌醢人菭菹菭音迨又丈之反可證箋曰天官醢人釋文云菭音迨鄭司農云水中魚衣也當徒來反沈云北人又丈之反未知所出彼菭即此落故于彼云當徒來反即說文鉉音徒哀切今本說文無青字段注正據此補此大之與醢人作丈之同大丈正定澄類隔蓋北人以落從治聲即依偏旁讀若治也彼云未知所出故此云

或耳廣雅釋草石髮石衣也王氏疏證引此作文之反苔即落之者故玉篇艸部廣韵徒哀切皆落苔為一字異體阮元謂說文今本作從艸治聲為非當作台聲未審之哈古為一部治亦從水台聲也

底丁禮反

薽字或作菊居六反說文云薽治牆也又作鞠云日精也○十三經音略十一云薽字或作菊又作鞠案說文菊注云大菊蘧麥薽注云治牆也薽注云日精也似秋華音並同據此則菊為蘧麥薽為甘菊薽似秋華則今之五色菊花也三字既各異物亦不同今人菊薽通用而薽則罕用矣然相沿已久通用固無害耳匡名十三云藝文類聚一八十引作菊案說文艸部薽治牆也從艸鞠聲又菊大菊蘧麥從艸匊聲又薽日精也以今本誤似秋華從艸籟省聲三字音同義異今通用菊而薽薽廢矣又案許君不以治牆為秋華與郭注異箋曰又作鞠之鞠王筠校改為薽與今本說文合是也此當為傳寫之誤說文薽字段注云以秋華以各本作似今依宋本及韵會正釋草薽治牆郭云今之秋華菊郭意薽菊為古今字今按陸云薽字或作菊亦與郭同謂薽菊為古今字又引說文薽字說解蓋以廣異聞也

蓎音唐本今作唐○攷證云蓎邢本作唐注疏校勘記云唐蒙女蘿唐石經單疏本雪牕本同釋文云云按蒙王女注蒙即唐也釋文亦云蓎音唐舊校云本今作唐知唐蒙字舊皆從艹矣今本據毛詩改之玉篇蓎蓎蒙女蘿匡

名十三云詩正義十三四之之一二又類篇中一引作唐廣韻唐十一云蓎爾雅作唐蒙不從廾元照案說文艸部無蓎字箋曰此亦陸氏所見郭本爾雅之字從廾作蓎以彼時又有不從艸者故云音唐本今作唐及詩正義唐石經廣韻所本者嚴元照以說文無蓎字為說阮元見釋文兩處作蓎遂謂舊皆從艸且以本今作唐為舊校而非陸氏所云皆有所蔽

蘿音羅

别彼列反

苗郭他六反又徒的反說文云從由聲〇十三經音略十一云苗郭他六翻音秃杻出六切翻同陽又徒的翻音迪苗字從田此字從由箋曰廣韻丑六切有此苗注云蓨也而他谷切無可證丑六反實苗字本讀郭他六反乃陽標出切也周春所說適誤

蓨郭湯彫他周二反顧他迪反〇十三經音略十一云蓨郭湯彫音挑他周音偷二翻顧他迪翻音惕案說文蓨苗也徒聊翻又湯凋翻據此則徒聊翻乃徐氏誤會陽標而注箋曰廣韻偷在十九侯周在十八尤尤為三等韻無透紐有徹紐則他周反即廣韻之丑鳩切與上苗丑六切正雙聲周春謂音偷非也

茥苦圭反

蒛去悅反

葢步昆反注同〇孜證云說文無葢字宋鄭樵注本作盆匡名十三云說文艸部茥缺盆也案缺盆二字俗書加艸箋曰此亦陸氏所見爾雅郭本之字從艸作葢若本作盆則為常見字陸氏不煩為之作音矣與說文無涉

覆芳服反

芨居及反又

起及反○十三經音略十一云茇居及翻音級說文若急讀又起及翻音泣

董草 音謹下注同郭音靳居覲反云即烏頭也

案本草蒴藋一名堇草一名芨非烏頭也○十三經音略十一云堇音謹郭音靳居覲翻與上文苦堇音謹不同郭音靳居覲翻當是音義之文或據宋本添入注

艸攷證云郭音靳單注本注末有音靳二字注疏校勘記云江東呼為堇音靳單疏本雪牕本同注疏本刪下二字疏中引郭云有之邢氏云嫌讀為堇菫之堇故音之釋文云云校語錄云陸以靳覲同部與廣韻異箋曰邢疏云郭云即烏頭也江東呼為堇音靳邢引郭注如是則音靳二字實郭注也且各本郭注無居覲反周春所說欠分晰法氏謂陸氏與廣韻異按廣韻覲在二十震靳在二十四焮釋文則不分猶詩北門殷殷於巾反之真欣混用也

蘵 息廉反○十三經音略十一云蘵息廉音纖子廉音尖二翻吳氏任臣以字彙從將康翻為非不知此字本有兩音也將康子廉即

肩 古田反

茙 音戎

本今作戎○攷證云邢本作戎注疏校勘記云肩戎葵唐石經單疏本雪牕本同釋文云云按文選西京賦戎葵懷羊李善注爾雅曰肩茙葵茙音戎與陸本合玉篇茙茙葵也匡名十三云說文無茙字箋曰此亦陸氏所見郭本爾雅從艸作茙也即玉篇文選李注所本者陸時又有不從艸作戎者故云本今作戎唐石經邢昺所作即依之與說文無涉

蘻 郭音古系

反又苦系反〇十三經音略十一云蘻郭音古系翻音計又苦系翻音恖箋曰苦系反即廣韵苦計切讀如契在十二霽恖在十三祭周春謂苦系反音恖依後世韵書合霽祭爲一而言也

狗音苟

蕧郭音服施孚服反郭云旋蕧也本草云一名金沸草一名盛椹一名戴葚陶注云花似菊花而大〇箋曰郭音服即說文鉉音房六切故爲首音屬奉紐施孚服反則讀如廣韵芳福切之蝮屬敷紐奉爲濁聲敷爲清聲入聲相混

庚本又作羹同古衡反

茡孫音嗣本又作字說文作茡云即枲也〇攷證云茡邪本譌爲莩音孚石經宋本並作茡十三經音略十一云案茡茡並音字廣韵並收七志說文曰茡麻母也一曰茡即枲也與莩艸也音義俱別今本茡作莩誤作莩韵會而顧氏九經誤字反以作莩爲是石經作茡爲誤大謬匡名十三云案說文艸部茡麻母也從艸子聲其從宀者古文通借又增加艸頭監本茡誤作莩顧氏炎武金石文字記曰莩麻母莩石經誤作茡顧未見釋文故多以不誤爲誤箋曰嗣說文鉉音及廣韵並祥吏切讀如寺屬邪紐玉篇艸部茡詳餌切即同孫炎讀茡說文鉉音疾吏切廣韵疾置切讀如字屬從紐陵云本又作字蓋陸見彼時典籍有借用同音字作字者今類聚百穀部卷八十五引此經文作字麻母尚不從艸若莩從孚聲鉉音芳無切乃虞韵字顧說實誤攷單疏本仍作茡則邢昺不

誤盧文弨但依注疏本為說耳 **苴**七徐反 **盛**音成 **瓝**步角反舍人云瓝九葉九枚共一莖樊本瓝字作駁釋云駁也一名九葉○匡名十三云案瓝本當作⿸厂⿱瓜交⿰前見樊作駁者古文偏旁假借箋曰上文瓞瓝釋文云瓝步角反字林作⿸厂⿱瓜交云小瓜也嚴元照以說文無瓝字為說此云本當作⿸厂⿱瓜交皆誤詳上此經瓝九葉與瓞瓝之瓝同名樊光本作駁為聲借瓝作⿸厂⿱瓜交同在覺部非古文假借 **藐**亡角反又亡校反 **茈**子爾反 **⿱艹戾**力計反 **倚**謝於綺反或其綺反舍人本作猗音同 **蔏**音商本今作商○攷證云邢本作商匡名十三云石經作商案說文艸部無蔏字箋曰此亦陸氏所見郭本爾雅之字從艸作蔏也以其時有邢咼所見之本作商故云本今作商可不稱說文 **活**如字孫音括 **脫**徒活反字又作莌○匡名十三云案當作脫⿰前見箋曰經云倚商活脫注云即離南也按上文離南活莌字正作莌故陸于此云字又作莌嚴元照以說文無此字遂謂當作脫非也詳上 **蘵**字又作職諸弋反○校勘記云按五經文字蘵音職釋文作織此作職誤又疑織當作識夏小正作識字匡名十三云案說文艸部蒢黃蒢職也無蘵字又案五經文字云云今釋文不然後人所改也徐氏養原曰作織是也古識織通用徽幟之幟本作識左傳昭二十一年音義引說文徽識也今本說文誤作幟考說文無幟字

又作織詩所謂織文鳥章是也夏小正三月采識識即黃蒢又作織猶徽識之與織文矣玉篇有蘵與蘵同箋曰廣韵之翼切蘵草名似酸漿亦作蘵集韵質力切蘵州名爾雅蘵黃蒢或作蘵是玉篇廣韵集韵皆以蘵蘵為一字異體此云字又作職之職疑當作蘵乃與五經文字及玉篇諸書合今本五經文字蘵殘為織耳若夏小正作識說文作職皆聲借字也

蒢直居反

菹側居反

藒去竭反謝起例反郭去謁反○十三經音略十一云藒去竭翻音闕謝起例翻音憩郭去謁翻與去竭同箋曰去竭反即廣韵十七薛丘竭切讀如揭開口字也若闕說文銡音及廣韵皆去月切乃合口字在月韵周春謂去竭反音闕非也其謂去謁與去竭同則是郭璞之音用字異故並載之

車音居本多無此字○攷證云臧氏琳云說文藒芞輿也然則說文亦以藒為芞輿不名藒車也據陸氏云本多無此字則知古本爾雅作藒芞輿與說文合郭璞因離騷謂之藒車故援以證之後人因增經字耳注疏校勘記匡名十三校語錄並引臧琳說箋曰離騷畦留夷與揭車兮王逸注云揭車一名芞輿漢書司馬相如傳上林賦揭車衡蘭應劭曰揭車一名芞輿香草也是漢人皆云藒車有車字今本說文無而段注依韵會所引補云藒芞車輿皆疊韵按御覽九百八十三引說文曰藒車芞輿也又玉篇廣韵諸書皆云藒車香草無單

舉藒字者則段氏所補是也臧琳依誤本說文為說而盧文弨諸人皆為其所惑耳

芞 謝去訖反沈又虛訖反○十三經音略十一云芞謝去訖翻音乞沈又虛訖翻音汔

輿 字或作萸音餘唯郭謝及舍人本同眾家並作蒢○孜證云案說文無萸字蒢字注云黃蒢職也從艸除聲即上藒黃蒢也眾家蓋以聲近借用郭作輿與說文合匡名十三云案集韵九魚類篇中引作萸說文艸部無萸字眾家作蒢殆與上文相涉而譌箋曰廣韵九魚以諸切萸芞萸香艸即本此或作之字輿之本義為車輿此經芞輿二字為藒車作輿為聲借輿萸同音眾家本作蒢蒢亦魚韵之字故盧云以聲近借用偶與上藒黃蒢之蒢同字此篇字同而實異者多矣嚴元照以為譌不可從

權 其圓反

牛芸 音云

𦯬 音牧本亦作目○注疏校勘記云葉似𦯬蓿雪牕本元本同閩本監本毛本𦯬誤菽疏中同釋文云云按說文芸艸也似目宿箋曰漢書西域傳大宛國馬耆目宿陸云本亦作目即謂如漢書說文也郭璞乃用𦯬字廣韵莫六切𦯬𦯬蓿見爾雅注即謂此也

蓿 音肅

葞 彌爾反

終 本亦作蔠同○孜證云邢本作蔠注疏校勘記云蔠葵蘩露唐石經雪牕本注疏本同五經文字云蔠釋文作終石經考文提要曰周禮終葵首左傳終葵氏俱作終茲從經典釋文今本非匡名十三云案說文艸部無蔠字箋曰此

經終葵為艸名與周禮左傳之義不同故本亦作蔠陸氏云同不云非阮元以蔠為非嚴元照以說文無蔠為說皆未諦

蘩 音煩

蔝 音味又亡戒反○十三經音略十一云蔝音味又亡戒翻微明輕重交互出切音賣周禮釋文莫戒翻本母出切同箋曰亡戒反即廣韵莫拜切在十六怪賣廣韵莫懈切說文鉉音莫邂切在十五卦周春謂亡戒反音賣依後世韵書合卦怪為一而言也按音味字從未聲亡戒則從末聲形異而音亦異詳春官韎師

荎 直其反○十三經音略十一云荎直其翻音馳即夂尸翻五經文字分為二非釋木釋文直之翻同周禮釋文劉直梨翻齊韵馳音李音姪箋曰梨廣韵力脂切在六脂不在十二齊春官釋文引劉直梨反即讀如墀耳馳又在五支周春所說非也若五經文字云直其反又文尸反蓋以其在七之尸在六脂釋文脂之多不分然反語用字異者亦具載之皆未可厚非也

藸 音除○十三經音略十一云藸音除亦作著著直居翻音除又張慮翻如字孜證云按玉篇作著直閭切箋曰直閭切亦讀如除荎藸為雙聲著即藸之省

荼 字亦作蒤音徒○孜證云邢本作蒤注疏校勘記云蒤委葉唐石經雪牎本注疏本同釋文云云案說文有荼無蒤當從陸本匡名十三說同箋曰說文艸部荼苦荼也此為委葉非一物也且陸云字亦作蒤則荼蒤即一字異體也阮說實誤

委 於詭反或於危反字或作

萎同○孜證云舊萎作蘘譌今改正校勘記云字或作蘘同盧本蘘改萎此誤校語錄云蘘盧改萎是匡名十三云詩正義兩引十四之四又九之四四其一作萎四之四箋曰通志堂本萎誤蘘盧改為萎是也部本亦作萎禮記檀弓釋文委手本又作萎同紆危反廣韵於為切有萎委二字於詭切有委字集韵鄔毀切有委萎二字若蘘讀古行切乃庚韵之字今依改

菻本或作薅火羔反又作捄同說文菻或作薅字○校勘記云按詩釋文作薅或作菻與今本說文合此誤倒校語錄云又作梂梂當從手箋曰周頌良耜釋文云以薅呼毛反說文云拔田草也又云或作菻引此以菻荼蓼此云本或作薅即讀如良耜也捄各本俱誤從木作梂按玉篇手部捄呼高切除也亦拔田草或作薅菻廣韵呼毛切薅除田草也菻捄上同則法說是也今正

蓼音了○孜證云舊脫蓼字音了二字即附上菻字末誤今補正校勘記云音了係蓼字之音此脫蓼大字盧本別為補正校語錄云盧本正文補蓼字注音了是也箋曰周頌良耜釋文為蓼字作音云音了則此實脫正文蓼字今依補

鉤古侯反

藈本或作睽顧謝同音圭孫苦圭反○十三經音略十一云藈顧謝同音圭孫苦圭翻音奎注疏校勘記云鉤藈姑唐石經閩本監本毛本同雪牕本元本藈作藈釋文云云按睽字從目作藈訛匡名十三云釋文云藈本或作睽集韵齊二

云鉤藈姑或作菰類篇七案說文日部無暌字殆睽之訛菰俗字徐養原曰玉篇藈中同字從目校語錄云藈當從目注內睽字同箋曰廣雅釋草藈菇⿰句瓜⿰婁瓜王瓜也藈曹憲音苦圭廣韵苦圭切藈⿰句瓜⿰婁瓜藈字皆從目無有從日者通志堂本盧本正文藈字及注文睽字並誤從日今據改陸云本或作睽者藈菇二字為瓜名作睽者為聲借猶下云菇音姑本今作姑也按周易睽卦釋文云睽苦圭反馬鄭王肅徐呂忱並音圭此藈亦具二音即其比

菇　音姑本今作姑○攷證云邢本作姑注疏校勘記云鉤藈姑釋文云云按廣雅亦作菇今本作姑非匡名十三云案說文艸部無菇字箋曰此亦陸氏所見郭本爾雅從艸作菇以其時又有不從艸作者故云本今作姑即唐石經邢昺所本者阮元以作姑為非嚴元照以說文無菇為說皆有所蔽

⿰句瓜　音鉤又五侯反○攷證云⿰句瓜⿰婁瓜邢本作鉤⿰婁瓜注疏校勘記云鉤⿰婁瓜也雪牕本注疏本同誤也按鉤當作⿰句瓜釋文音經鉤古侯反音注⿰句瓜⿰婁瓜音鉤字林云⿰句瓜⿰婁瓜王瓜也此經注異文之明證今本援經改鉤非廣雅藈菇⿰句瓜⿰婁瓜王瓜也是⿰句瓜⿰婁瓜字皆從瓜校語錄云⿰句瓜又五侯反未詳箋曰廣雅釋草疏證云郭注云⿰句瓜⿰婁瓜也一名王瓜字林云⿰瓜𠂢⿰婁瓜王瓜也字林爾雅注皆本此為說王氏所引之字正作⿰句瓜不作鉤以其本廣雅也則郭注作鉤者蓋涉經文鉤字而誤釋文各本俱不譌按五侯反則讀疑紐而廣

韵五婁切集韵魚侯切皆不載瓳字玉篇但有公侯切廣雅曹憲音古侯故法氏云未詳疑此五或古之形近誤字古侯反即讀如鉤此直音與反語並出之例也

𤬏 力侯反字林云瓳𤬏王瓜也

椉 本又作乘施音繩謝市證反〇十三經音略十一云椉本又作乘施音繩謝市證翻此字有平去兩音也玉篇有椉字從桀巨列翻音桀與椉無涉箋曰椉乘篆隸之異故陸氏著之椉從入桀自與從艸桀聲之𦺗形音義俱異也

居 本亦作車音同〇攷證云邢本作車匡名十三云石經作車箋曰邢疏云望一名椉車桉居車同音皆依聲託事故椉居亦作椉車唐石經邢昺即沿用之

為索 悉各反下同

衱 居業反

袸 施音絳孫蒲空反本今作絳〇十三經音略十一云袸施音絳孫蒲空翻音蓬薄紅翻同攷證云袸施音絳本今作絳邢本經文亦從衣袸絳並從夅注疏校勘記云因衱袸唐石經注疏本同雪牕本此本袸作袸訛今訂正釋文袸施音絳本今作絳按廣韵一東袸下引爾雅因衱袸云亦作袸又音降與釋文合釋文絳字舊作絳訛茲改正校勘記云本今作絳葉本絳作絳此誤盧本未改正匡名十三云釋文云袸施音絳孫蒲空反本今作絳石經雪牕本作袸廣韵一東部蓬鈕有袸字引此文云亦作袸集韵一東部袸蒲蒙切四絳部袸古巷切皆引爾雅類篇衣部袸補蒙切又袸古巷切亦皆引

爾雅案袶袶絳三字不見於說文又不見於玉篇就此三字中袶為近之衱袶為雙聲字吳都賦注云絳絳草也疑此文亦本作絳始則譌糸為衣繼則譌夆為夆耳校語錄云袶今本從夆與石經合絳當作絳箋曰通志堂本正文袶字及注文二絳字並從夆臧校改注文下絳為絳即依葉本是也然有未盡孫炎所據之本乃從夆故云蒲空反陸氏以為次音則其所見郭本爾雅當亦從夆作袶故以施乾之音絳為首也今依注疏本及唐石經訂正古逸叢書覆宋蜀大字本爾雅亦作袶俗冩夅夆不別故通志本俱誤從夆耳周春阮元法偉堂之說俱是惟嚴元照以說文玉篇無袶謂從衣為訛未審說文亦無衱字也此經困衱袶郭注未聞吳都賦綸組紫絳劉淵林注云絳絳草也出臨賀郡可以染劉與李善皆未引此經則不當牽混為一也

攫 沈居縛反○注疏校勘記云攫烏階唐石經元本同雪牕本攫音钁閩本監本毛本作欔訛釋文攫沈居縛反葉鈔本如此通志堂本誤作欔校勘記云欔葉本作攫字從手此誤盧本未改正匡名十三云案字書無欔字當依石經從手校語錄云欔葉抄本從才詳校勘記石經亦從手箋曰通志堂本盧本攫作欔從木臧校改為攫王筠校同皆依葉本是也古逸叢書本正作攫廣韻居縛切有攫而無從木作欔者今依改

杷 白麻反字從木下同

相著 直略反

皁

音造 **杜** 郭云杜衡也似葵而香案本草云杜衡味辛香人衣體陶注云根葉都似細辛唯氣小異耳本草經又有杜若一名杜衡陶注云葉似薑根亦似高良薑而細氣味辛香又絕似旋蕧根殆欲相亂如陶之言二種並不似葵或恐郭誤耳 **土** 他反 靚 **菌** 本又作卤音魯〇攷證云邢本作卤注疏校勘記云杜土卤唐石經雪牕本同釋文云云按玉篇菌來伍切杜菌也郭璞曰杜衡也似葵而香知此經舊作菌字矣匡名十三云石經作卤案菌即蕾字靚箋曰說文艸部蕾艸也可以束從艸魯聲菌蕾或從卤即上文菌蘆之菌也此以土菌二字為杜之別名非其類也故又作土卤卤即菌之聲借唐石經邢昺從之顧野王生郭後依郭從艸作菌耳 **衡** 字或作蘅音行〇十三經音略十一云杜土菌注衡字或作蘅音行廣韵云爾雅注杜衡衡字不從艸吳仁傑離騷草木疏以杜若杜蘅為二王逸輩皆不分別但曰香草箋曰廣韵户庚切蘅杜蘅香草大者曰杜若也爾雅云云其正文從艸作蘅即本陸氏所云字或作蘅也 **盱** 香于反又音于 **虺** 虛鬼反 **牀** 郭云蛇牀也廣雅云一名馬牀本草云蛇牀子一名蛇粟一名蛇米一名虺牀一名思益一名繩毒一名棗棘一名牆蘼陶注云華葉正似藁蕪 **蘇** 音米 **蔱** 樊本作蘇蔱麥音五刀反 **枹** 音包又音浮 **蓟** 音計 **顆** 若果反或

音款〇十三經音略十一云顆苦果翻音可或音款字箋曰廣韻苦果切在三十四果合口字可在三十三哿乃開口字周春謂苦果反音可非也或音款者顆款同屬溪紐雙聲相轉顆涷郭注云款涷亦即讀爲款矣

涷 謝音東施都弄反讀者亦音冬

郭云款涷也生水中案本草云款冬一名橐吾一名顆涷一名虎鬚一名菟奚一名氐冬陶注云其冬月在冰下生則應是冬恐承音作字異耳〇十三經音略十一云涷謝音東施都弄翻東去聲讀者亦音冬攷證云郭云款涷也邢本作款冬宋本作款涷校勘記云款冬一名橐吾一名顆涷葉本顆涷作顆東此誤按單疏本引本草款冬作款涷顆涷作顆東當據以訂正箋曰涷從東聲陸見郭本爾雅如是故以謝音爲首施乾讀去聲讀者音冬則其時東冬二韵相混也郭云款涷也注疏校勘記云單疏本雪牕本同元本涷誤陳閩本監本毛本改冬非釋文引郭云款涷也如阮說則盧文弨謂邢本作款冬但依誤改之本爲說古逸叢書本郭注亦作款涷與釋文及單疏本並合若校勘記據單疏本引本草款冬作款涷顆涷作顆東按陸氏引陶注云其冬月在冰下生則應是冬恐承音作字異耳既云字異則本草作款冬明矣其云一名顆涷則謂爾雅也是釋文省末誤臧校江校並改一名顆涷之涷爲東與阮元俱曲從葉本之誤

中馗 求龜反郭音仇字則當作頄舍人本作中

鳩云菟奚名顆東顆東名中鳩○十三經音略十一云舍人本中馗作中鳩連上菟奚顆東一物四名郭不從匡名十三云釋文云云案說文馗在九部從九從首非從九聲也故以爲當作頄然說文頁部無頄字徐養原曰馗字雖非諧聲固得音仇兔罝詩可證逵即馗之或字夬九三壯于頄蜀才本作仇此釋文之說所本然殊不必箋曰周易夬卦釋文云頄求龜反顴也又音求蜀才作仇又音求即此郭音仇也故云字則當作頄求龜反乃馗字之音即說文鉉音渠追切兔罝逵與仇爲韵乃三代古讀六代習讀不如是如漢讀龜如丘馗讀仇正相同也徐養原實未明陸書之例耳頄即說文頁部頯之隸變詳夬卦嚴元照謂說文無頄字疏于考證矣

蔨郭巨隕反孫去貧反本今作菌○十三經音略十一云蔨本今作菌郭巨隕翻音窘孫去貧翻音囷山海經郭注蔨音䐃貽之䐃今本從日作蔨者非攷證云蔨此目旁舊譌作日旁邢本作菌校勘記云蔨盧攷作蔨注疏校勘記云中馗菌唐石經單疏本雪䆫本同釋文云云按釋文知孫郭本皆作蔨今作菌非匡名十三云廣韻十八尤引作菌案蔨殆蔨之譌盧攺本蔨然亦不見於說文校語錄云蔨盧攷從目旁箋曰玉篇艸部廣韻渠殞切去倫切俱無蔨字即從目作蔨者亦無惟集韵區倫切有蔨與通志堂本所作者同注云地蕈之小者通作菌類篇艸部蔨區倫切地蕈之小者皆本此釋

文諸家謂當從目作𥉂無證今未敢輒改仍通志本之舊此陸氏所見郭本爾雅如是以其時又有作菌者故云本今作菌即唐石經邢昺所本者阮元以作菌為非嚴元照又謂𥉂字不見于說文皆有所蔽若周春所引山海經郭注在東山經孟子之山云其草多菌蒲郭注云未詳音䀏晒之䀏郝懿行箋疏云案䀏當從目旁作䀏音窘晒未聞則與此經無涉不當牽合之也

蕈辭荏反案今人呼菌為蕈葛洪字苑同云世作椹蕈二字非也字林式甚反或云桑萸也沈徒感反萸人兗反○十三經音略十一云注蕈字亂當是絕字之訛荏翻情上聲應荏翻同今人呼菌為蕈音近尋上聲從邪微別攷證云辭荏反舊辭誨亂今改正校勘記云盧本亂改辭又下引葛洪字苑苑誤茹盧本亦已改正校語錄云亂盧改辭茹當為苑箋曰通志堂本辭誤亂江校改為辭攷蕈字說文錠音慈袵切玉篇慈荏切廣韵同皆無他讀慈屬從糸亂屬來糸則此當作辭辭屬邪糸者釋文從邪多混也周春謂當是絕字之訛絕雖屬從糸然與亂字形不近且反語未見今依盧江所改又字苑之苑通志堂本誤為茹惠校江校並改為苑與盧本同是也釋文于上文苴下及釋器篇亦引字苑今據正

菆豬葉反又阻留反字又作菆○潛研堂集二十七跋經典釋文云尋其條例當以先者為優後者為劣今攷之亦未盡當如釋草菆小葉釋文豬葉反又阻留反依

前音宜從耴依後音宜從取說文有菆無⿱艹耴當以後音為正十三經音略十一云⿱艹耴豬葉翻音輒又阻留翻音舟字又作菆攷證云官注疏本作菆與豬葉反不合又云阻留反則菆字音也注疏校勘記云菆小葉雪牕本元本閩本監本同毛本菆改⿱艹耴釋文云云唐石經闕五經文字⿱艹耴音輒見爾雅廣韵二十九葉⿱艹耴陟葉切爾雅釋草云⿱艹耴小葉按唐石經與五經文字多合據五經文字作⿱艹耴知唐石經亦作⿱艹耴也匡名十三引錢說又云案說文有菆無⿱艹耴⿱艹耴乃傳寫之譌史記鯫生說我服虔以為小人貌鯫與菆皆從取聲亦得有小義左傳蕞爾國杜注云蕞小貌說文無蕞疑即此菆字箋曰陸氏見郭本爾雅之字作⿱艹耴故以豬葉反為首音以作音家據他本有從取之菆為之作音云阻留反者故列于次說文艸部菆麻蒸也一曰蓐也與此經之義迥別錢大昕但持釋文作音先優後劣之例益于陸氏所據者為郭本有所未審也嚴元照亦沿其誤按說文走部趣疾也齒部齱齵也言部諏聚謀也从部聚會也手部掫夜戒守有所擊其土部埾土積也阜部陬阪隅也此皆從取聲之字俱無小義其謂取聲有小義之說尤非

苕 徒彫反下同

蔈 必遙反

茇 郭音沛補蓋反又音撥說文云草之白華為茇音布末反〇校勘記云草之白華為茇葉本脫白字華誤草箋曰臧校删白字江校改華為草即誤依葉本也按補蓋反

即讀如沛布末反即讀如撥此直音與反語並出之例

藨亡悲反藨草生江水中　薇音微又音眉顧云水濱生故曰垂水　薜卑麥反　莽莫朗反　數節色角反數猶促也　促七玉反　鄰字又作篺音客又音鏻〇十三經音略十一云鄰字又作薜客勑鎮鏻勑珍二音匡名十三云案說文艸部無薜字玉篇竹部篺竹實中也廣韻二十一震篺竹名堅中釋文薜字疑當作篺然說文竹部亦無篺字校語錄云又作薜薜疑當從竹箋曰此經鄰堅中郭注云竹類也其中實按齊民要術十卷引字林云篺竹實中則陸謂字又作篺者謂字林玉篇諸書非謂說文也又按玉篇艸部薜鬼火或作燐廣韻良刃切薜草名皆非竹名則各本篺作薜者為隸書竹廾相混今正

簢字或作篾密謹反又亡忍反〇十三經音略十一云簢字或作蔑密謹翻音閔又亡忍翻微明輕重交互出切音閔因謹字像吻韻而吻韻無明母字故改用軫韻忍字也校勘記云葉本蔑作篾此誤盧本未及改正匡名十三云案類篇五艸竹部有篾字云與簢同釋文從艸作蔑恐誤然簢篾蔑三字皆不見於說文疑當作笢說文竹部笢筡也從竹民聲民閔聲相近故轉而從閔校語錄云廣韻謹收隱忍收軫簢則收軫而隱部無脣音箋曰廣韻謹在十九隱不在十八吻其十六軫眉殞切有簢即此亡忍反也六代時軫謹混

用詩汝墳釋文閔密謹反又載馳同並可為證周春法偉堂之說俱非按玉篇竹部簢眉隕切竹中空簢同上則陸云字或作簢猶上文鄰字又作𥴦之例皆據六代時典籍而言嚴元照必依說文拘矣各本簢作𦺋從艸亦傳寫之譌今依葉本及臧校改正

筡郭音徒又音攄施音儲

笐本又作亢户剛反

簢音待說文云竹萌生也字林大才反〇十三經音略十一云簢音待字林大才翻音臺周禮釋文云落音追爾雅作簢同當徒來翻臺音沈云北人音秃改翻腿音又丈之翻池音未知所出案康成破鄭司農說與爾雅合箋曰廣韵吐猥切周氏此文與周官醢人說微異茲惟言其相異者如秃改此云音腿廣韵腿在十四賄吐猥切合口字秃改反即十五海之他亥切乃開口字醢人云台上聲是也又丈之反即廣韵直之切在七之周春謂音池池在五支此皆彼依後世韵書合賄海為一支之為一故誤又詳前落箋

箭音箭本今作箭〇攷證云邢本作箭匡名十三云石經單疏本作箭案隸變𠝣為前變而得其正者

萌亡耕反

筍思尹反

菹側於反

醢音海

篠思了反字林作筱云小竹也〇匡名十三云案說文竹部筱篠屬小竹也從竹攸聲隸變從條

別彼列反

枹音包

霍户各反〇校語錄云各乃郭之譌箋曰各郭並在鐸韵惟各為開口郭為合口耳此乃六

代時作音家之混用未必為謬

素 蘇故反又作索○攷證云案素索古書往往互用禮記素隱行怪漢書作索孔安國書序八索釋文徐音素本或作素匡名十三引盧說箋曰素索形近同屬心紐一聲之轉故二字典籍通用也

鬷 子工反郭音揔

芏 郭他古反案今南人以此草作席呼為芏音杜○匡名十三云說文艸部無芏字據釋文引說文綦土夫也則當作土箋曰此亦陸氏所見郭本爾雅之字從艸作芏也說文作土為依聲託事若爾雅之字不從艸則土為常見字郭璞不得為之作音矣他古反屬透紐杜屬定紐透定清濁微異耳

夫 謝方于反孫音符○攷證云案夫扶也大夫者言能大扶持人也夫婦大夫字古多讀若扶孫音是也箋曰此經夫王二字為芏草之名謝嶠方于反即說文鉉音甫無切乃夫字本讀故陸以為首孫炎音符則讀如廣韵防無切之夫然夫符二讀皆為依聲託事無是非可言攷證拘滯

莞 古丸反字又作萑誤

藺 力刃反字林云莞屬也

綦 郭音其字亦作藄紫藄菜也說文云藄土夫也或作萁非也案說文云萁豆莖旋謝並音其○十三經音略十一云萁郭音其亦作藄音箕蕨也齊民要術以藄為即詩言采其莫之莫今名蕨其粉見海剛峰濟饑草木攷證云邢本作藄校勘記云藄土夫也葉本土作士非也匡名十三云案今本說文云藄月爾也與陸引

畀錢少詹曰土夫王綦月爾一物而三名王綦蓋土夫之大者猶艸有王芻魚有王鮪也箋曰臧校改土為士即誤依葉本也陸以郭本爾雅之字作綦而說文廣雅諸書作綦故云字亦作綦萁之本義為豆莖故以或作萁者為非也

蕨音厥

葴之林反又音咸○十三經音略十一云葴之林翻音針又音咸此馬藍之葴有兩音前寒漿之葴止音針箋曰說文艸部葴馬藍也從艸咸聲鍼音職深切職深即之林故為首音音咸乃依偏旁讀故為又音

藍力甘反

姚莖謝戶耕反施郭於耕反○十三經音略十一云莖謝戶耕翻音衡施郭於耕翻音甖箋曰廣韵衡在十二庚不在十三耕甖在十四清周春所云乃依後世韵書合庚耕清為一矣

蒤音徒本今作涂○攷證云邢本作涂匡名十三云石經作涂廣韵十三耕引作涂案說文艸部無蒤字箋曰此亦陸氏所見郭本爾雅從艸作蒤也以其時又有不從艸者故云本今作涂即唐石經廣韵所本者說文水部涂為水名則此經作涂為聲借嚴元照不當以說文為說

芐音戶本草地黃一名地髓一名芐一名芑○十三經音略十一云芐音戶儀禮釋文一音遐嫁翻箋曰遐嫁反之音其義為蒲苹草非此經之地黃也玉篇艸部芐胡古切地黃也又何嫁切蒲苹草音異義亦異

髓素果反

怙音戶○攷證云今本經注皆無此字曾見吳刋宋本及鍾

人傑本江東呼芐下有音怙二字方知郭注本有此故陸氏音之郎奎金本作江東呼音怙但脫一芐字耳注疏校勘記云江東呼芐音怙陳本同雪牕本怙改户注疏本删下二字釋文音經芐音户又於注怙音户校語錄云芐地黄注末舊有音怙二字故釋文爲怙字作音今本無二字箋曰古逸本郭注正有音怙二字與釋文爲怙字作音相合

蓎音唐本今作唐○攷證云邢本作唐箋曰上文經唐蒙女蘿釋文亦云蓎音唐本今作唐詳彼

茇步八反

蘢力恭反

蔌本又作藗音速○攷證云藝文類聚八十二引爾雅蔌牡茅也邢本作藗匡名十三云石經單疏本作藗案說文艸部藗牡茅也從艸遬聲遬籀文速隸省不爲藗而爲蔌失其旨矣箋曰說文木部樕樸樕木從木欶聲此藗爲草則隸省爲蔌從艸欶聲勿庸致疑也

牡本后反

茅亡交反

菤謝作卷九轉反○匡名十三云案說文艸部無菤字謝本與毛詩經傳說文合詩正義引亦作卷箋曰陸氏但云謝作卷則衆家本俱從艸作菤不僅郭璞本如是也

耳詩卷耳是也本草作枲耳云一名胡枲一名地葵一名葹一名常思陶注云一名羊負來昔中國無此物言從外國逐羊毛中來也廣雅云苓耳蒼耳葹常枲胡枲枲耳也○攷證云廣雅云苓耳蒼耳葹常枲胡枲之類耳案今本書苓耳葹常枲胡枲枲耳也無蒼耳校語錄云之

類耳三字疑當依廣雅作枲耳也三字箋曰今本廣雅釋草無蒼耳二字王氏疏證據此釋文所引補又此末枲耳也三字各本俱誤作之類耳廣雅疏證引此徑作枲耳也實是今依改

苓音零

枲音死

⿱艹鱉鼻滅反字亦作鱉案此即今蕨菜也葉初出似鱉脚因以名云廣雅云紫藄非也○攷證云虌舊作⿱艹鱉今從注疏本作虌注疏校勘記云蕨⿱艹鱉唐石經單疏本雪牕本元本同釋文⿱艹鱉字亦作鱉閩本監本毛本⿱艹鱉改虌注及疏準此匡名十三云史記索隱伯夷列傳引作鱉石經單疏本雪牕本作⿱艹鱉案說文鼈鼈甲蟲也從黽敝聲俗體從魚作鱉文選注二引蕨鼈也案說文艸部無虌字其蕨字注云鼈也又詩召南草蟲言采其蕨傳蕨鼈正義曰蕨鼈釋草文校語錄云鱉盧改從黽注同鱉蔽二字當依詩草蟲音義改為似鼈脚三字箋曰古逸本經注並作⿱艹鱉是爾雅各本在元代以前皆作⿱艹鱉明代以後乃改為虌從黽也陸氏隨本作音不計正俗故于草蟲釋文云鼈本又作鱉即可為證今依通志堂本之舊其云字亦作鱉謂六代亦有不從艸作者耳盧文弨改從黽作虌謂從注疏本實依明代以後諸本不足為據也又似鱉脚三字各本並誤為鱉蔽二字則不可解今依草蟲釋文改正

蕎居喬反又音喬○十三經音略十一云蕎居喬翻音驕又音喬

邛巨恭反○攷證云邛舊作卭譌今校改校勘記云卭盧本作邛此誤

葉本同注疏校勘記云蕎卭鉅唐石經雪牕本元本同釋文單疏本閩本監本毛本卭作卭誤匡名十三云卭單疏本作卭譌校語錄云卬盧改卭是箋曰通志堂本卭誤卬案卬讀五剛切又魚兩切此云巨恭反則字當從邑工聲作卭爲是從卩者亦譌廣韻集韻渠容切並有卭無卭今依正

鉅音巨案本草云大戟一名卭鉅今近道處處有

戟九逆反

蘩音煩字今作蘩〇攷證云邢本作蘩校勘記云字今作蘩按當作本今作蘩注疏校勘記云蘩由胡唐石經雪牕本注疏本同釋文云云案蘩當作蘩此蘩由胡與上蘩皤蒿一也字皆從廾傅崧卿本夏小正蘩由胡由胡者蘩母也上蘩下蘩最有區別春秋隱三年正義及邢疏蘩皤蒿皆引陸機疏曰夏小正蘩遊胡今本夏小正亦作蘩皆俗寫流傳失其本真非古字通也詩采蘩字亦從廾箋曰名南釋文云采蘩音煩本亦作蘩與此云字今作蘩實同皆可見六代時已有作蘩不從廾者唐石經邢昺卽本之未可厚非也又字今作蘩與本今作蘩之義無殊阮元謂當作本今作蘩實拘

莣音亡字亦作芒〇十三經音略十一云莣字或作芒音同太平御覽引雜字解詁莣譌作芸或據刻譌作芸者非攷證云案今本經文作莣注中作芒必有誤廣韻十陽莣字下引爾雅經注皆作莣是也注疏校勘記云今莣草似茅單疏本雪牕本同注疏本莣改芒釋文音經莣

音亡本亦作芒按廣韻十陽莣字下引爾雅莣杜榮郭云今莣草似茅據此知舊本注皆作莣非由經注有異也箋曰古逸本經注俱作莣阮所說是也盧

杜 徒土反舍人作牡

屩 九略反○校語錄云大略反大乃其之譌經籍舊音辨證三云各本同作大略反承仕案屩大聲類不近疑大為九之形譌盧文弨邵晉涵等並失校箋曰屩說文鉉音及廣韻居勺切莊子天下釋文云蹻紀略反李云麻曰屩木曰屐屩與蹻同案九居紀皆屬見紐其屬羣紐大屬定紐則各本作大實九之譌今依正法謂大為其譌亦無證

稂 音郎說文云禾粟之莠生而不成者

莠 羊久反詩云不稂不莠

藨 謝蒲苗反或方驕反孫蒲矯反字林平兆反顧平表白交普苗三反○十三經音略十一云藨謝蒲苗翻音飄或方力訛作驕翻非幫輕重交互出切音鑣孫蒲矯翻音殍字林方工訛作兆翻非幫輕重交互出切音表顧平表音殍白交音庖普苗音飄三翻校語錄云力驕反力乃方之譌工兆反工兆疑平兆之譌經籍舊音辨證三云承仕按平蒲白屬並紐普屬滂紐並相近惟力驕工兆二反聲類絕遠蓋力應作方工應作平皆形近致譌後檢周春十三經音略與余說略同下文猋藨芀釋文云郭方驕反謝符苗反一音皮兆反彼之郭音即此之或音彼之謝音即此之謝音符苗蒲苗二反同音彼之一音即此之字林音皮兆平兆二反同音此為方譌作力平譌作工之切證然類篇藨字有舉夭一切似

以釋文字林音為據則兆宋本釋文亦誤作工兆反自宋訖兹校者並莫能正也黃侃箋識云使工兆為平兆之譌則下云顧平表反已足無事贅引字林也票聲之字本有喉音故膘讀若繇祭義焄蒿蒿或為藨字林工兆反文無所誤字林考逸仍舊不改是也箋曰曲禮下釋文云藨白表反一音扶苗反扶苗即此蒲苗本謝嶠所作音也廣韻甫嬌切有藨即本此方驕反而力昭切無可議各本力實方之譌今依正蒲嬌平兆平表皆即廣韻之平表切陸氏以孫炎呂忱顧野王用字雖異而音實同故並出之也各本平兆誤為工兆今改周春改工為方按廣韻陂嬌切無藨則其說無據黃侃謂工兆不誤一則云平表已足無事贅引字林未審孫蒲嬌反亦同平表反釋文于反音同而反語用字有異者亦具列之之例也再則云票聲之字有喉音案說文鉉本膘敷紹切而許君讀若繇者以疊韻擬之耳非關聲紐且釋文為藨字作音者上文葥山莓注之藨云皮苗反又皮表反儀禮喪服藨皮表反劉扶表反禮記祭義藨表驕反又皮表反皆讀脣音無有涉及喉舌諸部位者而用力用工者惟此一見自為誤字無疑

藨謝蒲表反郭又符囂反○十三經音略十一云藨謝蒲表翻殍音又符囂翻奉並輕重交互出切音瓢

覆芳伏反

酢七故反

甜大廉反○校語錄云廉甜不同部廉當作兼箋曰廣韻廉在二十四鹽甜在二十五

添惟釋文則覽添混用詳尚書梓材栝下法偉堂但依廣韻爲說于釋文不當

菂丁歷反本今作的〇攷證云邢本作的注疏校勘記云的薂唐石經單疏本雪牕本同釋文云云按上的中蔥釋文云的丁歷反或作菂同匡名十三云按菂的皆非當作芍箋曰此嚴元照以說文無菂的二字遂謂當作芍也不知芍與此經之菂形音義俱異詳上

薂字又作敫戶歷反

購古豆反又古侯反〇十三經音略十一云購古⿱豆音古⿰侯音二翻

蔏音商

蔞孫力朱反郭力侯反注同十三經音略十一云蔞力朱⿰婁音力侯⿰樓音二翻箋曰詩周南漢廣釋文云其蔞力俱反馬云蔞蒿也郭云似艾音力侯反力俱即此力朱故皆爲首音周春謂力朱反音婁按婁字亦有力朱力侯二讀釋木釋文苻婁謝力侯反施力俱反小雅角弓婁驕徐云鄭音樓沈力俱反可證則周春所爲直音不分明

茢勃茢施謝二茢皆音列沈上音例下音列勃蒲沒反〇攷證云舊本勃作大字重見非今改入注校勘記云勃蒲沒反盧本勃改小字附上茢勃茢注末疑上但標茢茢二字勃字當衍此仍出勃字作音釋文中間有此例校語錄云盧改勃爲小字附下音列之後是也箋曰經文茢勃茢三字相連斷無陸氏但標茢茢二字而移勃于另一條之理果如阮說則陸氏于首句但云施謝皆音列已足其云二茢二字者正以二茢字中尚有

一勃字在通志堂本勃蒲没反四字另爲一條實傳寫之誤今依盧改

蔓烏了反

棘居力反字或作蕀同○攷證云邢本作蕀注疏校勘記云蕀蒐唐石經雪牕本注疏本同單疏本蕀作棘釋文云云案說文朿象木芒之形棘從竝朿不當更從艸說文蒐棘蒐也亦止作棘匡名十三云案說文艸部蒐棘蒐也無蕀字箋曰廣雅釋草棘作蕀故陸云字或作蕀同且玉篇艸部有蕀說文朿部棘小棗叢生者其本義與此經無涉艸部蒐字說解作棘亦爲聲借陸謂棘字或作蕀同正依當時流傳之典籍而言阮元嚴元照之說實誤盧文弨謂邢本蕀按單疏本不從廾仍作棘其說亦未周

蒐於袁反又於阮反廣雅云棘蒐遠志也其上謂之小草案本草遠志一名棘蒐一名葽繞一名細草○十三經音略十一云蒐於袁翻音冤又於阮翻音宛攷證云廣雅云棘蒐遠志也舊譌棘蒐宋本同本作苑今定從廣雅作蒐校語錄云苑盧改蒐是箋曰正文作蒐注文下引本草亦作蒐則此引廣雅之字亦當同通志堂本作菀即蒐之殘壞今依上下文改正

遠志字又作薳䓜非

茦初革反方言云凡草木而刺人者北燕朝鮮之間謂之茦○十三經音略十一云茦初革翻音册穿母字校語錄云茦刺等字並宜從朿箋曰說文艸部茦莿也從艸朿聲五經文字艹部茦象草木之有朿者見爾雅字並從朿通志堂本

茦從朿作茦下文刺亦從朿皆非也部本盧本並改為從朿今俱依正

刺 字又作刾又作莿七賜反注同方言云關西呼茦壯為莿○注疏校勘記云茦莿釋文雪牕本元本同單疏本閩本監本毛本作茦莿非按五經文字云刺作刾訛釋文刾當作刾隸釋載石經魯詩殘碑是以為刾說文莿茦也從艸刺聲與釋文又作字合匡名十三云案說文艸部莿茦也從艸刺聲則作莿是也刺省文刾俗體箋曰刺作刾為隸變猶魯頌閟宫鄭箋策字作筴也本字作莿故陸氏云字又作刾又作莿也阮元謂此刾當依五經文字作刾嚴元照獨以作莿為是皆非通論

朝鮮 直遙反下音仙

萩 音秋○攷證云說文萩蕭也邢本作荻音狄石經宋本皆作萩與釋文合注疏校勘記云蕭萩唐石經單疏本雪牕本元本同石經考文提要引至善堂九經本亦作萩閩本監本毛本萩誤荻釋文萩音秋按說文萩蕭也從艸秋聲詩采葛正義引釋草今亦誤為荻此蕭萩與藨麃的藪勃葝葽繞茦莿皆所謂疊韵是也匡名十三云詩正義十四之之一又引作荻案說文艸部萩蕭也從艸秌聲無荻字校語錄云萩石經同邢本作荻音秋作音狄箋曰說文萩蕭也與爾雅互訓王風采葛蕭與秋為韵皆可證此經之字必從秋作萩各本在元代以前皆作萩者不誤明代以後諸本作荻者以形近致譌改單疏本雪牕本元本與釋文同作萩則邢昺不誤

盧文弨法偉堂謂邢本作荻亦失實

蕁徒南反

藻子老反本亦作藻本草一名落首一名蕁郭云一名海蘿○攷證云一名薵案薵即蕁字之譌諸字書俱無薵字校語錄引盧說匡名十三云案藻即藻字箋曰說文藻藻爲一字異體陸云本亦作藻者此經蕁海藻廣雅釋草云海蘿海藻也張稚讓用藻字故陸氏著之也蕁原誤薵攷陸氏爲蕁作音云徒南反此引本草一名蕁者正謂爾雅也果是薵字陸氏必將爲之作音正以即上蕁字故無音況字書無薵字則爲蕁之訛無疑邵本已逕改爲蕁今依改

萇直良反本今作長○攷證云邢本作長直舊譌且今改正注疏校勘記云長楚銚芅唐石經單疏本雪牕本同釋文云云按詩隰有萇楚說文萇萇楚銚弋從艸長聲字皆作萇今本作長非匡名十三云石經單疏本雪牕本作長案此宜從艸校語錄云且良反盧改直是箋曰萇楚二字爲銚芅之一名楚字不從艸六代時又有用同音字作長楚者故陸云本今作長唐石經邢昺即本之阮元以爲非未知六代時已然矣按萇說文鋹音直良切無他讀直屬澄紐且屬清紐通志堂本作且乃直之殘壞邵本盧本並已改爲直今依改

銚羊招反或羊名反字或作[艹銚]○十三經音略十一云銚字或作[艹銚]羊招翻音姚或羊名翻音鷂匡名十三云案說文艸部無[艹銚]字箋曰說文金部銚温器也一曰田器鋹音以

招切此經作銚為聲借或作䥯加艸為後出專字**芒**音翼字亦作弋○孜證云芒邢本亦從艸宋鄭樵注本作弋匡名十三云案說文艸部無芒字箋曰此亦陸氏所見郭本爾雅從廾作芒也五經文字廾部芒音翼見爾雅則唐宋人作芒者皆本釋文說文及詩萇楚之字作弋故陸云字亦作弋鄭樵即本之並有理據未可猶說文萇字說解銚弋之弋此經從艸作芒矣執此而疑彼也

小麥亡革反

蘦詩作苓力丁反

蔓音萬

莚餘見反本今作延○孜證云邢本作延校語錄云餘見當作餘戰箋曰上文菌鹿藿其實莥郭注之蔓莚釋文亦云以戰本今作延詳彼按廣韵戰在三十三線見在三十二霰然釋文不分猶全書先仙混用也此書反語用字例不畫一故上文云以戰此云餘見字雖異而音同法說未諦

芣莒音浮字亦作苡音以見詩說文云芣莒馬舃也其實如李今人宜子周書所說○孜證云舃舊譌扁今改正宋本注末尚有周書所載同名耳非此芣莒十一字御覽九百九十所引正同校勘記云馬扁盧本改馬舃此誤校語錄云扁乃舃之譌盧本改匡名十三云案說文目用也從反巳從人則為佀象之佀隸變移人於右而為以㠯即也用以代目而凡從目之字如佀莒二字皆變而從以矣箋曰莒苡為篆隸之異六代隸書盛行典籍有作苡者故陸云字亦作苡馬舃之舃通志堂本

誤扁王筠校云扁說文作偽案江校及邵本並改為偽與今本說文合今依正又按御覽所引郭注有周書所載十一字盧文弨謂宋本注末有之然阮元注疏校勘記無說未知盧氏所云宋本為何本也

蒚四夕反本今作舄○攷證云邢本作舄注疏校勘記云芣苢馬舄唐石經單疏本雪牕本同釋文云云按毛詩傳作舄爾雅作蒚匡名十三云案蒚俗字箋曰此亦陸氏所見郭本爾雅之字從艹作蒚也以彼時又有不從艹者故云本今作舄非定指毛詩傳也

車昌遮反

穗音遂

好生呼報反

蝦音遐

蟆字又作蟇亡巴反本草云車前一名當道一名芣苢一名蝦蟆衣一名牛遺一名勝舄久服令人身輕不老○箋曰釋魚釋文蟇字又作蟆音麻亡巴反即讀如麻反語與直音用字之異此正與釋魚相應蟆蟇但以虫在側在下不同實一字也

綸古頑反下同

組作古反下同

秩直乙反

嗇音色

苀戶剛反本亦作芫○十三經音略十一云苀戶剛翻音杭文選西京賦注苀胡郎翻同本又作芫匡名十三云案說文艸部有芫無苀箋曰此經苀東蠡郭注云未聞說文芫魚毒也即釋木之杭魚毒非此東蠡也且玉篇艹部廣韻十一唐苀字注云東蠡嚴元照不當依說文為說芫與苀以形近致譌耳

蠡音禮

緜武延反

欒先刀反字

林云繹藟也本亦作纍又作縿非也纍宜音千小反縿音所銜反○箋曰說文糸部纍繹藟爲絲也鋋音穌遭切纍帛如紺色
或曰深繒鋋音親小切縿旌旗之游也鋋音所銜切按郭注云纍者以取藟緒故陸以作纍作縿爲非以二字音義與纍並異
也
藟古典反張揖云藟纍新緜落古活反○十三經音略十一云落古活翻音括麋俱綸反本或作麋音
眉○十三經音略十一云麋舌之麋俱倫翻音均本或作麋音眉孜證云邢本作麋匡名十三云石經單疏本雪牕本及廣韵
十三末集韵十三末類篇一下引皆作麋箋曰上文蔆蕨攈釋文云攈亡悲反孫居郡反又居羣反依孫音則其字從麋亦以
麋麋二字形近易相亂也惟陸氏所見郭本之字從麋故以亡悲反爲首音此所見之字作麋則以俱綸反爲首故異餘詳上
寋施居展反謝去虔反○十三經音略十一云寋施居展翻音蹇謝去虔翻音騫柜音巨朐巨俱反種
名章勇反芺沈顧烏老反謝烏兆反說文云味苦江東食以下氣○十三經音略十一云芺沈顧烏老翻音襖謝
烏兆翻音杳箋曰烏兆反即廣韵於兆切在三十小杳在二十九篠周春謂烏兆反音杳依後世韵書合篠小爲一而言也薊
音計荂香于芳于二反下同注音俘同○十三經音略十一云荂香于音盱芳于音敷二翻文選注枯瓜翻音誇孜證云注音俘

同案吴本郎本鍾本注末並有音停二字注疏校勘記云芩即其實音停雪牕本同單疏本注疏本實下有也無音停釋文云云校語錄云注内音停二字今本闕箋曰據釋文則郭注當有音停二字其無者脱落耳

蓊烏孔反

蔈方䙳反又必招反〇十三經音略十一云蔈方芳訛作腰翻非幫輕重交互出切音標又必招翻幫字本母出切音同箋曰各本方䙳作芳䙳按廣韻撫招切無蔈則周春改芳為方是也今從之方䙳必招乃反音同而反語用字異者亦具列之之例也

荼郭音徒又音蛇

猋必遙反又方飄反又方幺反字從三犬俗從三火非也焱字林弋劍反云火花也〇十三經音略十一云猋必腰翻音標又方飄翻又方幺翻並非幫輕重交互出切音同校語錄云方幺反與廣韻不同蕭部無脣音花疑當作華廣韻幺在三蕭遙飄俱在四宵然釋文蕭宵不分詳詩漢廣翹翹條此必遙方飄與方幺用字異而音實同皆讀如廣韻之甫遙切法偉堂謂蕭部無脣音之說非也按廣雅釋草巳有花字呂忱為晉人自得用之法疑花當作華實可不必又廣韻焱在五十五豔劍在六十梵按尚書微子釋文云斂馬鄭力豔反徐云鄭力劍反可知釋文豔梵混用法偉堂以廣韻焱劍不同部為說亦非也

藨郭方驕反謝苻苗反一音皮兆反〇十三經音略十一云藨郭方驕翻非

幫輕重交互出切音標謝苻蒲同苗翻音瓢五經文字白交翻同又皮兆翻音標箋曰上文藨麃釋文云藨謝蒲苗反或方驕反字林平兆反顧平表白交普苗三反此苻苗即彼蒲苗皮兆即彼平兆並詳上惟苻苗反讀如瓢在四宵白交反讀如庖在五肴周春于上文顧白交反亦云音庖而此云白交反與苻苗反同非也五經文字之音實沿顧讀非依謝嶠也

芀徒彫反字或作苕下同○注疏校勘記云猋藨芀唐石經單疏本雪牕本同釋文云云按單疏本經作芀疏云此辨苕荼之別名也又華也荂也其別名荼即苕也又注云皆苕荼之別名是郭注用苕字故邢疏據之考說文芀葦華也苕艸也毛詩鴟鴞傳荼萑苕也是苕秀字經本作芀毛公郭氏轉用苕字漢晉通行須人易曉故也此經注異文之明證陸氏不能區別輙云某或作某矣匡名十三云案說文艸部芀葦華也從艸刀聲苕假借箋曰說文鉉音及廣韵芀苕二字並徒聊切同音故通用荀子勸學篇繫之葦苕文選檄吳將校部曲鷦鷯之鳥巢於葦苕又文賦或苕發穎豎此數苕字皆非草名是不僅毛傳郭注用苕爲芀也陸氏正以典籍之字多作苕故云芀字或作苕耳阮元謂陸氏不能區別殊誤

葦于鬼反謝于歸反

葭音加

蒹古謙反

薕力占反

藡徒的反本今作萑音桓字林作藋○攷證云邢本作萑然此本今或是本亦之誤校勘記

云葉本盧本同按史記索隱引此注云江東人呼為蒹蔽蔽音蔽今單疏本蔽作藡郎本又誤作適此當作蔽徒的反本今作藡下雚字當大書音桓字林作藋另為一條在蔽字之上此注似雚而細書音義也今本合併脫誤又失其次校語錄云本今作雚十字殆唐人校語今注疏本作雚邵氏正義從宋本作藡盧云本今或是本亦之譌箋曰臧校江校及王筠並云雚當大書別為一條江校又謂當作本今作荻今按郭注云似雚而細高數尺江東呼為薕藡音廉郭注雚字在藡字上則釋文今本失其次雚字當大書注為音桓字林作藋此藡徒的反云云別為一條本今作下脫荻字玉篇艹部藡徒歷切雚也荻同上廣雅釋草藡雚也淮南說林篇藡苗類絮而不可為絮此經郭注用藡字與淮南廣雅相同陸氏以其時又作荻字故云徒的反本今作荻史記司馬相如傳索隱引此注作蔽蔽亦即藡字也盧文弨謂邢本作雚未審藡雚本為二條今本釋文誤合也其謂本今當作本亦者以陸不應稱今也不知陸氏彙集多本為釋文以近者為今故云今作法氏竟謂本今作雚十字為唐人校語說謬阮元謂此當作蔽徒的反本今作藡不知陸云本今作某者皆典籍常見之字也阮氏餘說則是

數尺所主反

菼他敢反說文作𦽏云菼或𦽏字**薍**五患反

蓲郭音丘說文云烏蓲草也張揖云未秀曰烏蓲

○攷證云舊本注末有音丘二字注疏校勘記云音丘雪牕本同注疏本删釋文云云五經文字云蘬江東謂之蓲蓲音丘見爾雅皆與此合

⿱艹⿰弓雚郭音綣丘阮反本或作⿰弓雚非⿰弓雚音權說文云弓曲也○十三經音略十一作云⿱艹⿰弓雚郭音繾丘阮翻本或作⿰弓雚音權說文弓曲也非匡名十三云說文艸部無⿱艹⿰弓雚字乃灌之譌夢字云灌渝從艸夢聲讀若萌爾雅之萌即說文之夢也灌渝為句郭注離而二之後人又誤增艸頭耳箋曰郭注云音繾綣者謂音綣也繾綣之綣故陸氏云丘阮反直音與反語並出之例阮合口遣開口繾棄善反也周氏誤書綣為繾也按說文夢下段注云今釋草蕍芛葟華榮郭別為一條許君所據爾雅夢灌渝句字皆與今本大乘今不可得其讀矣如段說則不得謂許誤或郭誤嚴元照但依說文為說非也

繾弃善反或去忍反

蕍羊朱反

芛郭音⿰豕青羊棰反顧羊述反謝私尹反樊本作葦○十三經音略十一云芛郭音⿰豕青羊棰翻顧羊述翻音聿謝私尹翻音筍樊本作葦謝于歸翻音威後漢書馬融廣成頌蓶扈蘚熒注蓶音以揆翻音如曾子曰唯之唯引郭注草木花初出為芛芛與蓶通匡名十三云案說文艸部芛艸之皇當作蘳榮也從艸尹聲樊作葦者古以音近借用校語錄云葦疑芛之譌箋曰棰各本誤棰從木攷芛說文鉉音及廣韻並作羊棰切說文手部有捶而木部無棰廣韵四紙亦有捶無棰今依正音⿰豕青與羊捶亦

直音反語並出顧野王讀如聿廣韻餘律切芛草木初生即本顧讀謝私尹反則其本芛從竹作筍故讀如筍也樊本作葦則讀于鬼切葦是常見字故陸氏不為之作音法偉堂疑葦為華之譌非也廣雅釋草華蔾也王氏疏證云蔾藋之赤者也如王說則華與此經之芛迴異又按葦讀上聲周春云謝于歸翻音威亦非也且于歸反即廣韻兩非切屬為紐威則於非切屬影紐是于歸翻不當音威之證

蒮音皇本亦作皇○攷證云案說文𠌶部⿰𠌶皇下引爾雅曰⿰𠌶皇萼也蒮⿰𠌶皇或從艸皇據此則爾雅本作⿰𠌶皇其作蒮者或字今本作皇則聲同字耳匡名十三引說文云今作皇者通借字箋曰陸氏未言及⿰𠌶皇則象家本與郭本並作蒮說文引爾雅作⿰𠌶皇蓋許慎所見本如是盧文弨據說文遂謂爾雅本作⿰𠌶皇尚欠分晰

卷施並如字施或作葹同○攷證云宋本鄭樵注本皆作葹匡名十三云文選注五引作葹案說文艸部無葹字注疏校勘記云卷施草唐石經單疏本雪牕本同釋文云云石經考文提要引至善堂九經本亦作施箋曰據阮記則爾雅各本無有從艸作葹者盧文弨謂宋本作葹未審其所據陸云或作葹同依其時典籍之字而言非謂說文也嚴元照謂說文無葹字實為贅語

荺于閔反

茭字又作蔽胡巧反又胡交反廣雅云根也○攷證云蔽舊作茭案廣雅蔽茇茭根也段云此分荺茭茭根為二條誤

此芟字當作蕟。廣韻蕟草根，亦竹筍也，或作芟。又引郭云江東或呼藕根。今改正。校勘記云：字又作芟。段玉裁云：芟當作蕟。廣雅蕟、芟、茇，根也。廣韻蕟草根，或作芟，可證。校語録云：芟，盧改蕟。箋曰：廣雅釋草之字作蕟，陸見郭本爾雅作芟，故云字又作蕟，且引廣雅云根也，不再出蕟字。則通志堂本蕟作芟，非也。邵本亦改為蕟，今依正。

藕五口反　唊大敢反

茇顧謝音該，郭音皆。說文云草根也。○箋曰：茇說文鈕音古亥切，故陸以顧謝之讀為音該，在咍韻。郭音皆，則咍皆已混，故為次音。

別彼列反　韭音久　攫俱縛反　橐音託　華荂香于、芳于二反，下同。說文云草木華也。

不榮而實者謂之秀眾家並無不字。郭雖不注，而音義引不榮之物證之，則郭本有不字。○匡名十三云：釋文云云。元照案：詩豳風七月四月秀葽，傳云不榮而實曰秀。正義曰：釋草云華榮也云云，則彼以英秀對文，故以英為不實，秀為不榮。又大雅生民實發實秀，傳云不榮而實曰秀。正義曰：釋草文，彼以英秀對文，以英為不實，故以秀為不榮。其實黍稷皆榮後實。出車云黍稷方華，是嘉穀之秀必有榮也。此傳因彼成文而引之耳。據釋文云眾家並無不字，豈毛傳不字後入，據郭本竄入者，而正義不能辨邪？又案：呂覽孟夏紀苦菜秀，高誘注爾雅云不榮而實曰秀，榮而不實曰英，苦菜當言英者也又淮南時則苦菜秀注云爾雅曰不榮而實曰秀苦菜宜言榮也又本經長苗秀注云不榮而實曰秀也此郭所本耶抑皆後人所增入者耶箋曰毛傳及呂覽淮南注有不字郭本與之同他書無不字者依衆家本也陸氏因其有異故著明之此所據者不同無庸致疑于有者為後人增入也

釋木第十四

亡卜反說文云木冒也冒地而生也從屮下象其根白虎通云木之言踊也陽氣踊躍○攷證云舊譌之卜反今改正校勘記云之卜反盧本改亡卜反是也校語錄云之當作亡盧已改箋曰木說文鉉音莫卜切莫屬明紐之屬照紐則之必係亡之形近譌字亡屬微紐明微輕重交互出切也江校改之為莫于形不近部本亦改亡今依改

楙

他刀反郭又他皓反○十三經音略十一云楙他刀翻音叨郭又他皓翻音討攷證云舊譌地刀反今改正校勘記云地刀反盧本作他刀反校語錄云地盧改他是箋曰他刀反讀如饕屬透紐地刀反讀如陶屬定紐廣韻土刀切有楙而徒刀切無可證通志堂本地實他之形近譌字禮記學記釋文楙吐刀反吐亦是透紐字部本及周春並已改為他今依正

榎

古雅反舍人本又作檟○匡名十四云周禮攷工記疏引作檟寀說文木部有檟無榎玉篇云榎同檟正義云榎亦作夏學記

夏楚二物注云夏槄也元照案文選注五五十云夏與榎古今字也箋曰說文木部檟楸也段注云釋木槄山榎郭云今之山楸按榎者檟之或字按段說是也廣韻古疋切檟山楸榎上同亦以榎檟為一字異體郭本與舍人本字形異而實同

楸音秋

栲音考郭姑老反案方志云櫄樗栲漆相似如一櫄音杶倫反○十三經音略十一云栲音考枯老翻郭姑老翻音杲陸璣疏云許叔重讀栲為糗今人言考失其聲也說文有杬無栲未知元恪何本案栲溪母字糗去久翻亦溪母字栲讀如糗者正謂栲糗同聲非謂讀去久翻也陸氏元恪不知此理轉疑失其聲謬矣攷證云詩山有樞正義引郭注漆樹下有俗語云云陸所見本無之樗經注並同書正義引方志作椃匡名十四云說文木部無栲字當作杬說文杬山椃也從木尻聲樗說文作椃音相近徐養原云說文小徐本有樗無椃杬下注云山樗也與爾雅同疑椃即樗之俗體校語錄云姑老反姑盍枯之譌詩小雅音考箋曰姑老反讀如杲屬見紐枯老反讀如考屬溪紐廣韻苦浩切有栲而古老切無且詩山有樞南山有臺釋文但云栲音考五經文字木部栲苦老反玉篇木部栲苦道切皆讀溪紐無有讀見紐者則法偉堂謂姑為枯之譌是也陸云音考郭枯老反者直音與反語並出之例周春云音杲尚沿誤本為說其謂栲讀如糗謂栲糗同屬溪母之說則是案玉篇栲杬為一字異體許叔重說文作杬郭本爾

雅作桍一也嚴元照必依說文謂桍當作梖實拘 **樗** 丑於反 **桼** 字又作漆音七〇孜證云桼邢本作漆注疏校勘記云亦類漆樹雪牕本注疏本同釋文云云案說文桼木汁水名字作漆此當從陸本箋曰樹名之本字自作桼陸所見郭注即如是作又以其時典籍通用水名之漆為之故云字又作漆即邢昺所本者阮元但依說文謂作漆者當從陸本作桼未審陸意桼漆並可作也 **柏** 音百 **椈** 弓六反 **鬯臼** 初亮反下其九反〇校語錄云初疑勑之譌箋曰初亮反讀如創屬初紐勑亮反讀如悵屬徹紐廣韻丑亮切有鬯而初亮切無則此初實勑之譌字法說是也郭注引禮記鬯臼以椈雜記釋文正云鬯勑亮反亦可證初為譌字 **髡** 苦門反 **梱** 五門反 **椵** 徒亂反字林云木似白楊一名柂〇孜證云椵舊從段譌今改正注疏校勘記云椵柂雪牕本注疏本同釋文單疏本椵作椵唐石經作椵此與下檓椵之椵相涉亂耳校語錄云椵盧改從段是箋曰通志堂本椵誤椵從段孫改為椵從段邵本盧本並同按古逸本作椵今依改若字從段當在麻韻下文檓椵之椵音賈又音加此云徒亂反則在換韻其字必從段 **柂** 弋支反 **梅** 莫迴反 **柟** 而占反又音南〇十三經音略十一云柟而占翻音髯又音南羣經音義奴含翻同箋曰經文梅柟郭注云似杏實酢此而占

反讀為廣韻汝鹽切之枏梅也子如杏而酢依郭注也又音南讀為廣韻那含切之枏即今之楠字乃大木名玄應音義二十一卷六度集四卷梓枏音南爾雅枏梅樊光注云荊州曰梅揚州曰枏益州曰赤楩葉似豫章無子也則此又音南依樊光注也

杏 戶猛反

酢 七故反

柀 音彼又匹彼反○十三經音略十一云柀音披又匹彼翻披上聲攷證云音彼舊作音披今從宋本改校勘記云音披葉本同盧本改音彼箋曰王校云段氏云披當作彼蘇恭謂本艸彼子即柀子江校云廣韻集韻無披音今按柀說文鉉音甫委切玉篇碑詭切皆無他讀即此首音彼也且廣韻甫委切有柀注云木名爾雅云柀煔正本釋文而敷羈切無柀可證通志堂本披實彼之形近誤字今依段盧諸家改正集韻普靡切柀柀煔木名即本此又匹彼反

煔 字或作杉所咸反郭音芟又音纖○十三經音略十一云煔字或作杉所咸翻音芟郭音芟相同不必重出攷證云太平御覽引郭注云煔或作杉匡名十四云今本說文柀檆也從木皮聲又檆木也從木煔聲臣鉉等曰今俗作杉非是案說文木部本無檆字此大徐所增十九字之一據釋文則知說文亦作煔與爾雅同今作檆者傳譌耳箋曰說文炎部煔火行也此經作煔為聲借說文柀檆也之檆段注改為黏並刪檆篆陸云字或作杉蓋六代時已有後出專字陸據彼時典籍之字而言

也嚴元照謂據釋文則說文亦作笘其說無據所咸反與郭音芟為反語與直音並出之例周春謂不必重出未知釋文之例如是耳

棺音官 腐音父 𢸤音廢 椵古雅反 柚羊又反 盂音于 皮厚户豆反又如字○攷證云舊譌作尸豆今改正校勘記云尸豆反盧本尸改户此誤校語錄云尸盧改户是箋曰通志堂本户作尸即户之殘壞部本亦改作户今依正按釋文于厚字云如字者唯此一見首音户豆反讀去聲禮記檀弓上其厚三寸釋文云其厚胡豆反度厚薄曰厚皆同此音陸云度厚薄皆同此音不曾為厚字讀去聲者發凡起例猶今人之數量形容詞也他篇讀去聲者如攷工記輪人厚一寸胡豆反後放此若儀禮聘禮云厚半寸禮記月令注壞厚二寸又雜記下厚半寸又喪大記注其厚三寸左哀元年傳注壘厚一丈皆有實數者故俱云户豆反若如字則讀說文鉉音胡口切為上聲其義為山陵之厚乃物質自然現象引申為厚德厚重厚味之厚無確數可指但為形容詞而已如易經坤卦坤厚載物君子以厚德載物陸氏皆不為之作音即此如字讀也此經郭注云子大如盂皮厚二三寸亦有實數自與檀弓諸篇義同故以户豆反為首音而云又如字者謂他家有此讀也

枳諸氏反 杻女九反呂郭並汝九反○十三經音略十一云杻女九翻音狃呂郭並汝九翻柔上聲此

正娘日二紐上聲讀音相同也。**檍**於力反字又作億說文云檍梓屬也○匡名十四云說文木部樀梓屬大者可為棺椁小者可為弓材從木啻聲又檍杶也從木意聲二字不同此文當作樀釋文云云案攷工記弓人檍次之注鄭司農云檍讀為億萬之億爾雅曰杻檍據陸氏語知古本有通借作億字者校勘記云按億檍皆樀字之誤箋曰江校亦謂億檍二字恐樀之誤與阮說同說文木部樀字段注云樀檍古今字經典檍字即說文之樀考韵會云說文作樀今文作檍則黃氏所據鍇本未誤也今刪檍篆今按段阮江之說是也陸以郭本爾雅之字作檍為今字故云字又作樀遂引說文以實之嚴元照謂樀檍二字不同依說文誤本為說又謂此文當作樀不知典籍用字不盡同說文之形也又云據陸語知古本有通借作億字者實沿通志堂本之誤字為說又遝改億作億矣非

棣大細反

飤囚志反字林云糧也一曰餅也經典並止作食字借作飼音本又作飯扶晚反本今作飼○攷證云邢本作飼又舊一曰餅也作餅也譌今改正注疏校勘記云可飼牛單疏本雪牕本注疏本同釋文云云五經文字云飤經典通以食字為之按說文飤糧也從人食無飼字知郭注本用飤字校勘記云一曰餅也盧本餅作餅此誤校語錄云餅盧改餅是箋曰通志堂本餅誤餅江校改為餅王筠校云餅當作餅謂食之也江王並

與盧改同郁本亦改為餅是也今依正釋言釋文云飦字又作餅俗作飯字林云飯食也扶晚反飯也釋言之餅通志本亦誤為餅與此正同因志反為飤之本讀飼為飤之異體廣韻祥吏切飤食也飼上同陸云本今作飼蓋其時已有用飼為飤者廣韵及邢昺即本之經典並作食字飤飼並後出分別文廣雅釋詁三餅餱食也王氏疏證云此條食字讀如上農夫食九人之食字本作飤與飲食之食者不同衆經音義卷二卷四卷十三並引廣雅餱飤也是其證按王說是也此食為動詞與飲食之食為名詞者異故陸云借作飼音也又云本又作飯者猶釋言釋文引字林云云以其義同而通用也

車昌蛇反

輞音罔下同字林云𨏥也𨏥音渠

橿居良反

楙音茂

椋音良

棶力臺反埤蒼字林並作棶云椋也本今作來○孜證云邢本作來注疏校勘記云椋即來唐石經單疏本雪牕本同釋文云云按玉篇棶椋也說文椋即來也無棶字校勘記云並作棶葉本云並作林林當為來之誤按說文無椋即來也無棶字埤蒼字林本之匡名十四云案說文椋即來也無棶字校語錄云引埤蒼字林作棶則正文當作來箋曰藏校改作棶為作林即誤依葉本也江校云當云埤蒼字林並作來江說與阮同按陸氏所見爾雅郭本從木作棶與埤蒼字林同故為之作音云力臺反若正文作來是常見字不煩

作音法偉堂謂正文當作來之說亦拘滯于說文無棶也陸引埤蒼字林正以證郭本之字葉本誤作林即棶之殘壞江校與阮元謂作棶當作來亦非也說文不從木為聲借故六代時有作來者唐石經邢本即本之 **栵** 字林音例詩音同又音列 **檽** 字又作栭音而毛詩草木疏云葉如榆木理堅韌而赤今人謂之芝檽也○攷證云邢本作栭依說文注疏校勘記云栭唐石經單疏本雪牕本同釋文云云按後漢書王符傳注引作檽與陸本合檽蓋檽之訛即栭之俗體玉篇檽乃豆切木名皮可染別一字也匡名十四云廣韻十七薛引作栭案說文栵栭也木部無檽字校語錄云檽當作檽從需六朝從而之字多作需箋曰內則之栭同說文之萸非此物 **⿱斛木** 胡木反本今作槲○攷證云邢本作槲箋曰玉篇木部廣韻胡谷切字並作槲木在側此亦陸氏所見郭注之字作⿱斛木木在下以彼時有作槲者故云本今作槲邢昺即本之 **樕** 桑木反詩云林有樸樕毛傳云小木也或作梀同 **庳** 音婢 **檴** 戶郭反詩云無浸檴薪○攷證云詩大東作薪是檴薪箋曰大東薪是檴薪上有無浸檴薪此盧文弨之粗疏也按大東檴作檴釋文云戶郭反毛刈也鄭落木名也字則宜作木旁陸氏于此引詩作檴是依鄭箋之義破其字非大東有作檴之本也詳彼 **桮** 必回反本今作杯○攷證云邢本作杯注疏校

勘記云可以為杯器素單疏本雪牕本同釋文云云案說文桮𠥻也𠥻小桮也杯即桮之省箋曰案杯即桮之或非省

柚羊又反或作櫾○匡名十四云案說文柚櫾義異此因古由字多作繇故從由者亦從繇爾箋曰山海經中山經云荆山多橘櫾郭注云櫾似橘而大也皮厚味酸列子湯問篇吳楚之國有大木焉其名為櫾碧樹而冬生實丹而味酸食其皮汁已憤厥之疾齊州珍之渡淮而北而化為枳焉是皆以櫾為柚故陸云或作櫾非依說文也

條字又作樤○匡名十四云案條從木攸聲字已從木無由更從木旁箋曰條之本義為枝條此經柚條作條為聲借故陸時又有加木作樤者玉篇木部樤徒彫切柚樤也亦作條廣韻徒聊切樤柚條或從木即同陸說

橙直耕反上林賦云黄甘橙榛是也榛音直奏反呂忱云橙橘屬○校語錄云直耕反直乃且之譌箋曰橙說文鉦音文庚切廣韻宅耕切直文宅並屬澄紐此直耕反不誤漢書司馬相如傳黄甘橙榛郭璞曰榛音湊湊說文鉦音倉奏切廣韻倉奏切有湊榛二字倉屬清紐奏在候韻為一等無澄紐則直奏之直正為且字之譌益涉上直耕反之直而誤

楥孫音袁又于眷反○十三經音略十一云楥孫音袁又于眷翻音援黹去

柜謝音巨郭音舉○箋曰音巨屬羣紐音舉屬見紐此謝郭二家讀音上聲見羣相混廣韻其呂切無柜但居許

切有可證

桏 郭音卭又作柳良久反○注疏校勘記云楥柜桏唐石經雪牕本同單疏本注疏本桏誤柳五經文字桏音卭見爾雅葉鈔釋文云郭音卭今本誤作卬校勘記云桏郭音卭葉本卭作卬此誤盧本未改正匡名十四云玉篇桏渠容切桏柜桏廣韻鍾三桏渠容切柜桏案卬從匕從卩讀伍剛切卭從邑工聲讀巨凶切二字迴異以臆言之從卭為長柜桏雙聲猶艸之名卭鉅也艸木鳥獸之名多相出入說文木部有柳無桏釋文云又作柳案玉篇廣韻皆云柜桏則顧陸所據皆作桏校語錄云桏卭並當從卩箋曰通志堂本盧本桏卭二字並誤從卩臧校改卬為卭是也此猶釋草之卭通志本亦誤為卬俱以形近致譌耳今依諸家所說改正陸云又作柳者本郭注或曰桏當為柳以目驗為言

栩 香羽反郭又音羽字林丑與反○十三經音略十一云栩香羽翻音詡又音羽字林丑與翻音褚箋曰香羽反即說文鉉音況羽切故為首音郭音讀同廣韻王矩切之栩栩陽地名非木名之義故為次音字林丑與反盎讀作褚說文木部褚穀也鉉音丑呂切其字亦異故廁于末

杼 謝嘗汝反施音佇孫昌汝反施或音序○十三經音略十一云杼謝嘗汝翻音墅施音佇孫昌汝翻音處施或音序箋曰嘗汝反讀如紓廣韻神與切杼橡也即用此首音詩鴇羽釋文杼食汝反莊子齊物論釋文引徐仙民同食屬神紐嘗屬禪紐

釋文多不分也此杼橡字說文作柔施乾音佇與說文鉒直呂切皆與機杼字同音矣孫炎及旋乾或音爲别讀故廣韵昌與切徐呂切竝不載

柞子各反

蔝音味又亡戒反本今作味○攷證云今邢本亦作蔝注疏校勘記云味茥著唐石經雪牕本正德本同閩本監本毛本味改蔝釋文云云知從艹者據釋文改也校語錄云本今作味今疑又之譌箋曰如阮說則邢昺之本不從艹且邢本多與唐石經同盧文弨實依元代以後已改之本爲說也陸云本今作味謂其時有不從艹作味與郭本從艹作蔝者異此篇與釋草云本今作某者致多詳專論法偉堂謂本今爲本又之譌非也按音味則其字從未聲亡戒反則從末聲形異音亦異詳春官韎師

茥直之反舍人本作柢丁計反○箋曰茥廣韵直尼切在六脂此云直之反猶釋草云直其反皆脂之不分也

著音儲舍人本作都樊本作屠

誤

重直用反又直龍反

藲烏侯反詩云山有樞是也本或作蓲同○攷證云太平御覽引郭注首有詩曰山有蓲注疏校勘記云藲茥釋文唐石經單疏本同玉篇木部櫙木名爾雅云櫙茥廣韵十九侯同字皆從木蓲聲唐石經作艹下樞非釋文云云太平御覽卷九百五十六載郭注引詩曰山有蓲考說文艸部有蓲木部有樞皆區聲而無樞櫙字毛詩山有樞用木部户樞字魯詩山有蓲用艸部烏

蓲字據郭注引詩作蓲釋文引詩作樞知爾雅本與詩同今作蘦樞兩體乃並合艸部木部字為之複沓難以下筆俗作也匡名十四云案詩今作樞漢石經作蓲艸木偏旁通借耳艸下從樞則俗字校語錄云山有樞樞盧刻作蘦似不必箋曰蘦樞兩體俱為俗字唐風作樞石經作蓲為聲借字陸云本或作蓲與唐風釋文同皆謂石經如是作也餘詳唐風盧文弨改注文樞為蘦實可不必今依通志堂本邵本所作

莖 謝大結反郭直基反○箋曰唐風山有樞釋文莖田節反沈又直蔾反田節即大結直蔾即直基詳彼廣韻莖蔾並在六脂基在七之釋文脂之不分

臧 孫子郎反○攷證云臧注疏本皆譌作藏單注本皆作臧注疏校勘記云狄臧槔唐石經同石經考文提要引至善堂九經本亦作臧釋文臧孫子郎反雪牕本注疏本作藏誤匡名十四云臧監本誤藏箋曰廣韻臧則郎切屬精紐藏昨郎切屬從紐此子郎反子屬精紐字實當作臧

槔 舍人本作臯樊本作⿰木咎同音羔○匡名十四云案說文木部無槔字古臯與咎通故臯陶亦作咎繇箋曰說文木部⿰木咎⿰木咎木也此經郭注云未詳舍人本作臯為聲借陸見郭本作槔為後出字

綦 音其

朹 音求

繫 工系反本亦作繫樊本作槅工厄反○十三經音略十一云繫工系翻音計樊本作槅工厄翻音隔匡名十四云徐養原曰文選長揚賦桔隔鳴球韋昭

曰古文隔爲擊槃本以槃爲榻即同此例箋曰槃繫二字說文鋐音並古諧切同音故通用槃本作榻榻亦屬見紐一聲之轉

朻郭音糾又居幽反又音皎○十三經音略十一云朻從斗非者聊郭未詳釋文云郭音糾上聲又居幽翻音鳩平聲又音皎此當本郭氏音也攷證云朻字從丩舊從斗非今改正校勘記云枓盧本枓改朻此誤校語錄云枓盧改朻是箋曰朻通志堂本誤枓孫改爲朻王筠校同郃本亦改爲朻是也今依正從斗之枓廣韻當口切有之注云柱上方木與此朻音義並異蓋以形近致譌耳廣韻居黝切朻注引爾雅即本此首音又居幽反即廣韻之居虯切在二十幽鳩在十八尤周春謂居幽反音鳩依後世韻書合尤幽爲一而言也案皎說文鋐音古了切則又音皎爲雙聲相轉然廣韻古了切不載可知此爲別讀矣

聊音寮

榽兮計反又音奚○十三經音略十一云榽兮計翻音系又音奚攷證云兮計反似當作計兮反讀杜詩者俱音溪校勘記云按盧云非也兮計反見集韻十二霽又音奚見十二齊即本於此經籍舊音辨證三云承仕案篇韻榽字並有胡計一切與兮計同蓋平去相轉之常例也此字本無計兮一音即溪字亦不音計兮反盧說大謬箋曰計屬見紐計兮反讀如雞與溪屬溪紐亦別盧說不可從阮吳所說是也

榼許兮反本亦作醯

檀大丹反

上山時掌反

斫章略反

彈音丹字林云極盡也又云斃也

梫字林音寢郭音浸或初林反一音侵○十三經音略十一云梫字林音寢郭音浸或初林翻窨𡠹廣韻楚簪翻同又音浸箋曰梫說文鉉音七荏切與字林音同故為首音上聲清紐一音侵則讀平聲郭音浸則讀去聲精紐初林反讀平聲初紐周春云穿母沿舊稱也

枇房私反又音毗○校語錄云音毗與房私同箋曰房私音毗皆即廣韻之房脂切此釋文直音與反語並出之例

杷步巴反

不著丁略反又直略反

掄音倫又致均反○十三經音略十一云掄音倫又致均反舊譌致的昀訛作的或作均亦通翻音屯知母攷證云又致均反舊譌致的反今從官本正校勘記云盧本的作均此誤校語錄云盧改的為均是也然致字仍譌玉篇理均切箋曰通志堂本均誤的江校改為均是也部本亦作均今依正的在錫韻凡從侖聲之字無有在錫韻者的實均之形近譌字按玉篇理均切讀如倫即此首音也集韻株倫切掄木名說文毋枇也即本此又音說文木部掄讀若易卦屯之屯鉉音陟倫切則此又音實本說文法偉堂謂致字仍譌案致均即陟倫用字異耳法語實疏

疪本又作榌辭貲反字書云無榌掄也○攷證云注疏本榌木旁作疪譌今改正下同匡名十四云類篇六上引作枇玉篇云枇疾資切無枇木榌同上案說文木部掄母今本誤毋枇也無枇榌二

字箋曰說文棆字段注云按毋杫當作毋無杫皆一字之誤也釋木棆無疵古毋無通用故許作毋廣韵云無杫木一名棆是也楊雄蜀都賦説木有杫案段說是也陸氏以郭本爾雅作疵為聲借而楊子雲用杫字故云本又作杫從木疵聲者為後出俗字以無疵為木名加木于側也故玉篇𣗥與杫同盧文弨以𣗥為譌未審此注二𣗥字從疵實沿通志堂本之譌也又案廣韵疵杫二字並疾移切與玉篇諸書皆屬從紐此云辭貲反亦釋文從邪相混

楩鼻緜反又婢衍反上林賦云楩柟豫章是也字指云楩木似豫章○改證云楩木似豫章楩字舊譌梗今改正校勘記云橺木似豫章盧本改楩木此誤校語錄云橺盧改梗是箋曰通志堂本楩木誤橺木惠棟校云橺疑作楩部本亦改為楩今依正此引上林賦字指以釋正文楩字何得出一橺字且字書韵書並無橺字故小學鈎沈十三卷引此文亦逕改為楩字惟楩柟豫章為子虛賦文此上林二字當為子虛之誤漢書司馬相如傳師古曰楩音便故此以鼻緜反為首音皆即廣韵之房連切也婢衍反則讀上聲故云又

章本或作樟○箋曰漢書司馬相如傳子虛賦楩柟豫章師古曰章今之樟木也案從木者為後出字郭注與子虛賦作豫章為聲借

椐音祛字林己庶反又音舉○十三經音略十一云椐祛舉據三音箋曰廣韵居御切椐靈壽木名即本字林音周春

謂音據是也 **樻** 起愧反又去軌反字林巨位反樊孫並云椐樻腫節可作杖毛詩草木疏云節中腫似扶老即今靈壽是也今人以為馬鞭及杖弘農共北山皆有之○十三經音略十一云樻喟韻去鑄韻上匱三音箋曰廣韻丘愧切樻樻椐木腫節可為杖即本此首音又去軌反讀上聲皆屬溪紐字林巨位反即廣韻與說文鉉音求位切則屬羣紐 **腫** 之勇反

樫 勑貞反 **旄** 音毛 **權** 音拳 **諸慮** 如字施力據反字又作櫖力余反○十三經音略十一云諸慮之慮如字施力積翻音如錫韻之櫟讀入陌韻字又作櫖力余翻音盧孜證云施力據反舊譌力積今改正校勘記云施力積反字又作攄按攄為櫖之譌詳注疏校勘記盧本積改據注疏校勘記云諸慮山櫐唐石經單疏本雪牕本同釋文慮字又作攄按攄當作櫖五經文字櫖及餘反見爾雅玉篇櫖山櫐也似葛而麤大匡名十四云案類篇上六櫖凌如切木名爾雅諸慮山櫐也或作櫖據類篇則今本釋文從手作攄恐是傳譌說文手部木部俱無從慮之字校語錄云攄當從木見五經文字惟被音丑餘反玉篇力豫反箋曰廣韻良倨切櫖又山櫐也力居切櫖諸櫖山櫐爾雅作慮力據力豫良倨字異音同即如字讀也當是李孫郭諸家以慮為常見字俱不為之作音惟施乾云力據反故云如字施力據反通志堂本據誤為積部本亦改為據

今依正周春云力積反讀如錫韻之櫟已沿誤本為說又云讀如陌韻案廣韻陌在二十陌積在二十二昔櫟在二十三錫周說非也櫖原從才今依諸家所說改俗寫從才從木每相混耳五經文字丑餘反之丑疑為力之形近譌字力余力餘凌如力居字異音同與如字力據正平去相承皆屬來紐丑則徹紐故云譌

纍 字或作蘽音誄力水反下同○校勘記云葉本水誤永此本水字剜改葢本作永匡名十四云案說文木部蘽木也從木畾聲無纍字木部有欘即同與此不同藟箋曰臧校改水為永即誤依葉本也周南樛木釋文云藟本亦作纍力軌反似葛之草也此經郭注云似葛而藟大彼云本亦作纍即謂此經諸慮山纍在釋木篇故字或作蘽從木畾聲與說文同餘詳樛木此云音誄力水反者直音與反語並出之例

藤 徒登反

麆 七胡反本今作麤○攷證云邢本作麤藝文類聚太平御覽皆引作粗箋曰麆即麤之異體麤與粗同音通用集韻聰徂切麤或作麆又粗大也通作麤可證陸見郭注之字作麆而彼時又作麤字故云本今作麤邢昺即本之

欇 郭音涉本又作聶又作欇並同○攷證云吳本郎本鍾本注末皆有音涉二字齊民要術十四所引正同注疏校勘記云今江東呼為欇欇音涉雪牕本同是也注疏本刪下二字釋文欇郭音涉按單疏本引郭注今江東呼為欇止齊民要術卷十四載郭注亦呼

為⿰木巤止欇音涉三字別為小字音切今本刪音涉二字而誤存欇字皆非也匡名十四云案說文有⿱聶木無欇其作聶者省文箋
曰今按此經之義與說文不同當為聲借故郭音涉欇⿱聶木皆從木聶聲或書木在側在下實一字也猶上文栩杼之杼說文作
柔矣**虎**呼戶反**莢**古協反下同字林云草實也廣雅云豆角謂之莢周禮云墳衍之地其植物宜莢物**刺**
七致反**⿰木巤**力輒反又餘涉反○箋曰力輒反讀如獵餘涉反讀如葉謝靈運山居賦獵涉蘡薁自注云獵涉字出爾
雅以獵為⿰木巤故陸以力輒反為首音又餘涉反蓋讀作楪廣韻良涉切與涉切竝有此⿰木巤即此力輒餘涉二音也**杞**
去己反**枸**音苟**檵**音繼**杬**音元又作芫○攷證云杬俗本多譌作杭石經宋本皆不誤釋文云又作芫案說文
艸部芫魚毒也從艸元聲木部無杬字顏師古急就章云芫華一名魚毒漁人煮之以投水中魚則死而浮出故以為名芫字
或作杬杬其生南方用藏卵果者自別一杬本乃左思吳都賦所云緜杬杶櫨者耳非魚毒之杬也注疏校勘記匡名十四竝引
盧說箋曰陸見郭本爾雅之字從木作杬而說文諸書從艸作芫故云又作芫此字釋文各本及唐石經單疏本雪牕本竝作
杬惟監誤為杭以形近致譌**卵**力管反**檓**況彼反**椒**字又作茮子消反○匡名十四云案說文

艸部茮茮莍從艸尗聲俗書從木從叔箋曰說文茮字段注云爾雅本草陸疏皆入木類今驗實木也而說文正從艸此沿自古籀者凡析言有艸木之分統言則艸亦木也故造字有不拘耳按段說是也今典籍多作椒即毛詩亦然故陸氏于下文茮樧云音焦本今作椒嚴元照以作椒為俗實拘

楰郭音庾又音瑜

梓音子

楓甫隆反說文云木厚葉弱枝善搖字林音方廉反○十三經音略十一云楓字林方廉翻音近帆鹽臧徽別攷證云說文云木厚舊作本厚今改正校勘記云按本當作木校語錄云本盧改木是箋曰通志堂本木誤本江校改為木與今說文合邵本亦改為木今從之按方廉反即廣韵府廉反在二十四鹽邦紐帆在二十九凡符咸切屬奉紐方廉與帆紐韵俱異周春所說非也

欇欇之涉反○十三經音略十一云欇之涉翻音摺與前虎櫐之欇異音亦不同攷證云欇欇文選注四藝文類聚八十九所引皆無木旁太平御覽作之葉反匡名十四引盧說箋曰上文虎櫐之欇陸云本又作聶此欇欇與彼義雖異而文選注及類聚引作聶皆為字之省借則一也若玉覽之葉反即此之涉反字異音同

歧音祁○攷證云注疏本作岐是此下亦作岐說文無歧字注疏校勘記云葉圓而岐正德本同雪牕本作歧釋文歧音祁箋曰說文岐為邑部郊之重文則郭注作岐者亦為聲借不當以說

文無歧字以責郭注之字按廣韻歧在五支祁在六脂此釋文支脂不分也 脂音之○箋曰廣韻六脂與七之分部

此釋文脂之不分也 寓木魚具反 宛於阮反○攷證云舊於院反譌今依釋丘音改校勘記云於院反盧本院改阮

改阮校語錄云宛院不同部集韻亦不收此讀盧依釋丘音改阮箋曰通志堂本阮誤院郈本亦改阮按廣韻院在三十三線

類篇宀部宛字無有讀去聲者則院實阮之形近譌字今依改 蔦音鳥或音弔說文或作樢字林云寄生也 夷

舍人本作桋同 櫟力的反 梂字林音求舍人云櫟實名梂也孫云櫟實橡也有梂彙自裹郭同○校勘記云

葉本名梂作捄下有梂同箋曰注文二梂字臧校並改作捄從才即誤依葉本也此二梂字正承正文為說仍當從木

彙音謂 自裹音果 檖音遂 楔古黠反施音結○十三經音略十一云楔古黠翻音戛施音結五經文字先列翻音

屑箋曰廣韻十四黠古黠切楔櫻桃此取釋文其云又先結切與十六屑先結切之楔字而古屑切結紐無楔則取五經文字

也集韻吉屑切楔木名爾雅楔荆桃施乾讀葢釋文自宋時已如此 櫻乙耕反廣雅云櫻桃含桃也禮記月令云羞以含

含桃鄭注云今之櫻桃○攷證云舊乙譌作乞今改正校勘記云乞耕反盧本乞改乙按盧改是也校語錄云乞盧改乙是箋

曰通志堂本乙誤乞江校改為乙按櫻說文鉉音及廣韵並烏黠切玉篇於耕切皆無他讀烏於乙皆屬影紐乞則屬溪紐今依正

旄音毛字林作楙亡到反〇十三經音略十一云旄音毛字林作楙亡到翻微明輕重交互出切音冒說文作楙讀若髦徐音莫候翻音矛亦通校勘記云按楙當作楘校語錄說同箋曰江校改楙為楘王筠校云鈕氏云楙當作楘見說文說文木部楘冬桃從木敄聲段注云釋木旄冬桃按作旄者字之假借釋文曰字林作楘今本譌為字林作楙段說是也說文林部楙木盛也從林矛聲與此經之義迥異字林多本說文其字亦當從木敄聲陸氏引字林正以此經作旄為借字引之以證經義也音毛與亡到反平去相承若周春所說則沿誤本為說又誤合說文木部之楘林部之楙為一矣

榹郭音斯又音雌

解古買反

核胡革反下同

休虛求反又作林〇改證云案爾雅多俗字釋草篇多加艸遂有接余而為萎荼者釋木篇多加木遂有休字而改為林者匡名十四云盧學士曰釋木篇多加木故休誤為林

痤祖禾反〇十三經音略十一云痤廣韵作桽昨禾翻音鹺改證云痤俗本多作座接宋本作座椄注疏校勘記云痤椄虞李唐石經單疏本同雪牕本痤改桽正德本椄誤接閩本監本毛本誤座接疏中準此釋文云云石經考文提要引至善堂九經本亦作

痤按玉篇木部云𣑭亦作𣑭廣韵𣑭下引爾雅痤接慮李云或從木雪窻本蓋據此匡名十四云案𣑭𣑭痤皆俗字也箋曰古逸本作痤椄與釋文及唐石經同然痤之本義為癤實聲借字耳按廣韵昨禾切在八戈為合口鹺在七歌昨何切乃開口周春謂昨禾翻音鹺依俗本韵書

慮李如字施音驢

駁字亦作駮邦角反

棗音早

壺字或作𣞀孫云棗形上小下大似瓠故曰壺音胡○匡名十四云案𣞀俗字

瓠手故反

要一遙反注同字或作楆○匡名十四云案要俗字箋云依匡名之例此要當作楆

櫅子兮反

樲而至反

徹本或作撤直列反○校勘記云徹葉本作徹匡名十四云案撤俗字箋曰臧校改徹為徹即誤依葉本也廣韵集韵直列切並無從人之徹可證作徹為聲借作撤者後出專字耳

晳思歷反下同

嗜時至反

洗胥典反

猗乙奇反又於奇反○校勘記云又於奇反葉本奇作寄盧本未改正校語錄云乙奇於奇非異讀奇疑綺之譌見詩淇澳箋曰臧校改於奇為於寄王筠校同即誤依葉本也此陸氏為郭注河東猗氏縣之猗字作音左傳成六年杜注猗氏縣釋文但云於宜反廣韵於離切有猗陭二字陭字注云陭氏縣名說文鉉音猗陭並於離切則此乙奇於奇乃反音同而反語用字有異者亦具列之之

例也阮法說俱非

塡音田本或作顚同○匡名十四云釋文云塡本作顚案即顚之別體

蹶本亦作蹶居衛反○攷證云廣韵十三祭作蹶太平御覽同又御覽蹶音歲校勘記云廣韵十三祭蹶爾雅蹶洩苦棗亦作蹶箋曰廣韵云亦作蹶是不僅作蹶也御覽音歲歲疑劌之殘廣韵劌紐有蹶爾雅云蹶洩苦棗亦作蹶正本此

泄息列反○攷證云泄石經御覽皆作泄邢本作洩注疏校勘記云蹶洩苦棗唐石經雪牕本注疏本同釋文單疏本洩作泄匡名十四引盧說云案石經已闕然必不作泄石經避諱凡從世字皆改從曳學士殆據明人王堯惠所補刻者故云爾箋曰左傳哀八年釋文云子泄息列反又作洩可見六代時泄洩已爲一字異體未必凡泄作洩者皆是避唐諱所改也

不著丁略反下同

還音旋郭云還味短味字林作檈一縣反○十三經音略十一云還音旋字林作檈一縣翻音淵校語錄云玉篇檈徐沿切此一縣反疑誤箋曰說文木部檈檈味棯棗也鉉音似沿切廣韵似宣切檈說文曰檈味棯棗也皆讀邪紐周春讀縣爲平故云音淵實誤案集韵三十二霰縈絹切檈棗屬即一縣反之音

棯而審反又作惢同○十三經音略十一云棯而審翻音荏又作惢同[石經棯作惢非]注疏校勘記云還味棯棗單疏本雪牕本注疏本同唐石經闕釋文云云案說文玉篇皆於檈下云檈

味稔棗初學記引爾雅亦作稔稔孰也棗過熟者味短也故名還味說文木部無稔字玉篇廣韵於稔下引爾雅非匡名十四云棗稔蔘二字皆不見於說文據櫻字注當從禾作稔玉篇亦從禾箋曰從禾作稔者為聲借從木從艸作稔蔘者為後出專字實無是非可言此陸氏所見郭本爾雅如是不必拘于說文所用之字也

櫬初靳反下同○校語錄云廣韵櫬靳不同部箋曰廣韵櫬在二十一震靳在二十四焮然釋文不分全書櫬字多用靳為反語下字可證

梧音吳

樸音卜字又作僕

枹逋茅反注同○十三經音略十一云枹逋茅茅訛作翻音包班交翻同攷證云逋茅反似當作逋茇反校語錄云茅益茅之譌形近也盧疑字太僻箋曰大雅棫樸釋文枹木必茅反此經枹遒木陸云音包即廣韵布交切也在肴韵邦紐茅讀薄庚切則在庚韵通志堂本茅作茅實以形近致譌今依正盧文弨謂當作茇茇形與茅不相似法說周校是也

屬之欲反

棫于逼反

櫟音歷

謂舍人本作彙同

櫬采七在反下並同

薪采薪即薪舍人引上句櫬梧來合在此句以謂字作彙釋云櫬梧者樸枹者櫬者其理也樸者相迫附也彙者莖也如竹箭一讀曰枹也櫬名采薪又名即薪樊引詩云薪是穫薪荊州曰柞木采木詩人不曉薪意言薪謂身即薪伐之也李云采薪一名彙櫬言即

薪謂二薪也孫引詩云薪是穫薪薪一名彙覶郭云指解今樵薪今依郭氏説○攷證云樸者相迫附也舊本迫作追譌考工記孔疏云樸屬謂根枝迫迮相附著之貌今據改正校語錄云追盧改迫是箋曰匡名十四郝懿行義疏引此並作相迫附也即依盧文弨所改通志堂本迫作追以形近致譌今依盧改

樵字又作藮徂焦反字林云薪也案左傳云不樵樹史記云樵蘇後爨師不宿飽注云樵取薪蘇取草○箋曰樵字從木焦聲又作藮者因薪從艸遂又加艸于樵上實後出俗字藮字各本誤從禾作穛按集韻慈焦切樵或作藮字林攷逸亦作藮皆不從禾今據改

棪餘念反山海經堂庭之山多棪木注云子似柰而赤可食○校語錄云餘念反念不知何字之誤篇韻並無此讀郭氏山海經注亦音剡疑當作餘井反箋曰棪説文銛音以冉切玉篇木部棪餘冉切廣韻以冉切棪木名實似柰可食並與南山經郭注音剡之讀相合則此念或檢之誤法偉堂謂當作井井在耿韻且與念字之形不近臧校江校但刪塗念字未明指為何字之誤實冄字也

樕音速○攷證云齊民要術十引作樕匡名十四云説文木部無樕字當作遬説文云棪遬其也箋曰説文棪字段注云按遬籒文速字也今爾雅作樕為俗字段説是也此陸氏所見郭本爾雅如是以其為木名故加木于側耳然要術所引作樕實樕之形近譌字

杙 音弋

阯 音止本今作趾○攷證云邢本作趾注疏校勘記云出交趾單疏本雪牕本注疏本同釋文云按釋獸注交趾釋文雪牕本此本皆作交阯此注當亦從陸作阯又云按古書多作交止亦作交阯箋曰漢書地理志交趾郡補注宋祁曰趾景本作止詩麟之止釋文云止本亦作趾兩通今按趾即止之後出分別文當六代時止為停止趾為足趾從阜作阯者為同音借字

櫰 郭古回反字林下罪反又音懷○十三經音略十一云櫰郭古回翻音瑰字林下罪翻音瘣又音懷

槐 音懷或音回

聶 之涉反合也

炕 郭呼郎反又口浪反顧云張也樊本作抗○十三經音略十一云炕呼郎翻壑平聲又口浪翻音抗樊本作抗太平御覽引孫炎云炕張也齊民要術同攷證云初學記引孫炎注云聶合也炕張也顧野王本此

槐小葉 郭讀槐為楸音秋或如字

榎 古雅反下同○校勘記云古雅反及下同葉本及作反亦誤此字當衍箋曰各本反下有及字臧校改為反江校同皆誤依葉本也然有者亦誤衍此篇上文不著丁略反下同又下文棟郭霜狄反下同皆無及字今依阮說與全書通例刪

橵 孫七各七路二反字或作橵橵下同樊云大者老也橵楷皮也謂麤橵而老者為楸也孫郭云老乃皮麤皵者為楸本今作皵○十三經音略十一云橵字或作橵孫七各音錯七路音措

二翻本今作散攷證云橵邢本作散從昔是也舊日作月非今改正下又謂麤橵舊誤作橵今案麤橵字當改作散校勘記云橵字或作橵盧本橵作橵字從昔從皮此誤下同葉本橵作橵則正文當不作橵字注疏校勘記云大而散橵唐石經雪牕本同釋文橵字或作橵下同本今作散匡名十四云釋文云橵字或作橵案答隸變作昔又云本今作散石經單疏本及左傳正義引作散案橵橵皆俗字錢少詹曰攷工記老牛之角紾而昔鄭司農云昔讀為交錯之錯謂牛角觕理錯也此散亦當作錯或省文作昔其從皮者經師增益也校語錄云橵今本作散此注亦有散字而不云異文疑正文亦作散或體乃從木也箋曰臧校改橵為橵與正文同即誤依葉本也此字從昔聲故攷工記作昔通志堂本日作月實非盧文弨改之是也邵本正改為從日今依正又通志堂本麤橵之橵誤為橵今依邵盧二本所作麤橵雙聲其字安得從散散字本從肉橵聲從散者以形近致譌耳按下文棤散郭注云謂木皮甲錯釋文棤七各反音義與此橵同陸云本今作散者彼時又有省本作散者即唐石經所本邢昺又依唐石經所作也嚴元照引錢說謂當作錯未省錯為聲借散橵為後出專字陸見郭本爾雅如是作也散橵通用無別陸云本今作散其意至明顯法偉堂疑正文亦作散或體乃從木殊為詞費

楸音秋

椅於奇反郭云即楸也

案椅與楸唯子為異耳

梓字林音子

桋音夷

棟又作棣同山厄反郭霜狄反下同○十三經音略十一云棟又作棣所革翻音色詩釋文郭霜笛翻音索音同韻異匿名十四云釋文云云石經作棟五經文字云棟所革反從柬柬音七賜反見爾雅案說文木部桋赤棟也然棟係新附字云桋也木部別有棟字云短椽也從木柬聲與此音義迥別絕不相涉愚謂此與牛棘連文定屬一類古本當是棘字其作棣者俗字校語錄云棟當從柬箋曰棟釋文各本俱誤從束今依注疏本單疏本雪牕本正德本改正凡從束者以形近致譌按小雅四月篇釋文云赤棟所革反爾雅云桋赤棟郭霜狄反所革即此山厄郭璞霜狄反狄在錫四等韵無疏紐當依等韵家正音憑切讀則與山厄所革之音不異詳四月篇周春所說非也按郭注云赤棟樹葉細而岐銳皮理錯戾好叢生山中白棟葉圓而岐為大木下文終牛棘郭注云即馬棘也其刺麤而長又山海經中山經大苦之山有草焉其狀葉如榆方莖而蒼傷其名曰牛傷郭注云即牛棘也然則牛棘與棟非一類也嚴元照竟謂此棟古本是棘字實臆說

而岐巨伊反下同

好呼報反

輖音周本或作軔音刃又音如戰反本今作輖○注疏校勘記云中為車輖釋文輖音周本今作輖與此合單疏本雪牕本注疏本皆作輖益據釋文改與舊校不符矣箋

曰說文网罔為一字異體漢碑有省网為冈者六代時沿用之故輞作輞此陸氏云本今作輞也阮元以為舊校不知實陸德明所說陸云本或作軔者以形近致譌說文車部轃車网也段注云今本作車軔篇韵皆作車輞輞譌為軔見爾雅釋文段說即指此按唐寫玉篇殘卷車部轃野王案說文即車輞也可證今本說文輞譌軔與釋文相同此經上文枢檍郭注云材中車輞釋文各本作輞云音罔此注云中為車輞正與上注同釋文彼作輞尤與此云本今作輞相應軔說文鉉音及廣韵而振切玉篇殘卷如振反故云音刃按小雅小旻釋文云軔音刃礙車木也字林如戰反此又音即本字林

樌古亂反字又作灌音同○孜證云邢本作灌注疏校勘記云灌木叢木唐石經單疏本雪牕本同釋文云云按下文木族生為灌釋文樌古半反或作灌玉篇樌木叢生也今作灌文在釋文當從陸本作樌毛詩作灌假借字葢今本所據改或郭氏引詩作灌後人援注改之匡名十四云案說文木部無樌字自石經以後各本及毛詩經傳正義皆作灌箋曰此與下文木族生為灌釋文皆作樌葢陸氏所見郭本爾雅如是也作灌者為聲借此樌為後出專字不必牽引說文為說也

叢木才公反本或作藂○校勘記云葉本藂作最按說文冃部最犯而取也俗作冣冖部冣積也即叢木之古字因與冣相近故誤作最顏氏家訓所謂

古叢字似冣近世儒生因改爲冣是也此改爲藂俗叢字匡名十四云案藂俗體箋曰臧校改藂爲最即誤依葉本也冣讀才句切最讀祖外切六代時固多冣最不分然陸氏爲最字作音如左襄十八年徐子會反莊子德充符徂會反徐采會反此無音切且承才公反之下則字必爲藂字陸氏以叢藂音義同而形異故亦著之阮元益曲從葉本之誤而爲之説非也

瘣 郭胡罪反説文云病也一曰腫旁出也又音回

苻婁 謝力侯反施力俱反樊引詩云譬彼瘣木疾用無枝苻婁者厄傴内病魄磊無枝也李云苻婁一名瘣木無枝木也○十三經音略十一云苻婁説文作府瘻婁謝力侯翻音樓施力俱翻音近閭攷證云樊引詩云譬彼瘣木今詩作壞説文疒部引詩亦作瘣匡名十四云説文艸部無苻字雪牕本作符正義云符説文作府云俛病也婁説文作瘻云頸腫也箋曰力俱反即廣韵力朱切在十虞閭在九魚周春謂力俱反音近閭則合魚虞爲一矣按説文引詩作瘣與樊光同者本字也瘣胡罪反今詩作壞者壞胡怪切乃雙聲借字也小雅小弁釋文云瘣也爾雅云瘣木苻婁符苻同音與府皆從付聲此以苻婁二字爲連語當以聲求之嚴元照每每泥于字形及説文之有無其字文言實拘

厄 烏皇反字書云傴也

傴 紆禹反廣雅云曲也

瘻 於井反字林云頸瘤也

腫 章勇反本或作瘇常

勇反〇箋曰左傳成六年釋文云足腫章勇反一音常勇反詳彼

蕡扶云反孫符粉反〇十三經音略十一云蕡扶云反音焚孫符粉翻並奉輕重交互出切音憤箋曰扶云反即說文鉉音浮分切為蕡字本讀故為首音孫炎則讀上聲集韵父吻切蕡蕡藹木繁茂貌孫炎說即本此

藹烏害反

菴於檢反

枹音包

遒又作逎子由反又徂由反說文云逎迫也謂叢攢迫而生〇十三經音略十一云遒又作逎子由翻音啾又徂由翻音酋匡名十四云按說文䟲逎迫也從辵酉聲或從酋作遒箋曰商頌長發釋文云是遒子由反又在由反在由即此徂由詳彼

魁字亦作魁謝苦罪反施苦回反〇十三經音略十一云魁字亦作魁謝苦罪反音傀施苦回翻音悝匡名十四云案斗亦作升此從升即魁字非從斤也箋曰苦回反為魁字本讀其義為羹斗為魁帥故陸以施讀為次音謝苦罪反蓋讀為廣韵口猥切之魁大頭此經枹遒木魁瘣郭注云謂樹木叢生根枝節目盤結磈磊與大頭之義近故以謝讀為首音

瘣郭盧罪反施胡罪反〇十三經音略十一云瘣郭盧罪反音磊施戶罪翻音匯校語錄云瘣不得讀盧罪反疑誤上文瘣字郭固讀胡罪反也箋曰上文瘣木苻婁之瘣郭胡罪反者其義為病此魁瘣之瘣讀盧罪反者郭注以磈磊為釋則義為大集韵魯猥切瘣魁瘣木枝節盤結也正本此郭讀法

偉堂疑爲誤非也施乾胡罪反則如字讀與上文⿺鬼木之義同此條例所斥作音不依注者也

磈本或作傀苦罪反

磊本或作儡力罪反○箋曰磈磊傀儡與經文魁⿺鬼木音義並同皆疊韵連語以喻大也

棫音域字林于狊反○攷證云注疏本于狊反譌箋曰廣韵棫在二十四職狊在二十三錫然錫韵無喻紐于狊反亦讀如兩逼切之域此陸氏以字林用字異故並載之亦猶直音與反語並出之例也

桵本或作⿰木委字林人隹反○匡名十四云案說文木部桵白桵逗棫從木妥聲臣鉉等曰當從綏省別無⿰木委字爾雅文字當依說文栞定然竊謂此字實當從委說文從妥疑屬傳譌何以言之說文無妥字糸部之綏從妥徐鍇曰當從爪從安省云從妥者誤也案妥他果反而字林音⿰木委為人隹切非妥聲也而云妥聲必委之譌也凡從委之字俗書多改從妥如餧餒捼挼之類是已徐養原曰此論恐未的妥雖他果切而綏字自在脂韵故樛木詩以叶纍⿰木委雖入隹切而捼倭等字郤在戈韵委佗委蛇皆疊韵字也注疏校勘記云棫白桵唐石經單疏本雪牕本同五經文字桵人隹反見爾雅釋文云云案說文無妥字今說文作桵從妥者誤也字林作⿰木委當本之說文此宜作⿰木委凡從委字多有改作妥者如餧作餒捼作挼之類可證經籍舊音辨證三云承仕按嚴阮之說非也妥聲委聲同屬歌部歌旁轉脂則音人隹反韵書此例不可

勝原妥委雖形近易譌然不得以人佳之音輒定其字從委黃侃箋識云說文因脫妥字何以知妥非聲徐鉉曰當從綏省雖不知妥即綏之重文猶勝于阮嚴之妄說箋曰說文桵字段注云妥字見於詩禮不得因許書偶無妥字而支離其說也段說正以鍼大徐之失亦可見嚴阮所說之妄也惟陸氏所見郭本爾雅之字作桵從妥而字林之字作桵從委故如是云云猶小雅車攻篇云大綏本亦作緌同而佳反也此人佳反之佳通志堂本誤佳以形近致譌今依邵盧諸本所作

刺七智反

棃字亦作梨 **樆**音離本亦作離非○匡名十四云案說文木部棃果名從木𥝢聲𥝢古文利木部無樆字作離為正正義云子虛賦謂之離文選注引張揖云離山棃也玉篇云樆山棃也同廣韻皆以樆為山中之棃也顏師古急就篇注謂棃一名山樆非也元照案五經文字亦云樆山棃也據此則作棃山樆者文誤倒耳然觀急就篇注則唐初本已誤注疏校勘記云棃山樆唐石經單疏本注疏本同雪牕本棃作梨五經文字云樆山棃也見爾雅釋文云云按史記司馬相如列傳檗離朱楊集解引漢書音義曰離山棃文選子虛賦注張揖曰離山棃也顏師古注漢書同則爾雅古本作離山棃樆字說文無釋文原本當上樆下棃張參所據尚未誤玉篇廣韻皆云樆山棃箋曰棃是經傳常見字嚴阮謂此經當上樆下棃今本及釋

文譔劇是也然又謂説文無橋字遂謂爾雅作離爲正未審子虛賦之離爲聲借實非本字陸元朗以作離爲非依郭本爾雅之字作橋爲説耳然不云樊本孫本李巡本作離可知衆家本與郭本並同矣

辨普遍反又皮莧反○十三經音略十一云辨普遍潽音毋盼皮莧蘁音毋辨二翻攷證云辨舊本釋文及注疏本皆作辨石經作辨今攷宋單注本作辨宋本釋文同因據改正校勘記云辨葉本作辨盧本同此當是後人所改注疏校勘記云桑辨有甚梔唐石經單疏本雪牕本元本同閩本監本毛本辨改辨俗字疏中準此葉鈔釋文作辨通志堂本改辨匡名十四云辨從石經寫玉篇村部二類篇六上引作辨釋文通志堂本亦作辨今盧學士據宋本改爲辨從片者俗體校語錄云辨阮云辨俗字葉抄釋文作辨盧依宋本改辨箋曰辨通志堂本作辨從片臧校改爲辨即依葉本也按釋器釋文辨郭普遍反下同孫蒲莧反釋云辨半分也蒲莧即此皮莧此注正云辨半也則此普遍皮莧二反與釋器音義俱不異但省郭孫諸字蓋陸書之詳略互見耳今依釋器之字作辨據阮氏注疏校勘記從片者乃明代以後諸本依俗體也惟普遍反即廣韻三十二霰普刅切之辨注云本亦作辨周春謂音盼則爲三十一襇匹莧切矣周于釋器篇云郭普遍翻音片是也互詳釋器

葚音甚説文云桑實也本或作椹非字林式忍反○匡名十四名

寀說文艸部葚桑實也從艸甚聲又通黮說文黑部黮桑葚之黑也從黑甚聲其作椹者艸木偏旁通用雖非說文所有然非無理
之俗字經籍舊音辨證三云承仕案字林式忍反忍字韵部絕遠詩食我桑黮釋文云說文字林皆作葚時審反桑實也據此
則式忍之忍定是譌文猶釋畜角三觜釋文引謝嶠許簡反簡為檢之譌也尋篇韵葚字檢字亦無奇觚之音可為忍是誤文
之證黃侃箋識云忍簡並不譌覃添部中字與寒痕先部字通音者多姑以廣韵說之帘士臻切又音廉邯胡甘切又音寒鉆
昨鹽切又音前朕在軫韵直引切朕在寑韵直稔切丹都寒切形變作月而為姓則都感切皆是也箋曰音甚即說文鉉音常
社切屬禪紐陸云本或作椹非者椹讀知林切義為鈇椹與葚形音義並異詳衛風氓篇嚴元照以為艸木偏旁通用不知作
椹為俗用也式忍反之忍證以魯頌泮水釋文所引字林時審反的係譌字集韵式忍切椹桑子是丁度所見釋文尚未譌為
忍字式屬審紐審禪同是舌齒音之摩擦釋文每每不分陳風東門之池叔姬音淑即可為證則音甚與式荏亦猶直音與反
語並出之例陸元朗以字林用字異故並載之耳若黃季剛所舉各例乃廣韵而非釋文且胡甘切與音寒昨鹽切與音前直
引與直稔都寒與都感皆為一聲之轉不足為據也臧校又改式忍為作心孜廣韵子心切集韵咨林切俱無葚椹二字臧改

亦非

梔 章移反，下注同。舍人云：桑樹一半有葚半無葚名梔也。樊本同。

桋 大兮反，或作夷。○匡名十四云：案詩豳風七月「猗彼女桑」，傳云：「女桑，荑桑。」此用雅訓，艸木偏旁通用，故又作桋，其作夷者省文。雪牕本作姨，恐誤。注疏校勘記云：女桑桋桑，唐石經、單疏本、注疏本同，雪牕本桋改姨，陋甚。釋文桋或作夷，按夷當作荑。毛詩傳「女桑，荑桑也」可證。箋曰：豳風七月釋文云：荑桑，徒奚反。徒奚即大兮，廣韵杜奚切，集韵田黎切，並無夷字，其桋荑二字注亦無言省為夷者，阮謂此夷當作荑是也。

榆 以朱反

枌 符云反

郤 去略反

著 丁略反

莢 古叶反，字林云：草實也。

棣 大計反，下同。字林大內反。○箋曰：名南何彼襛矣釋文云：唐棣，徒帝反，移也，字林大內反。徒帝即此大計，詳彼。

栘 以支反，字林上泥反。○十三經音略十一云：移，以支翻，音移。字林上泥翻，音近匙。齊韻禪母，即詩釋文是兮翻也。箋曰：上屬禪紐，泥在齊韵，齊韵無禪紐，此上泥與詩是兮反皆當讀以支反，周云音近匙，實誤。詳名南何彼襛矣。

夫栘 音符

檟 古雅反，與榎同。

茶 音徒，下同。埤蒼作𣘻。案今蜀人以作飲，音直加反，茗之類。○十三經音略十一云：茶，音塗，定母字。又直加翻，又加翻同，音秅，澄母字。攷證云：直加反，直舊譌真，今據宋本改。匡名十四云：案說文艸部：茶，苦茶也，從艸余聲。木部無𣘻字。校勘記云：音真加反，葉本真作直此誤盧本已改正校語錄云下同當作注同真當作直盧已改箋曰通志堂本直誤真臧校改爲直即依葉本是也邵本亦作直今依正案此經下文無荼而此郭注有荼法偉堂謂下同當作注同是也埤蒼加木作𣘻爲後出字陸氏載之以廣異聞嚴元照以說文無𣘻爲說非是

茗亡頂反

荈尺兗反荈𣘻茗其實一也張揖雜字云茗之別名也

樕音速**樸**音卜本今作樸○攷證云邢本作樸案樕樸邢疏所引皆是樸樕云文雖別其實一也或者傳寫誤據此則宋本皆然故今亦不遽改轉注疏校勘記云樕樸心單疏本注疏本同唐石經雪牕本皆樕字在上樸字闕釋文云云按玉篇樸樸樕小木也亦作樸按毛詩野有死麕作樸樕爾雅當作樸樕詩正義引釋草文及孫炎某氏注皆樕字在下今本蓋誤倒匡名十四云單疏本作樸廣韻屋一引作樸案說文樕樸樕木又樸棗也從木僕聲又樸木素也從木菐聲據樕字注則當作樸盧學士云云元照案石經亦如此樕字尚存其半樸字全闕正義云案詩疏五之一引爾雅作樸樕心諸家訓釋俱從詩作樸樕唯釋文作樕樸元照案廣韻屋一引爾雅亦作樕樸與釋文同箋曰樸樸同音通用故詩名南作樸此經郭本爾雅作樸而陸時又作樸也惟此經上樕下樸依名南說文玉篇皆上樸下樕若廣韻上樕下樸即本此經耳說文樕字段注云釋木樕樸即

詩之樸樕段氏不謂此經誤倒殆以此二字疊韻為木名上下字雖互異如邢昺所說其實一也 **槲**音斛 **棧**

仕板反 **干木**古丹反樊本作杅同○匡名十四云案說文木部無杅字箋曰說文三篇干犯也則郭本爾雅作干

為聲借樊光本從木作杅為後出專字陸氏云同是也不得以說文無其字為說 **殭**居良反字書云死而不朽本或

作僵說文云僵偃也又作橿○攷證云邢本作橿注疏校勘記云橿木也單疏本注疏本同雪牕本橿字缺釋文云云按死而

不朽字當從陸本作殭宋鄭樵注本或作僵今本從木非箋曰陸云又作橿則六代時已有作橿者即邢昺所本也廣韻居良

切有此殭橿僵三字故同音通用 **觡**加容反 **檿**烏簟反 **車**昌蛇反 **轅**音袁 **獘**婢世

反字又作獘○攷證云獘官本作弊非匡名十四云案說文獘獘頓仆也從犬敝聲或從死作斃箋曰廣韻毗祭切獘說文曰

頓仆也俗作弊則官本所作者俗體耳 **神**音申 **踣**蒲北反或作仆 **甾**字林作椔同側吏反一音側其反○

攷證云邢本作椔又吏作利注疏校勘記云立死椔雪牕本注疏本同唐石經椔字闕五經文字云椔壯利反立死也見爾雅

單疏本亦作椔按釋文云字林作椔是爾雅不作椔也詩皇矣其菑其翳毛傳木立死曰菑正義引釋木云立死菑李巡曰以

當死害生曰菑釋文菑本又作甾然則毛詩亦作甾不作椔也今本從木葢因字林增加匡名十四云釋文五經文字云云單疏本雪牕本及集韻之七類篇六上引皆作椔詩正義十六之四引作菑案說文木部無椔字箋曰孜工記輪人注鄭司農云泰山平原所樹立物為菑聲如胾故以側吏反為首音吏作利者至志不分也甾菑皆聲借字字林作椔為後出專字側其反則讀為廣韻側持切菑說文曰不耕田也非木立死之意故云一音即大雅皇矣之又音緇當因聲求義泥于字形則拘阮元嚴元照之說皆有所蔽

蔽必世反注同○孜證云此音蔽者翳句與上文木自弊不同邢本亦作弊字大誤箋曰此字注疏本無有作弊者或盧氏所據之本有誤

翳音殪注同

蔭於禁反

槸魚逝反郭云逝魚例二反○十三經音略十一云槸魚逝翻音藝郭元訛云作逝魚例二翻皆音藝不必重出孜證云郭云逝魚例二反注疏本云作魚案魚逝反已見上此不當複見作云逝是經籍舊音辨證三云承仕案陳澧切韻考以逝例為同韻類則郭二反同矣疑例為列之形譌黃侃箋識云郭韻類或不必同廣韻箋曰逝在祭韻廣韻集韻十三祭中槸字但有魚祭切一讀則云逝當依周春改為元逝盧文弨謂作云逝為是未審埶聲之字無讀喻紐者矣此魚逝元逝魚例三反字異音同乃釋文反音同而反語有異者亦具列之之例也周

春以為不必重出吴承仕謂魚例為魚列之譌黄說郭韵類或不同廣韵似皆未明釋文之例**棤**七各反**散**謝音蜀郭音夕○箋曰蜀釋草釋文私夕反莊子至樂釋文音昔並屬心紐陸以謝音為首以此散字從昔聲也若夕說文鉉音及廣韵皆祥易切屬邪紐蓋郭璞心邪相混猶今人讀昔夕無別故列于次**梢**郭音朔**擢**直角反方言云拔也蒼頡篇云抽也廣雅云出也小爾雅云拔根曰擢○攷證云擢邢本從木單注宋本從手注疏校勘記云梢梢擢單疏本注疏本同唐石經闕雪牕本擢作櫂釋文云云字皆從手邢疏釋經云此別死頓相磨皮甲抽擢之異名也又下無枝為檄疏云此即上文梢梢擢也然則邢本擢亦從手今經作木旁誤匡名十四云盧學士曰云云元照案釋文云云則從木者非也文選注二十六引亦從木櫂木部新附箋曰從木者讀直教切其義為櫂所以進船者也此訓拔訓抽自當從手說文手部抽擢拔三篆相連可為此字從手之鐵證俗書從木從手相混因以致誤耳此經下文無枝為檄郭注云檄擢直上釋文云擢直角反字從手陸于此不云字從手猶于彼不引方言廣雅小爾雅詳略互見也**殺**色界反又色例反**樅**七容反**松**字林象容反**大廟**音泰**檜**古外反又苦外反○箋曰古外反讀如儈屬見紐乃檜字本讀故為首音苦外反則

讀作穭說文禾部穭穲也鉉音苦會切屬溪紐殆作音家有或依誤本從禾作穭而爲之作音者故陸氏列爲次音而云又也

楫本又作檝子葉反又一音集○箋曰詩衛風竹竿釋文云楫本又作檝子葉反徐音集又小雅大東舟檝音接字又作楫葢楫檝爲古今字子葉反即讀如接故爲首音音集本徐仙民讀徐氏精從相混陸氏錄之而云又一音也

句居具反下同

喬阮孝緒音橋郭音驕下皆同○攷證云案殷敬順列子釋文引爾雅曰喬高曲也與阮義合箋曰音橋即尚書禹貢釋文之首音其驕反也爲喬字本讀說文夭部喬高而曲也此經郭注云樹枝曲卷似鳥毛羽故讀如驕矣

曲卷巨員反

朻居蚪反本又作樛同字林九稠反○匡名十四云案說文樛下句曰樛從木翏聲朻高木也從木丩聲二字音同朻屬通借詩南有樛木傳云下曲曰樛正義曰釋木文校語錄云居蚪九稠幽尤分部箋曰詩作樛故云本又作樛同詳周南按居蚪九稠字異音同廣韻蚪在二十幽稠在十八尤然釋文則混用法偉堂于樛木謂字林尤幽不分之說是也此又謂爲幽尤分部則誤

曰苞如字本或作枹

篠先了反

娑素河反

柷章六反本今作祝○十三經音略十一云柷章六翻音粥本今作祝攷證云石經宋本鄭樵本皆作祝邢本從木注疏校勘記

云祝州本雪牕本正德本閩本同監本毛本祝改柷釋文云云按監本毛本據釋文改與舊校不符矣箋曰古逸叢書本作祝盧文弨謂邪本從木但依監本毛本爲説耳按廣韻之六切並有祝柷二字祝字注云爾雅曰柷州木髦柔英本亦作祝益陸元朗時已有作祝從示者故云本今作祝即廣韻邪昜所本而阮元以爲舊校者非也

髦音毛

棘居力反

阿烏河反又於可反

那奴何反又奴可反

茮音焦本今作椒〇攷證云邪本作椒匡名十四云石經雪牕本及類篇中一引皆作椒寀椒俗字靚箋曰嚴元照所説非也上文云椒字又作茱子消反正與此相應詳彼

㮨所黠反字林云似茱萸出淮南本草云茱萸一名㮨寀今樹極似茱萸唯子赤細

莍音求説文云㮨椒實裹如裘也一音巨六反〇箋曰音求即説文鉉音巨鳩切爲莍字本讀故爲首音巨六反則讀作鞠詩唐風椒聊釋文云一梂音求又其菊反其菊即此巨六互詳彼今鉉本誤爲茱㮨實裹如表者諸家俱依此校

蓃所留反又所于反〇攷證云郭注莍蓃子聚成房貌陸氏音此今注疏本皆譌作莍萸寀下文自有茱萸陸氏先音茱後音萸則萸字豈得先見乎又音所于則字或作萸箋曰莍蓃疊韵連語蓃字從叟聲其作萸從臾聲者以形近相混陸氏以所留反爲首音其所見郭注之字必從叟又有依誤字

從臾而爲之作音者故列爲次音而云又注疏本此字實沿誤本所作

茱音殊　**萸**以朱反　**核**何革反

華胡化反鄭注禮記云謂中裂不四析也○十三經音略十一云華釋文胡瓜翻禮記釋文同案吴音剖瓜之華聲如花與胡瓜翻曉匣之別校語錄云曲禮音胡瓜反與此不同殆有一誤化疑花之誤箋曰胡化反通志堂本盧本郘本俱如是周春所據本與曲禮釋文同是也今人謂剖瓜之華正如周云花非獨吴音然也校勘記云謂中裂不四析也盧本同誤也葉本析作折當據正箋曰臧校江校並改析爲析即依葉本也阮元所見者其字從才斥聲臧江所見者其字從木斤聲因俗寫從才從木之字相混而異攷曲禮釋文爲析字作音云星曆反則此字當從木從斤通志本實不誤若字作析則當讀他各反阮臧江諸人俱迷于葉本之譌而不察耳

膽丁敢反

疐亦作庚同丁計反○攷證云疐舊上從士譌石經作疐據改正注疏校勘記云棗李曰疐之正德本同唐石經單疏本作疐之閩本監本毛本作疐臣名十四云案疐疌二字音義皆異而俗每以疌代疐故嚏亦作啑今作疌而又加广更誤校語錄云疐盧改疐箋曰說文叀部疐從叀引而止之也通志堂本疐上從士實譌今依正按詩邶風終風釋文云疌又作疐疌乃疐之俗譌詳終風此云疐亦作庚同必六代時有用庚爲疐者故

陸氏載之以廣異聞也　**樝**側加反字亦作查○匡名十四云案說文樝從木虘聲虘從虍且聲古文或以虘代且故從虘之字亦得從且是以樝亦為柤或移木置且上則為查俗乃謅且為旦斯大謬矣箋曰莊子天運柤棃橘柚其味相反而皆可於口釋文云柤側加反其字木在旁即此查字也　**鑽**子官反郭祖端反○十三經音略十一云鑽子官翻纘平聲郭祖端翻音攢箋曰禮記內則柤棃曰鑽之鄭注云皆治擇之名也釋文云攢之再官反本又作鑽即謂此也子官再官皆即說文鉉音借官切為鑽字本讀屬精紐故為首音郭祖端反祖屬從紐周云音攢實為欑誤　**澁**字又作濇又作澀所立反○攷證云澁宋本同邢本作澀澀字上下兩止相對舊本上作兩刃謅注疏校勘記云樝似棃而酢澁單疏本雪牕本正德本同閩本監本毛本澁改澀釋文云云校語錄云澀盧改澀箋曰依阮元說則盧文弨謂邢本作澀但據明代以後諸本而言耳說文止部歰不滑也從四止廣韵色立切歰說文曰不滑也澀上同澁俗濇不滑通志堂本又作澀上從兩刃實謅今依正　**繚**音了　**撽**形的反　**擢**直角反字從手○攷證云今注疏本多從木注疏校勘記云撽擢直上雪牕本注疏本同單疏本櫂作擢釋文云云不誤箋曰此擢字從本者誤也上文經梢梢擢亦有誤從木者詳上　**直上**時掌

反**樌**古半反或作灌○十三經音略十一云樌古半翻或作灌玉篇樌今作灌攷證云樌邢本作灌箋曰上文經樌木叢木釋文云樌古亂反字又作灌音同詳彼

釋蟲第十五

本亦作虫案此篇是釋蟲依字虫音許鬼反蛇類也並兩虫爲蚰音古門反蟲之捴名也三虫爲蟲直忠反有足者也今人以虫爲蟲相承假借用耳說文云虫一名蝮象其形物之微細或行或飛或毛或蠃或介或鱗以虫爲象案此文云有足謂之蟲無足謂之豸月令鱗毛羽介皆謂之蟲白虎通以聖人爲倮蟲之長自上聖下逹蜚螟通有蟲稱耳

螜胡木反**螻**力侯反**蛄**古乎反**夏小**胡雅反**正**音征**蜚**扶味反**蠦**力胡反**蜰**敷非反孫甫尾反○攷證云此即廣雅之螌蟔蜰也今本郭注單舉蜰與邢疏所引舍人李巡說正相合校語錄云敷誤廣韻胡非反箋曰廣韻八微符非切蜰蟲名即負盤蟲又七尾府尾切蜰爾雅云蜚蠦蜰即負盤臭蟲又音肥按廣雅曹音肥符非切即讀如肥且與此字從虫肥聲相合依廣韻屬奉紐說文鉉音與廣韻同法謂廣韻胡非反不知所本此敷字或有誤江校□敷字其意即謂敷字誤也**盤**字又作蟠蒲安反廣雅云負盤蟅也蟅音章夜反○箋曰廣韻盤在二十

六桓合口安在二十五寒開口脣音字不分開口合口也負盤為臭蟲聲借字又從虫作螌用螌蝥之字為之以其為蟲名耳故廣韻薄官切不收至集韻蒲官切乃云螌負螌臭蟲通作盤**臭**昌又反**螾**以忍反**衘**以善反本又作蜑○匡名十五云案衘蜑二字皆不見於說文攷工記注梓人作螾衍彼釋文引爾雅亦作螾衍是也注疏校勘記云螾衘入耳唐石經單疏本雪牕本同釋文云云經義雜記曰考工記梓人注郤行螾衍之屬釋文螾衍下如字爾雅云螾衍入耳劉云或作蚓衍賈疏引釋蟲亦作螾衍今爾雅作衘陸云本又作蜑蜑當為衍按方言云蚰蜒自關而東謂之螾蜑或謂之入耳字作蜑箋曰說文水部衍水朝宗于海也則作衍為聲借爾雅郭本作衘為後出專字方言十一作蜑故陸云本又作蜑臧琳嚴元照皆泥于說文之字為說耳若梓人釋文引爾雅作衍以鄭注作螾衍賈疏云今爾雅作衘足證作衘非誤又方言作蜑陸云本又作蜑一語所自出也**蚰**音由**蜒**音延方言云宋魏之間蚰蜒謂之入耳字林云北燕人謂蚰蜒為蚎蚭上音奴六反下音女其反○攷證云方言云以下據本書補自關而東云云二十七字又忸怩舊蚎譌從刃今改正校勘記云音延方言云云此下盧本依方言補自關而東謂之螾蜑或謂之入耳趙魏之間或謂蚨虶北燕謂之蚎蚭二十七字似非下引字林北燕人

謂蚰蜒爲蚴蚭葉本作䖡蚭此誤盧本已改正校語錄云蚴盧改䖡箋曰通志堂本䖡作蚴臧校江校改爲䖡即依葉本是也蚴乃䖡之殘壞臧校江校又改奴爲女案奴屬泥紐女屬娘紐廣韻䖡字雖在一屋女六切而方言十一郭注䖡奴六反郭璞泥娘不分陸氏于此亦云上音奴六反正本舊製臧江改之失其旨矣蚭郭注方言音尼在廣韻六脂其在七之釋文脂之不分也若盧文弨依今本方言補自關而東二十七字此經及注皆不言及蚨虶且北燕謂之䖡蚭亦與字林之文相複郘本亦未補此二十七字今仍通志本之舊

蜩直彫反下同　**蜋**音郎又音良　**螗**音唐　**蟬**示延反字林云蟪蛄也

蛥郭音蒵徒低反〇攷證云邢本蛥作蟆案宋本作蛥注末有音蒵二字與釋文合注疏校勘記云江南謂之螗蛥音蒵釋文云云單疏本標起止云注夏小正至音蒵皆與此合雪牕本作蟆音夷注疏本亦作蟆又删下二字箋曰螗蛥二字雙聲聯語爲胡蟬之名音蒵與徒低反爲直音與反語並出之例雪牕本作音夷注疏本删音蒵二字俱非

蚻側黠反　**蜻蜻**郭音情又音精〇箋曰音情讀疾盈切屬從紐音精則屬精紐有清濁之異按詩衛風碩人釋文云蜻蜻郭徐子盈反子盈讀如精然則此又音亦郭璞所讀也

縣音玄〇攷證云縣邢本作懸注疏校勘記云鳴蚻虎懸雪

縂本注疏本同單疏本標起止云如蟬至虎縣釋文縣音玄按夏小正作鳴札札者縣也箋曰懸即縣之俗製自秦漢用縣為州縣乃加心作懸以為懸繫之義然州縣之義讀黄練切此音玄則為懸繫之懸也

蠽子列反又祖節反本今作蠽○十三經音略十一云蠽子列翻音節又祖節翻音截說文從蚰截聲方言郭注音癬癥之癥攷證云邢本作蠽官本改從釋文注疏校勘記云蠽茅蜩唐石經單疏本雪縂本同釋文作蠽舊校云本今作蠽五經文字亦作蠽按說文蠽小蟬蜩也從蚰截聲益今本所從出據注云江東呼為茅截益經作蠽注作截也匡名十五云案截從戈雀聲隸變作截似從戈從隹非也箋曰蠽蠽為篆隸之異無是非可言陸氏所見郭本爾雅為隸體彼時又有作蠽與說文同者故云本今作蠽而阮元以為舊校非也此經作蠽茅郭注云江東呼為茅截截蠽同音截在茅下猶方言十一郭注今關西呼麥蠽蠽亦在麥下麥茅一聲之轉也按子列反在薛韵精紐祖節反在屑韵從紐此作音家反語用字相混陸氏以子列反為首音者說文鉉音子列切為蠽字本讀也節在屑韵周春謂子列反音節是依後世韵書合屑薛為一而言也

茅本或作蟊萌交反○攷證云說文有蟊字又義別則作茅是匡名十五引盧說箋曰方言十一之字作蟊故云本或作蟊非依說文也盧文弨說誤

蝒音緜字林云亡千反

○十三經音略十一云蝒音綿字林亡千翻微明輕重交互出切亦音綿不必重出箋曰音緜亡千正其時先仙明細讀音無別陸氏以字林用字異故具錄之而周春以為不必重出蓋未明釋文之例也

蜆五分反呂郭牛結反○十三經音略十一云蜆五分翻音倪呂郭牛結翻音齧箋曰蜆說文銈音五雞切故陸以五分反為首音呂忱郭璞讀之為入聲耳

蝵子羊反

蜓謝徒頂反沈音殄施音亭○十三經音略十一云蜓謝徒頂翻音艇沈音殄施音亭箋曰亭說文銈音特丁切則施乾所讀與謝嶠音但為平上之異沈旋音殄讀徒典反則與蝘蜓之蜓同音

蚞音木本或作沐非○孜證云寀說文虫部無蚞字古當借用沐陸氏以字不從虫而以為非誤匡名十五引盧說箋曰方言十一蛥蚗齊謂之螇螰自關而東或謂之蜓蚞此經蜓蚞螇螰二書諸字並從虫說文自無蚞字然亦無螰字盧說未審

螇音奚

螰音鹿

蝭音提又音帝

蟧力刀反字林同又力幺反○孜證云又力幺反舊譌力公反今改正校勘記云又力公反盧本公改幺是也校語錄云力公反盧改幺是箋曰通志堂本公誤幺以形近致譌卻本亦改為幺按公在東韵凡從勞聲之字無有在東韵者今依正莊子逍遙遊釋文云蝭蟧音勞又音遼音勞即此首音力刀音遼即力幺互詳彼

蟪音惠

蛄音姑

蛣起吉反 蟯音羊 蜋音良 噉大敢反 糞方問反 蝎户葛反 蝹起勿反

蠹丁故反字林云木中蟲也 蠰郭音餉又音霜孫音傷○十三經音略十一云蠰郭音餉即式亮翻又音霜孫音傷玉篇云蟰俗蠰字廣韵云蠰音攘箋曰廣韵四十一漾式亮切蠰食桑蟲似天牛即此首音餉也十陽色莊切蠰爾雅云蠽桑蝎也又傷餉二音色莊即此又音霜也然十陽式羊切不出蠰字式羊讀如傷雖色莊切注文云又傷餉二音周春云廣韵蠰音攘按廣韵攘有汝陽切如兩切人樣切三讀但在如兩切有此蠰字注云蟲名似雞而小周說欠分明 蠽五結反 喜虛記反下同 諸慮本或作蠦施音驢一音力據反○攷證云說文無蠦字匡名十五云案說文無蠦字箋曰力據反即說文鑢音良據切為慮字本讀施乾讀從諸疊韵陸故以施音為首 奚相施音葙謝息亮反舍人本作桑○十三經音略十一云相施音葙謝息亮翻舍人本作桑校語錄云音葙葙當從竹箋曰廣韵息良切雖有箱葙二字此乃傳寫書從竹從艸相混也施謝二音平去相承舍人本相作桑由陽韵轉為唐韵有洪細之異 蜉音孚又音浮 蝣郭音由本又作⿰虫㐬謝音流○匡名十五云案說文無蝣⿰虫㐬二字今本夏小正作游孟康漢書注四六下廿作蝤箋曰詩曹風蜉蝣篇蜉蝣之羽

毛傳云蜉蝣渠略也方言十一蜉蝣秦晉之間謂之蟝蟗郭注云蜉蝣浮由二音此經作蝣與詩同方言作蝣故云本又作蝣謝嶠音流則其所據本與方言之字同陸引謝讀正以證又有作蝣與音流者**渠略**如字略或作䗉音同○校勘記云渠畧葉本盧本作渠略注同匡名十五云案說文螶蟝螶蟝也一曰蜉蝣朝生暮死者從虫豦聲今作略者亦以聲近通用䗉俗字箋曰通志堂本略字田在各上注同臧校江校王校並改田在各側即依葉本也畧爲略俗寫今依改陸云略或作䗉者殆以渠字說文在蚰部作螶故略亦加蚰作䗉耳**陜**手夾反本今作狹○攷證云邢本作狹注疏校勘記云身狹而長雪總本注疏本同釋文狹作陜舊校云本今作狹箋曰釋宮釋文云陜戶夾反說文云隘也從𨸏夾聲俗作狹又云狹代陜行之久矣戶夾即此手夾此云本今作狹益陸元朗之言也而阮元以爲舊校則誤**豬好**呼報反下同**蛂**謝音弗沈符結反字林大替反○十三經音略十一云蛂謝音弗沈符結翻奉並輕重交互出切音近昌韵之跋字林方大訊作替翻音近沸攷證云臧氏琳云說文虫部蛢蟜蟥以翼鳴者從虫并聲薄經切鄭注考工記云翼鳴發皇屬然則此蟲名蛢一名蛂蟥注云今江東呼黃蛢疑誤也案單注本郭云今江東呼黃蛢音瓶一切經音義十五引爾雅注云江南呼爲黃瓦然則黃下本有瓦字蛢字連

下音瓶郭氏原不以蟦蛢連讀御覽引孫炎云翼在甲裹郭璞云甲蟲也以其有甲所以得黄瓦之名歟注疏校勘記云今江東呼黄蛢音瓶雪牕本同注疏本删下二字釋文蛢郭音瓶經義雜記曰考工記梓人爲笱虡疏引此注云今江東呼爲黄蛢按一切經音義卷十五引此注云江南呼爲黄瓦亦有爲字瓦即瓶之訛校語錄云大替反疑誤經籍舊音辨證三云承仕按字林大替反大屬定紐與脣音異類任大椿以大爲夫之形譌近之蛂音夫替反者猶閉字有方結必計兩音也然類篇集韵蛂字並有大計一切則舊本釋文已誤同今本矣黄侃箋識云蛂大替反不誤犮聲字有舌音易笱爽本婦喪其紱董遇作髢又說文作蟜蟦是蟜蛂字通矞聲字固有舌音也箋曰字林大替反或呂忱所見之字作蚨從大聲如軑杕之比陸氏以其音異則字異故廁之于末也周春改大替爲方替字林考逸謂大替當是夫替之誤于典籍無徵不足爲據黄侃雖謂大替反不誤然引周易謂犮聲字有舌音則非攷易既濟釋文云其茀方拂反首飾也馬同干云馬髴也子夏作髴荀作紱董作髢是荀本作紱與髴茀爲音近通用董作髢者以其爲婦人首飾也黄說未審若說文以蛂蟦名蛢郭璞以黄蛢名蛂郝懿行義疏謂爲師讀不同而臧琳以郭注爲誤則有所蔽且一切經音義引爾雅注與今本郭注有異似不當指爲的係郭注盧文弨阮元

並為臧說所惑蟥音黃郭音王本或作黃〇攷證云案說文蟥蟜蟥也從虫黃聲手光切則作蟥為正字也匡名十五云案說文蟥蟜蟥也從虫黃聲其作黃者省文箋曰音黃即說文鉉音胡光切為蟥字本讀故為首音黃王混讀今方俗語尚有之陸云本或作黃者郭注云今江東呼黃蛢即作黃此當因聲求義陸氏蓋以經注蟥黃字異而言非依說文盧文弨嚴元照俱有所拘

蛢郭音瓶蠸音權輿音余父音甫下同字或作蚥〇攷證云案說文無蚥字俗人妄加虫匡名十五引盧說

蟓如由反

蛖武江反又亡工反或作駹非〇十三經音略十一云蛖武江翻微明輕重交互出切音厖音近陽韻駹之又亡工翻亦交互出切音蒙攷證云案說文有駹無蛖蛖字俗陸以為蟲名不當從馬斯唐以來多俗字也匡名十五引盧說箋曰武江反即廣韵四江莫江切

螻來侯反

⿱㐌虫字又作施式移反又式豉反字林弋豉反〇十三經音略十一云⿱㐌虫式移翻音施又式豉翻音試字林弋豉翻音異攷證云案說文作⿱施虫匡名十五云案施者文箋曰式豉反讀如廣韵施智切之翅弋豉反讀如以豉切之易並在五寘周春謂音試音異試異俱在七志蓋依後世韵書合寘志為一而言也

強巨良反

蛘郭音羊亡婢反本或作羋說文作羊字林作蛘弋丈反云搔蛘也〇十三經音略十一云蛘郭音羋讀如楚姓亡婢翻微

明輕重交互出切字林作蛘弋文翻羊上聲攷證云案單注本呼為半子下有音半姓三字與釋文合注疏本多刪說文蠽字下引作蛘又蛘字下云搔蛘也從虫羊聲匡名十五云案說文虫部蛘搔蛘也從虫羊聲余兩切虫部無從半之字校語錄云說文作羊羊當作半說文蠽字說解也今說文亦有作蛘者非箋曰匕婢反即廣韵綿婢切讀如詩新臺河水瀰瀰之瀰此引郭音半又云匕婢反者直音與反語並出之例本或作半者為聲借猶方言十一姑蠽謂之强蛘郭注云建平人呼羊子羊即蛘也陸氏又云說文作羊者段注云羊釋文所引及宋本如此當音陽蓋今江東人謂麥中小黑蟲為羊子者是也鈕本作蛘李仁甫本作半皆非是按段說是也强羊疊韵許讀爾雅如是郭本之字作蛘古逸本郭注亦有音半姓三字可證此亦許郭師讀之異故陸氏引說文以廣異聞也盧文弨謂說文蠽字下作蛘依大徐本也法偉堂謂說文作羊羊當作半依李仁甫本也然依段說則宋本說文及此所引作羊為長

不過本或作蝎字林古禾反謝工臥反○十三經音略十一云過本或作蝎字林古禾翻音過謝工縣訛作臥翻去聲攷證云案說文蟷字注云蟷蠰不過也則字不從虫月令正義所引亦作蝎然宋本禮記作過則作蝎者非匡名十五云禮記正義廿五引作蝎案蝎字非也蝎俗字說文蚰部蟷蟷蠰不過也從虫當聲蟷蠰即

堂蜋音義同校語錄云蝸疑當作蝸見月令疏玄乃古之譌箋曰廣韻八戈古禾切蝸螗蜋別名即本字林所讀三十九過古臥切蝸蟷蠰也即螗蜋即本謝嶠所讀皆與月令正義所引之字同陸云本或作蝸蝸即蝸之省而盧文弨嚴元照以作蝸作蝸為非者拘于說文蠆字說解作過耳按工臥反各本誤玄臥反周春云訛作縣避清諱書玄為縣也玄屬匣紐弦廣韻集韻胡臥切並無過蝸諸字而古臥切俱有則玄自如法說為古之誤字

蟷丁郎反

蠰息詳反字林乃郎反〇十三經音略十一云蠰息詳翻音襄字林乃郎翻音囊

螳音唐本今作螗〇孜證云案說文蜋堂蜋也月令正義引孫炎郭璞注皆作螳邢本作螗非注疏校勘記云螗蜋別名雪牕本注疏本同單疏本作螳蜋釋文云云此當從陸本箋曰依阮說單疏本作螳則盧文弨謂邢本作螗為未周且陸云本今作螗是六代時已有作螗者而盧文弨以為非阮元謂當從陸本實拘

蜋音郎

蜱音裨卑又婢貽反〇十三經音略十一云蜱音裨卑又婢貽翻音脾箋曰音裨即廣韻五支府移切也婢貽反貽在七之然之韻無脣音蓋即五支符支切此亦釋文支之不分也

蛸音蕭〇箋曰廣韻蛸在四宵此釋文蕭宵不分也

䗚普莫反又補莫反〇箋曰普莫反讀如廣韻匹各切之膊屬滂紐補莫反則讀如廣韻補各切之博屬邦紐故云又

蟭

音焦字林子彫反○箋曰廣韻焦在四宵彫在三蕭此亦釋文宵蕭不分也

蒺音疾字亦作螏同

蔾音梨字亦作蝵○攷證云毛本注疏作蔾宋本與官本皆作蔾注疏校勘記云蒺蔾蝍蛆唐石經單疏本雪牕本舊本閩本監本同毛本蔾改藜匡名十五云一切經音義四兩引作螏蟍案六字皆俗體當作疾黎箋曰古逸本作蒺蔾與釋文及注疏各本同惟毛本蔾作藜不足為據也此蒺蔾偶與州名之蒺蔾同字以其為蟲名故有又加虫者蓋陸氏所見郭注爾雅及其他典籍如是而嚴元照以為俗者拘于說文無此等字也

蝍施音即孫子逸反○校語錄云音即與子逸反同六朝人收即於職故以為異讀耳箋曰廣韻五質資悉切蝍字注云又音即故二十四職子力切有蝍注云蝍蛆蟲名正本釋文且職韻古屬之部質韻古屬脂部法偉堂謂音即與子逸反同按六書音韻表第一部古合韻節下云本音在第十二部離騷合韻服字讀如側此今韻即蝍字入職韻之所因也如段說則收即即於職早在六朝以前矣

蛆子余反

蝗華孟反下同字林音皇說文榮庚反范宣禮記音音橫聲類韻集並以蝗協庚韻○經籍舊音辨證三云承仕案說文榮庚反榮庚同在廣韻庚部則榮庚反與直音榮何異且韻書字書亦無類似之音唯類篇集韻有為命一切似本諸此則榮庚反庚疑應作更未可知也禮記

月令則蝗蟲為災釋文云徐邈華孟反范音橫字林音黃黃皇音同又按釋文謂聲類韻集以蝗協庚韻疑庚是韻目之名自李登以訖法言相承無改蓋德明當時通呼蝗華孟反故為月令及爾雅釋文並以華孟為首音而舊來韻書唯有庚部一音故申言之以著古今之異黃侃箋識云縈庚即橫音切户盲喻匣相通以開切合也集韻為今切下有蝗不言本之說文當別有據未可緣彼而疑說文舊音有譌又云華孟即橫之去聲箋曰釋文匣喻相混者多詳詩邶風匏有苦葉則此縈庚反讀同廣韻户盲切黃說得之說文舊音用字如是故陸氏于此載之而月令不復著錄也范宣徐邈二讀平去相承呂忱所讀即說文鉉音乎光切與范音雙聲相轉陸氏末引聲類韻集亦以證此蝗字當在庚韻不在唐韻互詳月令

蝮音福　**腦**奴老反

蝝以全反字林尹絹反說文云劉歆說蚍蜉子也董仲舒說蝗子也何休注公羊云即螽也始生曰蝝長大曰螽杜預亦云螽子郭依董說○箋曰以全反即說文鉉音與專切為蝝字本讀故為首音字林讀去聲即廣韻以絹切以屬喻紐尹屬為紐蓋呂忱喻為不分故列之為次音也

蝮孚福反郭蒲篤反○十三經音略十一云蝮孚福翻音腹郭蒲篤翻奉並輕重交互出切音復箋曰孚福反即說文鉉音芳目切屬敷紐腹說文鉉音方六切屬非紐且廣韻方六切有腹而芳福

切無腹周春謂手福反音腹非也蒲篤反篤在沃韻蒲屬並紐集韻蒲沃切蝮蟲名蛇也爾雅蝝蝮蜪郭璞讀正本此按復說
文鉉音房六切而廣韻房六切無蝮則周春云蒲篤反音復亦非 **蜪** 郭音陶字林他牢反○十三經音略十一云蜪郭音
陶字林他牢牟誂作翻音叨說文作復陶國語注同校語錄云牟乃牢之譌箋曰廣韻徒刀切蜪蝗子即本郭音集韻他刀切蜪
蝮蜪蝗子即本字林各本作他牟反按牟在尤韻牟實牢之形近譌字今正 **翅** 式智反 **蟲舍** 音捨 **蚳**
直其反○箋曰廣韻蚳在六脂其在七之此亦釋文脂之不分也 **蟋** 音悉說文作悉本或作蟋音瑟○匡名十五云
窸蟋俗字箋曰蟋蟀二字廣韻並在五質疊韻連語瑟所櫛切蟀所律切則作蟋蟀者雙聲連語也當因聲求義嚴元照以蟋
爲俗泥于說文無蟋字耳其實說文亦無蟋字可知陸氏以其本用字而言也 **蟀** 所律反詩同本或作⿱帥虫說文同○匡名十
五云窸說文䖵部⿱帥虫悉⿱帥虫也從虫帥聲臣鉉等曰今俗作蟀非是元照窸古帥率字通故⿱帥虫亦作率 **蛬** 九勇反 **促**
字亦作趗七玉反○箋曰廣雅釋蟲蟿趗織蚟孫蜻蛚也王氏疏證云趗一作促按此經郭注云今促織也廣雅之字作趗故
陸云字亦作趗下文蛚注引廣雅作促故王云趗一作促 **蜻** 子盈反本今作青○攷證云邢本作青注疏校勘記云亦

名青蛪單疏本雪牕本同釋文云蜻子盈反舊校云本今作青按禮記月令正義引孫炎作蜻蛚說文亦作蜻蛚詩蟋蟀正義引李巡陸機作蜻蛪凡蜻蛚字皆不作青此當從陸本箋曰此當是六代時有省蜻作青者故陸云本今作青即邢昺所本古逸本郭注亦作青青蛪而阮元以為舊校則謂非陸語又云此當從陸本皆未得其實也

蛚音列廣雅云蜻蛚促織也字林云蟋蟀也本今作蛪○攷證云邢本作蛪校勘記云廣雅云蜻蛚促織也今廣雅作趗織蜻蛪也箋曰廣雅蛚作蛪與陸云本今作蛪同虫在列側或在列下小異耳若陸氏所引廣雅促織二字在蜻蛚上與今本異王氏疏證亦未及此

蟼郭驚景二音孫音京○十三經音略十一云驚京音同不必重出箋曰驚京同音此郭璞孫炎用字有異故陸氏必著明之周春未了澈釋文之例如是耳

蟆武巴反

蛙户蝸反史游急就云蛙蝦蟇

蛝音閑

䗃郭仕板反字林仕免反或仕簡反施仕娩反○十三經音略十一云䗃郭仕板翻音棧字林仕免翻音撰或仕簡翻與仕板同施仕娩翻與仕免同並牀毋字校語錄云仕板仕簡潸產分部仕娩反娩乃剜改者殆誤仕娩即仕免也不必複出箋曰臧校刪去娩字則不成反語江校○去免旁則單作女字皆非也按仕板反與仕簡反為釋文潸產不分猶全書刪山混用也施乾仕娩反與字林仕免反娩免字異故陸氏具錄之

此釋文反音同而反語用字有異者亦並載之之例也而法偉堂謂不必複出且以娩為誤字是疑所不當疑矣 **蠲** 古玄反說文云明堂月令腐草為蠲 **蚼** 音均 **馬蝬** 文六反字林云蝬馬蚿○校語錄云字林云蝬馬下蓋脫蚿字玉篇蝬馬蚿也箋曰廣雅釋蟲蝬馬蚿也字林考逸亦疑此馬字下脫去蚿字則各本無蚿字實漏今依補 **蛗** 音阜 **螽** 本或作[illegible]音終下同○匡名十五云案說文䖵部螽蝗也從䖵冬聲或作[illegible]從虫眾聲 **蠜** 音煩下同本或作螌○匡名十五云案說文䖵部蠜阜蠜也從虫樊聲又螌螌蝥毒蟲也從虫般聲螌非此義音近而譌箋曰蠜螌二字雙聲則或作螌者即借之為蠜耳此必陸氏所見典籍有如是作者嚴元照以為訛非通論也 **趯趯** 他歷反 **蝜** 音負字或作負○攷證云邢本作負注疏校勘記云草螽負蠜唐石經雪牕本同釋文蝜音負字或作負匡名十五云詩正義四之一左傳正義十二又二引皆作負案說文無蝜字箋曰此陸氏所見郭本爾雅四之字從虫作蝜也詩草蟲釋文引草木疏作負蠜故于此云字或作負即唐石經邢昺所本者不必以說文為說 **嚶嚶** 於遥反 **蜤** 本又作蟴詩作斯同音私支反○十三經音略十一云蜤本又作蟴音私支翻音斯匡名十五云案說文無蟴蜥乃蜥易亦非此義當依詩作斯豳風七月詩正義引爾

雅亦作斯斯析義同音近故又作析後人又增虫耳箋曰詩螽斯釋文云斯斯爾雅作蜤音同則爾雅本作蜤可知也七月正義引作斯者依詩正文作此正義之例如是嚴說似疏

⿱松虫 字亦作蜙字林先凶反郭先工反說文思弓反○十三經音略十一云⿱松虫字亦作蜙字林先凶翻音嵩郭先工翻上同說文思弓翻上同箋曰此釋文東鍾相混也詳詩螽斯案工在東韵一等見紐弓在三等今俗讀無別此時已然也

蝑 相魚反郭才與反字林先呂反說文云蚣蝑以股鳴○十三經音略十一云蝑相魚翻音胥郭才與翻音咀詩釋文云許慎呂忱並先呂翻胥上聲箋曰詩螽斯釋文云蝑粟居反許慎呂忱並先呂反郭璞才與反粟居即此相魚詳彼

蚣 本亦作蝑同烏公反字林云蟲在牛馬皮者說文云蚣或蜙蝑字者息忠反○十三經音略十一云蚣說文息忠翻案今本說文息恭翻與此不同可見唐以前說文已自有翻切但不知何人所添也孜證云此音注也邢本亦作蜙舊引字林脫馬字任氏大椿所作字林考逸有之校勘記云字林云蟲在牛皮者說文云蚣或蜙字葉本者作坤蒼中字之誤或中者二字當並有又說文下無云字蚣下有為字今本誤當據正盧本依字林考逸牛下補馬字校語錄云任輯字林牛下有馬字箋曰臧校刪云字蚣下增為字江校王校同即依葉本似校諸本為長按說文虫部蜙蟲在牛馬皮者字林多本說

文則牛下有馬字者是也今從之又按蝑與蚣蜙之音義並異字林考逸云考說文玉篇俱云蜙蝑以股鳴者蚣為蜙之省文即螽斯也其在牛馬皮者則蝑也釋文所引字林乃專釋蝑字耳任說是也陸引字林及說文實以證本亦作蝑者與此經郭注蚣蜙不同若周春所云者今鉉本反切依唐韻鍇本朱翺所作諸書所存自是舊音今鉉音息恭切與釋文所引息忠反字異音同鍾東不分也周春于上蚣字云字林先凶翻音嵩郭先工翻同上說文思弓翻同上先凶即鉉音息恭也何以于彼云同于此云不同乎

蜙 寸東反字林云蝑蜙似蟒○校語錄云寸東反寸當作才集韻收徂聰切可證○箋曰廣韻七恭切蜙蝑蜙小蜂生牛馬皮中也集韻七恭切蜙蟲名蟵蝑也寸七並屬清紐釋文東鍾不分則各本作寸東反亦可法說雖是未敢輒改

舂黍 傷容反本或作⿰虫舂⿰虫黍○攷證云邢本作⿰虫舂⿰虫黍注疏校勘記云俗呼⿰虫舂⿰虫黍雪牕本注疏本同疏云一名⿰虫舂⿰虫黍注疏校釋文云云按詩螽斯正義云舍人曰今所謂舂黍也陸機疏云幽州人謂之舂箕舂箕即舂黍釋文曰楊雄許慎皆云舂黍然則舂黍二字本無虫旁當從陸本箋曰廣雅釋蟲蚣蝑蠢螽也是魏時已有從虫之⿰虫舂⿰虫黍故陸云本或作⿰虫舂⿰虫黍則邢本作⿰虫舂⿰虫黍未可厚非

蟿 音棄字林口地反○十三經音略十一云蟿音棄字林口地翻音同不必重出箋曰此直音與反語並出

之例周說似疏

螇音奚**蚸**或作蛈郭音歷孫音昔○匡名十五云蚸石經作蝷廣韻二十三錫引作蝷五經文字云蚸他各反又音歷見爾雅寀序隸省作㡿或作厈又作斥說文無蝷字校語錄云或作蛈郭音歷並未詳疑字本不從斥也孫音昔亦不切箋曰廣韻二十三錫郎擊切蝷爾雅曰蟿螽螇蝷亦作蚸正本郭音而字從斥也又二十二昔昌石切㡿說文從广屰斥上同故孫音昔法氏疑之且云字本不從斥俱無碻證故不之從

蠰音壤孫音囊字又作蠰又思諒反或式尚反○十三經音略十一云蠰音壤孫音囊又思諒翻相聲去或式尚翻商聲去攷證云舊字又作蠰下衍一誤字寀襄本作襃非誤也刪之校勘記云字又作蠰誤葉本蠰作蠰與正文同當有一誤者盧本刪誤字匡名十五云寀襄本作襃從衣毀聲何得反以篆文為誤手盧本刪誤字校語錄云盧校刪誤字箋曰臧校改蠰為蠰致正文與注無別即誤依葉本也此乃隸篆之形略異故陸云字又作蠰通志堂本蠰下原衍誤字今依盧校刪

谿苦兮反孫音奚○十三經音略十一云谿苦兮翻溪音孫音奚

蛛字又作虴竹宅反語幼云虴虴蜢也善跳蜢音猛

螼羌引反

蚓音引郭餘忍反說文以為螾字同○十三經音略十一云蚓音引郭餘忍翻即引音校語錄云音引與餘忍反同箋曰此直音與反語並出之例也陸氏以郭璞

用字有異故俱錄之

蠒 苦顯反

蚕 他典反乚攷證云蚕毛本注疏譌作蠶宋本官本皆不誤注疏校勘記云蠸蚓蠒蚕唐石經單疏本雪牎本注疏本同毛本蚕改蠶蓋因蠶字俗省作蚕因誤改此蚕為蠶也箋曰蠶蠺之蠶陸氏于下文云祖南反與此蚕音義並異作蠶者實譌

蜎 於阮反

蟺 音善廣雅云蜎蟺蚯蚓也

⿰虫寒 音寒字又作寒○攷證云邢本作寒

蚓 郭許謹反殷仲堪許偃反○十三經音略十一云注⿰虫寒蚓之蚓郭許謹翻欣上聲吻韻殷仲堪許偃翻軒上聲阮韻兩音未詳校語錄云許謹反許偃反二切廣韻作⿰虫憲箋曰廣韻十九隱休謹切⿰虫憲蚯蚓也吳楚呼為寒⿰虫憲休謹即此許謹然則郭殷二讀乃方音雙聲之異耳

莫 本或作蟇同武博反○十三經音略十一云莫本或作蟇同武博翻微明輕重交互出切音莫匡名十五云案莫貈連文貈從豸故莫亦從豸俗又增虫耳

貈 本又作貉孫户各反下同○十三經音略十一云貈孫户各翻音鶴箋曰詩伐檀釋文云貉子户各反依字作貈詳彼釋文

螳蜋 說文云名斫父○攷證云磄蜋邢本磄作螳蚚字舊譌斫今據本書改注疏校勘記云莫貈蟷蜋蛑雪牎本注疏本同誤也釋文唐石經單疏本蟷作螳當據以訂正說文作堂蜋校勘記云斫父葉本同盧本依今說文改蚚父匡名十五云磄石經單疏本作螳雪牎本作蟷案磄譌字盧學士校刊釋

文從石經改爲螳螳係虫部新附字校語錄云斫父蠰斫說文作斲陸據本作斫若作斲不容無音箋曰上文不過蟷蠰注云蟷蠰螳蜋別名則此螳作䃴者誤字作蟷者通用字也若注文斫字說文蜋字段注云斫各本作斲今依爾雅音義正堂蜋臂有斧能斫故曰斫父郭云江東呼爲石蜋石即斫今江東呼斫郎段氏正依此改今本說文之誤且以江東呼斫郎爲證則盧文弨依誤本說文以改此不誤之字非也孫校改斫爲斲與盧誤同

蛑郭音牟字林云蝗蜋也又亡牢反○十三經音略十一云蛑郭音牟字林又亡牢翻微明輕重交互出切音茅箋曰廣韻茅在五肴爲二等牢在六豪爲一等此亡牢反蝥讀如莫袍切之毛周春誤合肴豪爲一矣

斧音甫

虰音丁

蛵虛形反○十三經音略十一云蛵虛形翻音馨五經文字火丁翻同

蟧力刀反本今作蟧○孜證云邢本作蟧說文蛵丁蛵負蟧也則從虫非注疏校勘記云虰蛵負蟧唐石經單疏本雪牕本同釋文云云匡名十五云蟧俗字石經單疏本及廣韻卄五集韻卄五類篇卄三引皆作蟧與說文合箋曰此亦陸氏所見郭本爾雅之字從虫作蟧也以其時又有作勞不從虫者故云本今作勞即唐石經邢昺及廣韻諸書所本無是非可言盧文弨嚴元照皆拘于說文之字爲言耳

青本今作蜻○注疏校勘記云即蜻蛉也雪牕本注疏本同

釋文青本今作蜻按郭注當本作青蛉高誘注淮南齊俗篇云蟌青蛉也箋曰陸氏所見郭注作青蛉與淮南高注之字同陸云本今作蜻與方言說文廣雅諸書作蜻蛉之字同

蛉 力丁反字林云蜻蛉一名桑根

狐 音乎

蜭 戶感反

蛓 七志反說文云毛蟲也讀若笥案今俗呼為毛蛓有毒螫人楚辭云蛓緣兮我裳

螵 字又作蟔亡北反○十三經音略十一云螵又作蟔亡北翻微明輕重交互出切音墨匡名十五云玉篇二十五引作蟔案說文云蛅蛅斯逗墨也螵蟔皆不見於說文箋曰說文土部墨書墨也則蛅字說解之墨為聲借從虫作蟔者為後出專字螵又蟔之省陸所見郭本爾雅如是故陸云螵字又作蟔不及說文也

蛅 字或作蚺而占反○匡名十五云案蚺蛇名非此義箋曰蚺一字為蛇名此經蛅蟴二字聯語為蟔之一名乃蛓屬蛅或作蚺者以同音通用廣韵汝鹽切並有蛅蚺二字可證不得以蚺字形同而混為一嚴說失之

蟴 音斯

螫 式亦反螫猶蠚也蠚火各反字林云行毒蟲也○攷證云螫說文作螫此改赤作亦譌上下並同校語錄引盧說箋曰廣韵二十二昔施隻切螫蟲行毒亦作螫則螫作螫非譌螫從赦聲赦從赤亦聲而赤亦二字並在昔韵謂螫螫為異體字可也按詩谷風釋文云毒螫矢石反何呼洛反矢石即此式亦呼洛即此火各詳彼

蟠 音煩字或作蠜

○匡名十五云：案說文虫部蟠，鼠婦也，從虫番聲。又鼠部𪕱，鼠也，從鼠番聲，讀若樊，或曰鼠婦。

鼠負 本亦作蝜，又作婦，亦作蟠，音同。本草鼠負一名負蟠，一名伊威，一名委黍。陶注云：多在鼠坎中，鼠背負之。今作婦字，則似乖理。一名鼠姑。○攷證云：蝜舊作蟠，與下亦作蟠複，今校改。校勘記云：本亦作蟠，盧本蟠改蝜，云蟠與下亦作蟠複，則似乖理，則葉本誤。如匡名十五云：案蝜、蟠皆俗字，婦、負古通用。史記有武負高祖本紀、許負絳侯世家。如淳漢書注云：古謂老大母為阿負。小顏引列女傳魏曲沃負以為證。爾雅作負，說文作婦，古今字之異耳。陶宏景本草注云：多在鼠坎中，鼠背負之。陸氏據此，意謂取背負之義，必當作負，故曰今作婦字，則似乖理，其說甚俗。校語錄云：上蟠字盧改蝜，是。箋曰：本亦作蝜，蝜，通志堂本誤蟠。按廣韵房久切，蝜，蝂，蝜蟠，鼠婦。集韵蝜、蟠為一字，則此不當無蝜而複出蟠字，盧文弨改之是也。邵本亦改上蟠字為蝜，今依改。此經鼠負與下伊威委黍為二條，說文則為一者，師讀之異也。然說文委黍鼠婦皆為聲借字。陸氏于下蛜威委黍云：今爾雅本旁或並加虫。又于詩東山委黍云：委黍，鼠婦也，本或並作虫邊。則蝜為負之後出字，蟠為婦之後出字。而陶說與郭本之字義相合。陸云乖理者，以婦但為負之同音借字，猶史記以負為婦之借字也。

瓮 烏弄反。○攷證云：瓮，邢本作甕。箋曰：甕即瓮之異體。干祿字書去聲

瓮甕並正可證 **底** 丁禮反 **蟫** 郭音淫又徒南反〇十三經音略十一云蟫郭音淫又徒南翻音潭箋曰蟫說文鉉音余箴切故以郭音為首徒南反讀如覃從偏旁之音讀故云又 **蛃** 音丙 **䖸** 本又作蛾說文同我河反〇匡名十五云案說文蚰部䖸蠶化飛蟲從蚰我聲或從虫作䖸又虫部蛾羅也從虫我聲臣鉉等案爾雅蛾羅蠶蛾也蚰部已有䖸或䖸此重出元照案說文自有一文兩見而不可謂重出者況䖸蛾二文雖皆從我聲而一我在上一我在旁如恭供愚偶柔杼之類豈得强合為一乎此䖸羅字自當依說文作蛾至以此為蠶蛾實始郭注漢儒說此未必盡合於郭豈容據郭注而强合䖸蛾為一字邪箋曰說文以蛾篆列于蠶螘二篆間蛾即今之蟻字郭注釋此經䖸羅云蠶䖸許郭師讀不同者多此亦一例也陸云䖸本又作蛾即本郭注耳 **蠶** 祖南反下同〇攷證云蠶毛本注疏譌作蚕箋曰蚕乃蠶之俗體廣韵昨含切蠶吐絲蟲俗作蚕則蠶作蚕者正俗作也非譌 **翰** 胡旦反字林作螒同〇攷證云案今注疏作螒注疏校勘記云螒天雞唐石經單疏本雪牕本同釋文云云按文選江賦注引作翰天雞與陸本合釋蟲螒天雞釋鳥鶾天鷄字皆作翰唐石經作螒為依字林所改非也釋鳥釋文鶾本又作榦胡旦反榦即翰之訛說文翰天雞赤羽也從羽倝聲逸周書曰文翰

若彙雉此其證釋文當云翰本又作鶾今本出後人移改因文在釋蟲故從虫文在釋鳥故從鳥也校勘記云此本林字剜改當本作字亦作螒如釋鳥鶾本亦作翰可證匡名十五云五經文字作螒詩正義一八之引亦作螒案說文虫部無螒字此蟲鳥同名者後人因是蟲名故改從虫耳箋曰釋鳥釋文云鶾本又作榦阮謂榦即翰之譌是也翰為說文本字鶾為翰異文陸見郭本爾雅如是故云本亦作翰如說文也此篇為蟲名陸見郭本爾雅作翰為聲借因舉字林之螒以廣異聞云字林作螒同故廣韵㢋旰切亦作螒注云螒天雞爾雅注云云正本此亦依字林也任大椿字林考逸即依此阮元謂林字剜改當本作字亦作螒別無他證今仍各本之舊未敢輒改

莎 蘇禾反

㮙 恥豬反廣雅云㮙鳩㮙雞也○孜證云舊鳩作鳴譌據本書改正校勘記云㮙鳴盧本據廣雅改作㮙鳩此作鳴誤校語錄云鳴盧改鳩是箋曰通志堂本鳩作鳴以形近致譌盧文弨改為鳩與廣雅釋蟲合是也邵本已改為㮙鳩今依正又尊經本豬作藸按藸與豬雖同在魚韵然藸非常見字陸氏于釋草且為藸字作音則此不得用為㮙之反語下字明矣今依各本所作

傅 音付

負版 字亦作蝂甫簡反○匡名十五云案蝂俗字校語錄云陸版簡不同部此用舊音而失檢也箋曰廣韵二十五潸布綰切蝂蝜蝂蟲即本此亦作按

廣韻簡在二十六産釋文則潛産不分猶全書刪山混用也法說非

強其良反說文云籀文作彊

蚚字林巨希反又下枚反郭胡輩反○十三經音略十一云蚚字林巨希翻音祈又下枚翻音回郭胡輩翻音繢去聲回箋曰蚚說文鍇音巨衣切則巨希反為蚚字本讀且強其良反強蚚雙聲故以字林之音為首下枚反即廣韻戶恢切胡輩反即廣韻胡對切然廣韻此二讀皆不載蓋別讀也

捋力活反

蛶本或作捋郭音劣又力活反○十三經音略十一云蛶本或作捋郭音劣又力活翻音捋匡名十五云釋文蛶本或作捋案捋古字通借箋曰蛶說文鍇音力輟切故以郭音為首廣韻在十七薛捋鍇音郎括切即此又力活反廣韻在十三末此乃薛末二韻來細合口相混今讀劣捋二音無別蓋六代時已然矣

螭失羊反字林之亦反○十三經音略十一云螭失羊翻音商字林之亦翻之字當為丁字之訛丁亦翻音嫡注疏校勘記云蛶螭何毛本同雪牕本元本閩本監本螭訛螭唐石經闕釋文云云五經文字云螭失羊反又之亦反按失羊反字作螭之亦反字作螭說文蛶商何也無螭二字匡名十五云案五經文字亦云螭失羊反又之亦反據失羊反字宜從商之亦反字宜從商涵而一之非也說文無螭字亦無螭字當作商說文云蛶商何也從虫寽聲校語錄云螭字林之亦反則字從商也箋曰之亦反即廣

韻二十二昔之石切集韻之石切蟎字林蟲名字林攷逸引此遷改爲蟎是也蓋晉時爾雅此字已有從商從啇二本呂忱所見者字從虫商聲故音之亦反陸氏所見郭本之字從虫商聲故陸以失羊反爲首音五經文字亦云又之亦反足見之亦二字不誤且亦在昔韻無舌頭音周春謂之爲丁字之誤非也說文蝪字說解蟎作商爲聲借郭本爾雅作蟎爲後出專字字林作蟎爲别本阮元嚴元照皆拘于說文無蟎蟎二字爲說而嚴以此二音爲溷以非陸氏不知釋文之例次音以廣異聞因音可以攷其字實未溷也

何　本或作蚵音河○匡名十五云案蚵俗字箋曰此亦嚴元照拘于說文無蚵而蚵字說解作何不作蚵爲言也

螝　郭音龜字林音潰施音愧○十三經音略十一云螝郭音龜字林音潰本說文讀若潰施音愧箋曰螝說文鉉音胡罪切即字林音潰之上聲施乾音愧即郭音龜之去聲廣韻居追切螝爾雅云蠶蛹即本此首音

蛹　音勇

蜆　下顯反字林下研反孫音俔案俔字下顯苦見二反○十三經音略十一云蜆下顯翻賢聲上字林下研翻賢聲去孫音俔釋文云案俔字下顯見上苦見即音俔聲去聲二翻箋曰蜆說文鉉音胡典切胡典即此下顯故爲首音集韻形甸切蜆蟲名縊女也即本字林廣韻苦甸切蜆爾雅云蜆縊女即本孫讀

縊　一賜反一音翳○校語錄云一音翳是反是反二字疑衍箋曰各本並作翳是

反按是在上聲紙韵廣韵於綺切集韵隱綺切俱無縊字而廣韵十二霽於計切縊自縊於計正讀如翳則法校謂是反二字衍是也今據删一賜反即説文鉉音於賜切故爲首音讀如翳爲寘霽相混故云一音一音即或音謂或有作此音者

憙許記反本今作喜○攷證云憙邢本作喜箋曰説文五篇喜樂也鉉音虚里切憙説也從心喜喜亦聲鉉音許記切段注云古有通用喜者如封禪書天子心獨喜其事按郭注云喜自經死故曰縊女此讀許記反即爲憙悦之憙以其時又有通用喜如封禪書者故云本今作喜即邢昺所本

經古刑反

蚍音毗

蜉音浮

螘魚綺反本亦作蟻俗作蟻字音同案説文蟻羅也蟻或作義蛾蠶化飛蛾也並非螘字○攷證云案今本説文虫部蟻字作蛾蚰部又有䖸字云蠶化飛蟲又從虫作䖸徐鉉於蛾字下云蚰部已有䖸此重出今此所引作蟻不重出也然今説文蛾羅之訓與爾雅蛾羅正相合古蛾蟻二字多通用蛾可爲蟻蟻亦可爲蛾也今仍舊本不改然疑案説文云云似亦校者駁正之語匡名十五云案説文螘蚍蜉也從虫豈聲螘與蛾音同故經典或以蛾代螘其從義者又蛾之俗説文訓羅者作蛾在虫部訓蠶化飛蟲者作䖸或作䖸在蚰部陸氏所引説文多不足據校語録云此引説文與今本不同或作義句亦未確義殆蛾䖸之譌今説文無蟻箋曰

惠棟校云今說文蛾羅也此徐鉉據爾雅改而不知說文蚰部另有蝅字虫部蟻羅也蚰部𧖍蠶化飛蛾或作蝅今說文飛蛾作蟲今案此爲經文蚍蜉大螘之螘作音訓也禮記學記蛾子時術之鄭注云蛾蚍蜉也楚辭招魂王注云小者爲蟻大者爲蚍蜉益漢人多以蛾蟻爲螘字故陸云螘本亦作蛾俗作蟻字音同然說文蛾蝅與螘不爲一字故引說文云云而總之曰並非螘字以見典籍用字與說文異也惟此蟻或作義之義當作蛾部本正作蛾蛾蠶化飛蛾也二蛾字當作𧖍因形相似傳鈔者誤寫盧文弨遂謂說文云云爲校者之語嚴元照更謂陸氏所引說文多不足據皆誤說也說文蛾字段注云蛾是正字蟻是或體爾雅螘字本或作蛾益古因二字雙聲通用段說賢于盧嚴矣嚴謂螘與蛾音同亦非螘蛾二字但爲雙聲耳

蛘以文反郭云齊人呼蟻也字林云北燕人謂蚍蜉曰蟻蛘

蠪謝音聾郭音龍○十三經音略十一云蠪謝音聾東韵郭音龍⿰龍冬箋曰廣韵龍在三鍾不在二冬此周春依後世韵書合冬鍾爲一而言也釋文東鍾或不分郭音正東鍾來紐相混

朾本又作虰郭唐耕反孫丈耕反字林音丁○十三經音略十一云朾本又作虰郭唐耕翻定澄隔標出切音橙孫丈耕翻本毋出切亦音橙字林音丁中莖翻與伐木丁丁之丁同匡名十五云案說文云蠪丁螘也虫部無虰字校語錄云文耕與唐耕同孫用音

和郭類隔也箋曰廣韻宅耕切打爾雅曰蠪打螘虰上同即本釋文經文作打陸所見郭本如是說文蠪字說解作丁爲聲借字林音丁則呂忱所見之爾雅亦不與說文同也嚴元照所說實拘孜證云說文蠪下注本作蠪丁螘也蠪丁二字爲句俗本乃删去注中蠪字而以丁螘爲句大誤邢疏亦沿誤本玉篇虰字注云蠪虰也蠪字注云蠪虰蟲也可證箋曰邢疏云其大而赤色斑駁者名蠪一名打螘邢昺實誤以打螘爲句若說文各本作蠪丁螘也說文有連篆讀之例而盧文弨以今本說文有誤殆未審說文之例矣

駮 布角反〇孜證云駮邢本作駁是箋曰釋木釋文云駮字亦作駁邦角反益二字同音典籍通用無是非可言

螱 於貴反說文字林從蚰〇十三經音略十一云螱於貴翻音畏說文字林從䖵玉篇作螱孜證云說文字林從蚰此必譌誤疑說文字從尉衍林字校勘記云按蚰爲䖵字之訛說詳注疏校勘記注疏校勘記云螱飛螘唐石經單疏本雪牕本同釋文螱於貴反說文字林從蚰五經文字螱於貴反爾雅又作螱按釋文蚰爲䖵之訛謂說文字林皆從䖵作螱爾雅則從虫作螱也唐石經今本依字書改螱非今說文無螱螱字玉篇螱飛螘也匡名十五云盧學士曰此語有譌脱臧氏鏞堂曰蚰當是䖵字之譌校語録云蚰乃䖵之譌盧校殊誤箋曰通志堂本䖵誤蚰江校改爲䖵與周春阮元臧鏞堂

法偉堂所說並同是也段玉裁說文注桂馥說文義證並于蚰部末據此補蠿字則亦以蚰為蚰之譌今依正惟盧文弨所說不可從

翅矢豉反又吉豉反○箋曰矢豉反即說文鉉音施智切為翅字本讀故為首音吉豉反則讀作廣韻居企切之翨是鳥翮說文翨鳥之彊羽猛者亦即翅也故云又

蚳直其反

蜃市軫反

醬子亮反

蠹本或作蝵郭音秋○匡名十五云釋文蠹本或作蝵類篇三十中蠹亦作蟗案此三字皆不見於說文邵氏正義謂次蠹即說文之蠿蝥未知是否箋曰說文蚰部蠿字段注云釋蟲次蠹鼅鼄鼅鼄鼄蝥按次蠹即許之蠿蝥鼄蝥即許之鼄蝥也次古音同漆故與蠿音近蠹縛牟切故與蝥音近爾雅字譌蠹而釋文云或作蝵郭音秋蝵誤甚矣或曰蠹從出聲即郭注之蝃字集韻之蚰字爾雅之次蠹即許之蠿字是說近之然陸氏音義未能言之也按段說是也廣雅釋蟲蛛蝥條下王氏疏證引爾雅次蠹云云其字從缶不從出阮元注疏校勘記云次蠹按經文蠹字於六書皆不合出非諧聲也以諧聲求之當是作蠹從蚰橐聲也與說文蚍蠹同字次蠹在說文則作蠿蝥古音相同也次古音讀如漆阮說正本段氏前說今蠹字作蠹省蚰為虫缶又譌為出耳

鼅音知說文作鼅云或作蜘○攷證云舊正文作鼅則不當云說文作鼅據官本經文作鼅今從之校

語錄云盧改正文作鼅是箋曰通志堂本正文作鼅與注文說文作鼅之鼅相複江校改注文作鼅然與說文不符說文鼅從

鼅智省聲則盧改正文作鼅是也部本正文亦作鼅今依正 鼄 音誅說文云或作蛛 蝥 音謀又音無說文作蟊音

茅云蠿蟊作網蛛蟊也以此亦為蟊蝥字○匡名十五云案說文虫部蝥盤蝥也從虫敄聲又蟲部蟊蟲食艸根者從蟲象其

形吏抵冒取民財則生或作蝥從敄箋曰說文虫部之蝥鉉音莫交切蟲部之蟊蝥古文作蛑鉉音莫浮切蚰部之蟊鉉音莫

交切莫浮即此首音謀蓋陸氏依蟲部蝥字本音讀之非虫部蝥蝥之蝥也又音無為雙聲相轉廣韻武夫切蝥爾雅云鼅鼄

鼄蝥即本此又音莫交即此音茅蟊字本讀也說文蟊字段注云與蚰部蠿蟊字從蚰矛聲不同今人則盡假蟊為之矣按段

說即陸云以此亦為蟊蝥字也又按此注文蠿字各本俱作㡭攷說文蚰部蠿蠿蟊作网鼄蟊也從蚰㡭聲㡭古文絕字說文

繼字說解云反㡭為㡭則作㡭非今正 蝃 或作蚰音章悅反 棳 章悅反本或作掇拾字非○攷證云翻刻

宋本及郎本鍾本皆於郭注末本有音掇二字故陸作大字而加音其云本或作掇拾非謂郭本無拾字也若作音掇拾則當

音丁活反矣校勘記云掇本或作掇拾字非按正文掇字當從木作棳陸以從手為掇拾之掇者非校語錄云掇疑當作棳若從

手則不得音章悅反矣盧校殆非箋曰各本正文掇作掇從手江校改爲棳從木案釋宮釋文棳之劣反本或作梲同論語公冶長釋文梲本又作棳章悅反廣韻職悅切有梲而無從手之掇則正文當從木作棳蓋陸以從手者讀丁活反故云非也今依正

蠭本又作螽匹凶反字又作蜂說文云古螽字字林云飛蟲螫人者○匡名十五云案說文䖵部蠭飛蟲螫人者從䖵逢聲古文省夆作螽經典或作蜂又螽之省校語錄云依說文當改爲本又作蜂匹凶反字又作螽說文云古蠭字箋曰禮記內則釋文云螽本又作蜂芳凶反又中庸釋文云蜂芳封反字亦作蠭此云本又作螽謂如內則也字又作蜂謂如中庸也說文螽爲蠭之古文故云說文云古螽字不必如法氏所校然蜂爲俗作左傳僖二十二年釋文云古蠭芳容反本又作螽俗作蜂皆同可證

蟺音墠又示延反蓋方言也郭音憚徒旦反○攷證云舊本單注有音墠二字與釋文合箋曰蟺墠同音並讀如廣韻常演切之善示延反即常演之平聲皆依蟺字讀此經郭注云今荆巴間呼爲蟺音墠故陸謂音墠及示延反爲方言也郭注音憚懼之憚故云徒旦反即廣韻之徒案切也

蟦扶味反又扶云反○箋曰廣韻八未扶沸切蟦蠐螬蟲也即本此首音扶云反則讀如廣韻符分切之汾故云又讀

蠐本又作齊祖西反○十三經音略十一云蠐本又作齏祖

西翻音齊匡名十五云釋文云蠐本又作齊案說文作齏箋曰詩碩人釋文云齏本亦作蠐又作齊同音齊益作齊者為聲借廣雅釋蟲蟦蠀蠐螬也疏證云名醫別錄云一名蜸齊一名敦齊蜸齊與蟦蠐通聲轉而為敦耳按王說是也周春逕改齊為齏嚴元照以說文作齏為說俱非

螬音曹

蝤組秋反

蝎音曷

蛜音伊本今作伊○攷證云詩豳風正義引作伊校勘記云此當作蛜本今作蛜葉本伊誤尹注疏校勘記云蛜威委黍唐石經同五經文字蛜見爾雅詩風作伊雪蟌本蛜音伊經作伊威非釋文云云當為蛜音伊本今作蛜注疏本作蛜威蟠鼠負疏引此經同乃並合詩爾雅字為之非也說文蛜蛜威委黍從虫伊省聲箋曰詩東山釋文云伊威並如字或傍加虫者後人增耳委黍並如字本或並作虫邊陸氏于此經威委黍下云今爾雅本旁或並加虫並如字可見威委黍三字並加虫者即與陸氏所見郭本爾雅之字作蛜同亦即東山所云後人增虫耳此云本今作伊即與下威委黍及東山之字俱無虫也阮元見說文作蛜欲改此以符說文非也臧校改作伊之伊為尹即墨守葉本實誤

威委黍今爾雅本旁或並加虫並如字

蝜音婦

蟰詩作蠨同悉彫反或音肅○攷證云石經宋本鍾本鄭注本一切經音義二十五並作蠨陸既云詩作蠨可知爾雅不作蠨矣今本從艸誤匡名十

五云詩正義八之二引爾雅亦作蠨蛸說文蟰蟰蛸長股者從虫肅聲無蠨箋曰詩東山釋文云蠨音蕭說文作蟰音夙此悉彫反即讀如蕭音肅即東山音夙益古今字形字音之轉變也互詳東山

蛸所交反說文云蠨蛸長股者

踦郭云音崎嶇之崎祛宜反字林巨綺反或居綺反廣雅云踦脛也字從足虫旁作者非○十三經音略十一云踦起宜溪母其宜羣母居綺見母巨綺羣母四翻郭音崎嶇之崎欽宜翻即起宜翻校語錄云秩宜反秩不知何字之譌釋畜云郭去宜反則秩乃祛形近之譌經籍舊音辨證三云各本同作秩宜反承仕案崎嶇之崎應作起宜反秩字疑爲祛之形譌別無顯證不能輒改黃侃箋識云崎嶇之崎有影溪羣三紐之音此秩竟未知何字之譌箋曰秩屬澄紐廣韻直離切集韻陳知切皆無踦字詩正月箋云阪田崎嶇墝埼之處釋文云崎起宜反廣韻去奇切崎崎嶇起去並屬溪紐法云秩乃祛之譌雖無顯證似較合理今依正周春云欽宜反欽秩形不相似不敢從

蛭郭豬秩反施徒結反○十三經音略十一云蛭郭豬秩翻音窒廣韻音質施徒結翻音垤鄭牒音箋曰豬秩反即廣韻五質陟栗切廣韻之日切有蛭與說文銍音同殆本唐韻然釋魚水蛭釋文云一音之逸反則六代已有讀如質者矣施乾徒結反在廣韻十六屑定紐讀如姪娣之姪鄭音牒則在三十怗定紐恐非

蝚如由反

國貉

户各反

蠁 許兩反說文云知聲蟲也司馬相如作蚼字〇攷證云舊引說文蚼字作幽今據本書改校勘記云司馬相如作幽字幽為蚼字之訛盧本已據說文改正校語錄云幽盧改蚼是箋曰蚼通志堂本作幽孫校改為蚼案說文虫部蠁從虫鄉聲蚼司馬相如說從向段注云鄉向聲同也郘本亦改幽為蚼今依正又許兩反尊經書院本許誤詐許屬曉紐詐屬莊紐詐實許字形近之譌

蛹 音勇

蠖 枉略反字林於郭反〇十三經音略十一云蠖枉略翻音近屋影母字林於郭翻同今通讀如護匣母非箋曰易繫辭釋文尺蠖紆縛反蟲名也徐又烏郭反周禮弓人釋文斥蠖枉縛反又於郭反枉略紆縛枉縛皆即廣韻憂縛切於郭烏郭即廣韻烏郭切讀如矆丹之矆此作音家藥鐸二韻相混周春謂音近屋非也

蚇 音尺易云尺蠖之屈以求伸也亦作尺〇校勘記云引易亦當作蚇蠖匡名十五云藝文類聚七九十一切經音義八十引作尺文選注七十引作蚸案易作尺蠖攷工記作斥蠖其從虫者皆俗作也據李善所引知爾雅舊本必有作斥者箋曰此亦陸氏所見郭本爾雅之字從虫作蚇也攷方言十一亦作蚇蠖與此正同作尺作斥俱為聲借若李善引爾雅作蚸以洞簫賦作蚸順當文也而嚴元照遂謂爾雅舊本必有作斥者此說恐非

蝍 子逸反又音即〇箋曰上文蝍蛆旋音即孫子逸反詳上

蠘

子六反字林云蜘蟵蚍螻

果本又作螺又作蝸同工火反○十三經音略十一云果本又作螺又作蝸同工火翻音果說文作𧓍匿名十五云案說文䖵部𧓍𧓍蠃蒲盧細要土蠭也從虫咼聲或從果作蜾今作果者又蜾之省校語錄云工大反大乃火之譌箋曰蝸孫校改為𧓍工火通志堂本盧本作工大孫改大為火是也工火反即說文鍇音古火切大實火之形近譌字故周春經引作火部本亦作火今依改案陸氏所見郭本爾雅作果蠃詩小雅小宛果作蜾故于此云本又作蜾又云又作蝸同者集韵古火切𧓍蟲名說文𧓍蠃蒲盧細膂土蠭也或從果亦作蝸可見有借蝸為蜾者故云又作蝸同孫改蝸為𧓍雖合于說文然非陸氏之意也不敢從

蠃魯果反○孜證云石經宋本鍾本並作蠃俗本注疏皆從虫非注疏校勘記云果蠃蒲盧唐石經單疏本正德本同石經考文提要引至善堂九經本亦作蠃雪牕本閩本監本毛本蠃改蠃按說文蠃蜾蠃也從虫蠃聲作蠃為俗字五經文字蠃魯果反見爾雅為勝於開成石經當本之釋文今釋文亦改蠃矣匿名十五云蠃俗字當作蠃說文䖵蠃𧓍蠃也箋曰古逸本亦作蠃與釋文石經及宋本並同但有二聲而無義實不堪說阮元謂今釋文作蠃為改易之字嚴元照謂蠃當作蠃俱本說文為言也盧文弨又以從虫作蠃者為非則拘于石經宋本作蠃也亦非

細要一遥

反本今作𦝫○攷證云宋本作𦝫注疏本作腰又下蠭字譌作蟲注疏校勘記云即細𦝫蠭也單疏本正德本同雪牕本閩本監本毛本𦝫作腰釋文云云箋曰廣韻於霄切要說文曰身中也象人要自臼之形今作腰腰見上注亦作𦝫𦝫腰𦝫為異體字皆要之後出分別文以別於讀於笑切要約之要也六代時身要之字又有作𦝫者故陸云本今作𦝫注疏本即依之耳

蠮於結反又於計反○箋曰方言十一蠭其小者謂之蠮螉蠮郭注音鯁噎即此首音所本讀如噎也於計反讀如翳依蠮字偏旁讀噎翳二音但為雙聲故云又

螉烏紅反廣雅云蠮螉土蜂也案今俗呼細𦝫小蜂為蠮螉在物中作房用土為隔非土蜂也

螟亡丁反

蛉力丁反

蟃音萬

蝎音曷

蛣去一反

蝠丘勿反○攷證云舊譌作厺勿反官本作五勿反亦誤校勘記云盧本厺改丘是也校語錄云厺盧改丘是箋曰通志堂本丘誤厺邵本盧本並作丘是也廣韻區勿切蝠蛣蝠蟲區丘同屬溪紐厺屬來紐五屬疑紐厺五皆丘字形近之譌

螢戶扃反本今作熒○攷證云邢本作熒校勘記云唐石經今本皆作熒丸此音戶扃反陸本當作熒字葢後人誤改為螢因復記云本今作熒也如有螢熒二本陸必無不以熒為正者此亦本今作某為後人所增之一證匡名十五云石經作熒案說文虫部無螢字箋

曰詩東山毛傳云燐螢火也釋文云螢惠丁反又禮記月令釋文云熒本又作螢即謂此也不得如嚴元照以說文無螢字為說陸氏以彼時又有作熒者故云本今作熒即唐石經邢昺所本耳阮元謂為後人所增則誤

炤音照○十三經音略十一云炤照同顏氏家訓云劉緩緩兄弟並為名器其父名照一生不為照字惟依爾雅火傍作名耳案炤與照同釋文音照非匡名十五云說文火部昭明也從火昭聲炤俗體箋曰詩白華釋文云炤音照禮記哀公問釋文炤察音照本亦作照又孔子閒居樂記釋文並同與此皆云炤音照者在陸時照為常見之字而其所據以作音義之本皆作炤德明意在曉俗猶尚書禹貢釋文總音揔之例也廣韻之少切照明也炤上同以照為正體以炤為或體而附于後釋文直音之例每以常見字音不常見字周春未審釋文之例以炤音照為非嚴元照從說文以炤為俗體俱失

肌居疑反

繼字又作蠿音計○匡名十五云案蠿俗字

蚅烏革反

蝎音烏本又作烏○攷證云邢本作烏匡名十五云石經單疏本作烏詩正義八之二又十八之四類篇十三中引皆作烏案說文無蝎字注疏校勘記云蚅烏蠋唐石經單疏本雪牕本同釋文云云案玉篇虫部蝎蝎蠋也箋曰廣韻哀都切蝎蚅蝎蠋蟲也大如指白色是篇韻之字並與陸氏所見郭本爾雅同蓋六代時固如是也陸云本

又作烏者御覽九百五十引孫炎曰蚅一名烏蠋又大雅韓奕毛傳云厄烏蠋釋文云烏蠋音蜀爾雅作蠋云云其字即作烏互詳彼石經單疏本即依之耳作烏者為聲借郭本作蝎為後出專字與說文無涉

蠋 音蜀說文云桑中蟲也郭云大蟲如指似蠶也

蠓 莫孔反下同

蠛 亡結反

蚋 人銳反字林人芮反又作蜹字同秦人謂蚊為蚋○箋曰人銳反即說文鋭音而銳切故為首音人芮反讀如蓺廣韻十七薛如芮切蚋蚊蚋又如銳切即本字林其云又如銳切即此首音也陸云又作蚋字同者夏小正白鳥也者謂蚊蚋也漢書枚乘傳譬猶蠅蚋之附羣牛顏注蚋蚊屬也其字並作蚋按說文虫部蜹秦晉謂之蜹楚謂之蚊從虫芮聲則作蚋者蜹之省耳

蛈 大結反字林音秩○十三經音略十一云蛈大結翻音迭字林音秩箋曰經文王蛈蝪郭注云即螲蟷按下文蝪字林音湯螲丁結反蟷丁郎反則蛈蝪與螲蟷俱為雙聲聯語而蛈與螲蝪與蟷皆為疊韻也結廣韻在十六屑秩在五質此足證質韻為屑韻之變

蝪 字林音湯或音蕩又音唐○箋曰廣韵吐郎切蝪蛈蝪蟲名即本字林所讀屬透紐音唐屬定紐音蕩即唐之上聲三讀微異

螲 丁結反

蟷 丁郎反

蟓 音象

繭 古典反

雔 市由反本今作雔○攷證云邢本作雔注疏校勘記云雔由樗繭唐石經雪牕

本同釋文云云匡名十五云廣韻十八尤亦作雔箋曰雔雔二字說文鉉音並市流切同音通用陸見郭本爾雅作雔而彼時又有作雔者故云本今作雔即唐石經廣韻邢昺所本者

樗耻余反　棘居力反　欒力丸反

蚢户剛反　蕭先條反

螒于據反○校語錄云于當作千箋曰螒說文鉉音章庶切廣韻章恕切螒蟲名爾雅云螒醜螸剖母背而生或作蠭則此于當作支照紐字也于屬爲紐自非法謂當作千千屬清紐亦未是

⿰缶虎呼暇反本今作罅○十三經音略十一云⿰缶虎本今作罅玉篇作⿰虫虖呼暇翻嚇去聲攷證云本今作罅注疏本作鏬譌宋本作罅與釋文合注疏校勘記云螒醜罅正德本同雪牕本閩本監本毛本鏬作罅唐石經作罅釋文⿰缶虎本今作罅段玉裁云後人訛爲從金也釋文當是本作罅匡名十五云玉篇部二土引作⿰土虖云本亦作罅石經及廣韻御九引皆作罅案說文缶部罅裂也從缶虖聲土部金部皆無從虖之字缶旁著虎乃譌體釋文音呼暇反非虎聲也陸氏不能辨校語錄云⿰缶虎當從虖今作罅亦誤箋曰說文土部⿰土虖也從土虖聲鉉音呼訝切故段注云與缶部之罅音義皆同嚴元照以說文土部無從虖之字蓋失檢耳此陸氏所見郭本爾雅作⿰缶虎從缶虎聲彼時又有作罅者從缶虖聲故云本今作罅虎聲虖聲古音同在魚虞模部嚴元照謂缶旁著虎乃譌體

陸氏不能辨實誤說也法偉堂謂錿當從虍但依說文為言也若通志堂本鏄作鎛段玉裁謂為後人訛寫從金是也鏄鎛以形近致誤故周春遝改從缶作鏄而盧文弨反以注疏本作鏄為誤徒見宋本作鏄遂為所惑耳 剖普口反 奮甫問反 迅音信又音峻 强其良反 捋力活反李孫云以口捋其翅郭云以脚自摩捋 蠭醜

螸李孫郭並闕讀而謝孚逢反施作螽音終案上有螽醜奮依謝為得螸亦作蝓羊朱反說文云垂腴○匡名十五云段氏說文訂曰說文螸螽醜螸垂腴也宋刊本葉氏趙氏影鈔本五音韻譜宋刊本及集韵三燭皆同毛刻初印本亦同後剜改作蠭以合爾雅案爾雅釋文謂施乾作螽施必有所受之又與說文合說文稱爾雅多與今本異未必蠭是而螽非也校語錄云羊朱反依腴字作音也字從欲聲讀當從之箋曰蠭古文作螽與螽形近易混故謝嶠本作蠭施乾本作螽此六代時之爾雅已有作蠭作螽二本陸氏依謝作陸說甚明確可信上文已有螽醜奮注好奮迅作聲邢疏蠭類好垂其腴以休息二義迥别是螸下作螽為誤段君過信宋本及集韵而未細審陸氏之言不可從 腴羊朱反 蠅餘仍反 扇如字說文作蝙云搖翼也音同○匡名十五云案說文虫部蝙蠅醜蝙搖翼從虫扇聲爾雅作扇省文 螟亡丁反蟲

食苗心者說文云蟲食穀葉者吏冥冥犯法即生螟

𧈪字又作蟘又作蚮同徒得反蟲食葉者說文云蟲食草葉者吏乞貸即生𧈪○十三經音略十一云蟘說文作𧈪字又作蟘又作蚮同徒得翻音特攷證云一切經音義七引作𧈪石經宋本鄭鍾本並作蟘皆與釋文注合邢本作蟘則蟘之譌體也注疏校勘記云食葉蟘注疏本同唐石經單疏本雪牕本蟘作蟘按釋文𧈪字又作蟘今本作蟘非校勘記云字又作蟘葉本蟘作蟘下引說文蟲食草葉者草為苗之誤匡名十五云石經單疏本雪牕本作蟘左傳正義三引亦作蟘藝文類聚百一引作螣元照案說文虫部蟘蟲食苗葉者吏乞貸則生蟘從虫貸貸亦聲詩曰去其螟蟘臣鉉等曰今俗作𧈪非是徒得切據此則明監本汲古閣本注疏作蟘正與說文合矣然毛詩小雅大田釋文云螣說文作蟘與今說文異反復覈之則陸所引為得之說文貝部貸施也從貝代聲他代切又貣從人求物也從貝弋聲他得切是乞貸之貸本當為貣凡說文所云從某某亦聲皆形聲而兼會意此字既取義乞貣則當從貣無疑今本從貸實係傳譌且徒得反非貸聲也校語錄云詩大田音義云𧈪說文作蟘則此引說文當作即生蟘今作𧈪則與乞貸不相應段氏改今本說文蟘為蟘箋曰說文段注云各本篆作蟘貣作貸今正乞貣皆求也貝部曰貣從人求物也今按代從弋聲則此經蟘作蟘不可指為非

陸云又作蚮同之蚮即蟘之省釋文正文作蚮即蟘之省陸氏並載之不以或者為非是也小雅大田作螣為雙聲借字詳彼臧校改字又作蟘之蟘為蚮即誤依葉本江校改草葉為苗葉與詩毛傳及說文合是也經文云食苗心螟食葉蟘即謂食苗葉曰蟘也與草無涉校勘記是

蠈音賊本今作賊○攷證云邢本作賊注疏校勘記云食節賊唐石經雪牕本同釋文云云按玉篇蠈音賊食禾節蟲與陸本合今本蓋據毛詩改匡名十五云詩正義十八之二左傳正義三又五又十二三十七引皆作賊案說文虫部無蠈字箋曰此陸氏所見郭本爾雅之字作蠈也以其時又有作賊者故云本今作賊即詩正義左傳正義此書唐石經邢昺所本者

蟊亡侯反本亦作蛑說文作蟊蛑古蟊字云吏抵冒取民則生蟊也字林蟊音亡牛反○十三經音略十一云蟊左傳作蝥詩釋文一作蛑箋曰陸氏于上文云蝥音謀說文作蟊云云詳上

豸丈爾反無足者說文云獸長脊行豸豸欲有所伺殺也○十三經音略十一云豸丈爾翻音雉周禮釋文直抵翻同史記正義云蛾魚起翻音蟻又直氏翻音豸是豸字可通作蛾校勘記云欲有所伺殺也說文伺作司古字箋曰江校改伺為司即依今本說文用古字廣韻豸爾並在四紙雉在五旨周春云文爾反音雉依後世韻書合紙旨為一而言也說文行豸豸然此删然字

釋魚第十六

字又作魚說文云魚水蟲也○匡名十六云案說文下十一魚水蟲也象形魚尾與燕尾相似箋曰魚篆隸之異此魚之尾與篆文相同其餘亦隸變也

鱣張連反即黃魚也

鱏音尋又音淫字林云長鼻魚也重千斤○校勘記云葉本鼻作皐箋曰臧校書皐于鼻旁即依葉本也按皐為鼻之俗體又按音尋即廣韻徐林切屬邪紐音淫即廣韻餘針切屬喻紐邪喻並為濁聲之摩擦猶攷工記桃氏之鐔戚音淫徐劉音尋也今俗讀覃姓如昨淫切正從邪之混

頷戶感反

行戶郎反

鰋音偃白魚

頟魚格反本今作額○攷證云邢本作額箋曰說文頁部頟額也段注云今隸作額按段說是也廣韻五陌切額釋名曰額鄂也有垠鄂也說文作頟額也許書本李斯小篆郭本爾雅與之同漢後隸書盛行劉成國作額故陸時又有作額者邢咢即本之

鮎郭奴謙反舍人本無此字○攷證云案詩正義引孫炎曰鰋名鮎又見邢疏則孫炎本亦有此字匡名十六云案說文鮎鰋也詩魚麗傳鰋鮎也正義曰孫炎以為鰋鮎一魚鱧鯇一魚又潛箋鰋鮎也箋曰陸氏但云舍人本無此字恐眾家本俱與郭本同

鯷音提字林云青州人呼鮎鯷

鮧大兮反說文云大鮎也陶弘景云今

人並呼慈○攷證云案說文作鮷不作鮧校語錄云鮧盧云說文作鮷不作鮧鮧與慈聲不近慈疑誤箋曰說文鮷字段注云此字詩爾雅釋文廣韻作鮧從夷以夷弟篆體易譌也鮷鯷鮷三形一字同大兮反而鮧則別一字別一音不當合而一之今按詩小雅魚麗釋文云鮎江東呼鮎為鮧鮧音啼又在私反魚麗及此字並作鮧段謂夷弟篆體易譌是也大兮即讀如啼亦即說文鉉音杜兮切故並為首音在私反即讀如慈乃方音俗讀也啼屬定紐慈屬從紐定從同為濁聲之塞擦發音方法同位同雙聲也法偉堂疑慈字誤非也名醫別錄陶注云鮧即鯷也今人皆呼慈音即陸氏所引者

鱧 音禮字或作鱺又作蟸同廣雅云鱺鰑鮦也本草作蟸云一名鮦魚陶注云今皆作鱧字舊言是公蠣蛇所變今亦有相生者○匡名十六云釋文云云案說文鱧鱯也從魚豊聲又鱺魚名從魚麗聲二字不同或以鱺音相近故通用耳蟸當是蠡字之譌蓋⿰魚蠡字之省說文⿰魚蠡鮦也郭注訓鱧為鮦故鱧又作⿰魚蠡爾箋曰郭注訓鱧為鮦廣雅釋魚云鱺鮦也故陸云字或作鱺本草作蟸云一名鮦魚故陸云又作蟸同嚴元照徒依說文為說非陸意也其謂蟸字為蠡之譌實非蟸為蠡之省

鮦 大勇反

鯇 華板反郭胡本反字林下短反○十三經音略十一云鯇華版翻還上聲郭戶本翻音混字林下短翻音緩箋曰鯇說文鉉音

戶版切華板即戶板故陸以為首音郭注訓鯇云今鯶魚故云郭胡本反即讀為廣韵胡本切之鯶說文鯇字段注云鯇鯶古今字今人曰鯶子讀如混戶版切舊音也又胡本切今音也音轉而形改為鯶矣今按字林下短反則讀為廣韵胡管切之鰀魚名華板胡本下短皆一聲之轉

鯶 胡本反又下短反一本作故本反○攷證云案鯶即鯇也鯇郭胡本反作鯶郭亦胡本反可知一本作故本反此後人校釋文之言六字非陸氏語宋郭注鯶作鱓疑與釋文下短反之音相合校勘記云一本作故本反此六字亦後人校語注疏校勘記云今鯶魚似鱒而大單疏本雪牕本同釋文鯶胡本反此本鯶訛鱓今訂正按此云鯶魚似鱒下鮅鱒注云似鯶子可互證箋曰古逸本郭注亦作鯶與單疏本雪牕本同且廣韵胡管切集韵戶管俱無從單之鱓而集韵戶管切云鰀魚名或作鯇鯶尤為又下短反之明證鱓乃今之黃鱔讀常演切盧文弨謂鱓與下短反之音相合實妄說也其與阮元謂末六字為後人校語亦非集韵古本切鯶魚名似蹲蹲即鱒之訛正本郭注陸云一本作故本反者謂郭氏爾雅音義之一本胡本作故本耳釋文無後人校語廁其間盧阮之說不可為據

鱒 才損反

鯊 本又作魦音沙詩云魚麗于罶鱨鯊○匡名十六云案說文魦魚名出樂浪潘國從魚沙省聲箋曰詩魚麗釋文云鯊音沙字亦作

魦此云本又作魦正與彼同按說文魦字段注云詩小雅有鯊則為中夏之魚非遠方外國之魚明甚如段說則嚴元照牽混說文以釋爾雅非也

鮀 徒河反

鯝 祖秋反〇十三經音略十一云鯝祖秋翻音囚箋曰囚說文鉉音似由屬邪紐徂屬從紐此亦釋文從邪相混也

鰦 音茲

鯈 音條本亦作鮋又音由又直留反又音酬〇十三經音略十一云鯈音條本亦作鮋又音由說文直留翻音酬釋文又音酬重出箋曰詩周頌潛箋云鯈白鯈也釋文鯈音條此經郭注云即白鯈魚江東呼為鮂此鯈即詩箋鯈字故陸以音條為首典籍又有作鮋者故云本亦作鮋其字從魚由聲故又音由莊子秋水釋文云鯈魚徐音條說文直留反李音由白魚也引此經及郭注則此又鯈音由本李軌讀又直留反本說文舊音也今本鉉音直由切直由即直留讀如廣韻直由切之儔屬澄紐又音酬讀如廣韻市流切之讎屬禪紐釋文神禪不分神屬澄並是濁聲之塞擦僅舌齒與舌上之微異故今人讀儔讎無殊而周春以又音酬因上有直流反為重出未審直留反與音酬之聲紐本異也其云直留反音酬亦與聲紐不合當云音儔

鰼 音習〇攷證云舊本無鰼字音據毛注疏本補箋曰通志堂本雖無此三字然鰼非常見字鰼為經文陸氏必為之作音鰼說文鉉音似入切山海經北山經之首鰼魚郭注音褶之褶此

經注疏本所附音各本並有鰼音習三字則盧文弨所補是也今依補

鰌音秋郭云泥鰌也字林云似鱣短小也

泥乃兮反

鰹音堅

鮦音童又逐拱反〇十三經音略十一云鮦音童又逐拱翻音重箋曰說文魚部鮦從魚同聲鉦音直隴切逐拱即直隴

鮵大活反

小鱺音禮又力知反〇箋曰鱺即上經文鱧詳上又力知反讀平聲如離耳

魾蒲悲反或音丕〇十三經音略十一云魾蒲悲翻音皮或音丕箋曰蒲悲反讀如下邳縣之邳廣韵六脂符悲切魾大鱯也又音丕正本釋文皮在五支周春謂蒲悲反音皮非也

鱯下化反一音獲字林下號反〇十三經音略十一云鱯下化翻華去聲一音獲字林下號翻即音獲不必重出箋曰下化反即說文鉦音胡化切故為首音下化下號一聲之轉按下號反之讀音與獲同則為釋文直音與反語並出之例若依廣韵號在二十陌獲在二十一麥陸德明以一音獲及下號反並出正以其用字異矣周春謂不必重出蓋未辨號獲本不同韵依坊本詩韵立説耳

鮡音兆又音姚

鰝郭音鄗戶老反〇攷證云案宋本注末有音鄷鄗三字與釋文合鍾本作音鄷此與郎本作音鄗各脫一字注疏校勘記云今青州呼鰕魚為鰝音鄷鄗雪牕本同注疏本删下三字釋文鰝郭音鄗戶老反鄷芳弓反箋曰此為經文

鎬大鰕之鎬字作音古逸本郭注亦有音鄗鄗三字與阮元所據宋本及雪牕本同且釋文有鄗芳弓反則盧文弨謂郎本作音鄗脱一字是也若釋文則不能謂有脱郭注末云音鄗鄗恐鄗字時人不曉故連鄗言之陸德明于此下有户老反三字此用反語以明其讀其讀已明自不煩再出鄗字盧文弨謂郎本注文音鄗爲類而謂與此釋文各脱一字未知注釋文本自不同合而論之實非

鰕户加反

數尺所主反

鄗芳弓反○攷證云俗本删削郭注中之音則陸氏此條無所附矣詳鎬字說校語錄引盧說

鯤音昆

鱀其冀反字林作鱀音既云胎生魚

是本或作鯷非○攷證云案說文無鯷字箋曰玉篇魚部廣韻承紙切俱無鯷字集韻上紙切鯷魚名重千斤沿或作之非

鱁音逐本亦作逐

鰿七各七略二反本今作鯌○攷證云邢本作鯌箋曰鰿鯌僅答昔篆隸之異按七各反即廣韻十九鐸倉各切一等七略反即十八藥七雀切三等蓋作音家讀此鯌洪細不同故陸氏並載之也

鱏尋淫二音

鮈居六巨六二反字林云魚有兩乳出樂浪一曰出江東說文同○攷證云一曰出江東舊無東字據說文補校勘記云一曰出江盧本據說文江下補東字校語錄云盧本江下補東字箋曰說文魚部鮈鮈魚也出東浪潘國一曰鮈魚出九江有兩乳鉉音居六切段注

云九江鉉本作江東爾雅音義引無東非也是段氏亦謂此漏東字字林即本說文盧文弨補東字是也今從之居六反讀如菊為鮂字本讀屬見紐巨六反即廣韵渠竹切屬羣紐此入聲見羣二紐混讀之證

喙香穢反

膏音高

胎他來反

啗大敢反○攷證云啗邢本作啖俗注疏校勘記云健啖細魚雪牕本注疏本同釋文啖作噉大敢反箋曰說文口部啗啖二字並有義亦略同不當以注疏本之字作啖為俗也釋草釋文云啗本亦作啖又作噉皆徒覽反說文云噍也廣雅云食也詳彼

鱦郭音繩顧音孕本或作⿰魚孕同○攷證云宋本注末有郭音匡名十六云釋文云鱦本或作⿰魚孕案皆俗字箋曰經文鱦小魚郭注云家語曰其小者鱦魚也今家語屈節篇云魚之大者名鱒其小者名鱦則王肅郭璞所見爾雅之字同魏晉時自有鱦字也五經文字魚部云鱦音繩見爾雅是他經無此字也顧野王音孕殆其所見之字或作⿰魚孕⿰魚孕即鱦之異體嚴元照以為皆俗字但見說文無此二字耳

鮥郭音洛字林作鯦巨救反○十三經音略十一云鮥字林作鯦巨救翻音舊匡名十六云案鮥為叔鮪鯦為當互爾雅與說文同字林以鯦為鮥鮪鮥為當互違失古義不可從也校勘記云字林作鯦葉本鯦作鮥誤字林鮥鯦與爾雅互易此鮥鮥鮪作鯦下鯦當鮔作鮥箋曰臧校江校並改鯦為鮥則與正文

貉相複即誤依葉本也若字林鮥鮥二字之義與爾雅互易陸氏附載之以廣異聞非以字林爲是也

叔字林作鮛同書育反○十三經音略十一云叔字林作鮛同書育翻音叔攷證云邢本作鮛注疏校勘記云貉鮛鮪唐石經單疏本雪牕本同五經文字鮛音叔按釋文云叔字林作鮛是爾雅不作鮛也詩潛釋文引爾雅貉叔鮪可證然則五經文字唐石經作鮛非匡名十六云禮記正義五十廣韻屋一引亦作鮛案說文貉叔鮪也無鮛字郭注云大者爲王鮪小者爲叔鮪叔居伯仲之後故於義爲小箋曰陸云字林作鮛謂字林作鮛也故禮記正義諸書用字林之字五經文字唐石經即從字林耳未可云非

鮪于軌反字林于九反或曰即鱏魚也似鱣而長鼻體無鱗甲○十三經音略十一云鮪于軌洧音于九有音二翻箋曰于軌反即說文鉉音榮美切故爲首音字林于九反殆從偏旁有字讀廣韻云久切不收釋文于詩小雅四月周禮大司樂禮記月令諸篇鮪字但云于軌反不載字林音益以呂忱所讀不爲典要也

鱣知連反

以上時掌反

鮥具救反又徐秋反似鯿而長三尺字林作鮥音格云當鮔也顧作鮥同○十三經音略十一云鮥具一作其同救翻音舊又徐秋翻音囚字林作鮥音格校語錄云鮥不得音徐秋反徐秋乃鮂字之音此必有誤注内鮥字當作鮥鮥見玉篇箋曰具救反即上鮥注字林作

鯦巨救反又徐秋反廣韵似由切雖不載然集韵徐由切鯦魚名似鯿而大鱗肥美多鯁則宋時釋文已如是法偉堂謂此必有誤亦無確證案廣韵古伯切䱜海魚似鯁肥美即與此音格之讀同而字形作䱜與玉篇同然䱜從格聲格從各聲則䱜鮥謂為一字可也陸氏于上鮥云字林作鯦于此云鯦字林作鮥正以見其與爾雅互易法偉堂謂鮥當作鯦鯦當作鮥實可不必

魱郭音胡一音互○孜證云宋本與郎本鍾本注末有郭音箋曰古逸本注末亦有音胡按郭注云今江東呼其最大長三尺者為當魱則又云音胡實依江東所讀廣韵戶吴切魱當魱魚名即本此首音此云一音互則讀去聲依字之偏旁讀廣韵胡誤切不載集韵胡故切鱯魚名似鮎或作魱似非此當魱

鯿字又作鯾方仙反字林云魚也案魚似魴而大腴細而長○校勘記云腴細而長腴葉本作腴箋曰臧校改腴為腴即誤依葉本也耎從大而聲說文在大部其字不當從火又說文魚部鯾鯾魚也從魚便聲鯿鯾或從扁廣韵卑連切亦以鯾鯿為一字異體卑連即此方仙故陸云字又作鯾

鯁工杏反說文云魚骨也字林工孟反○箋曰工杏即說文鯁音古杏切讀如梗上聲字林工孟反讀如更去聲

鮤音列顧問結反○匡名十六云說文無鮤字疑鮆之譌說文鮆飲而不食刀魚也從魚此聲據郭注亦云今之鮆魚也箋曰五經文

字魚部云鰲音列見爾雅是他經無此字也郭璞爲曉時人故云今之鮆魚也鮆音徂禮反嚴元照以鰲爲鮆之譌實臆説也案音列在薛韻閭結在屑韻此顧野王薛屑不分也

鱴亡節反

刀字亦作魛字林云刀魚飲而不食○匡名十六云案魛俗字注疏校勘記云亦呼爲魛魚單疏本雪牕本注疏本同按此經作刀注作魛釋文音經刀亦作魛非箋曰古逸本經作刀注作魛與各本同足見陸云字亦作魛正以郭注之字作魛也而阮元以釋文爲非蓋未明陸書之例

鮆徂禮反又徐爾反字林云刀魚也才豉反字或作鱭○十三經音略十一云鮆徂禮翻山海經作翻同啓齊上聲從母又徐爾翻齊上聲依邪母讀如紙韻此誤音也箋曰徂禮反爲鮆字本讀説文鉉音亦如是故爲首音徐爾反則從邪相混紙薺不分也故云又字林才豉反又讀如廣韻五寘疾智切之漬集韻疾智切鮆刀魚也即本字林

鱊郭古滑反字林于一反沈音述又音聿○十三經音略十一云鱊郭古滑翻音厥字林于一翻音聿沈音述又音聿翻于一同箋曰廣韻滑在十四黠其古滑切云鱊魚名即本郭音厥在十月鱊與厥但爲雙聲周春謂古滑反音厥非也字林于一反與又音聿同一在五質爲開口聿在六術爲合口此爲開合相混故廣韻六術餘律切有鱊而五質于筆切無也又廣韻食聿切鱊小魚名爾雅曰鱊鮬鱖鯞即本沈讀

鮬郭音步字林丘于反

施蒲悲反○十三經音略十一云鮬郭音步五經文字口孤翻又音步字林丘于翻音枯即口孤翻施蒲一作貧同悲翻音皮校語錄云郭音步末詳施本殆作魠耳上文魠蒲悲反經籍舊音辨證三云承仕案鮬從夸聲郭音步字林丘于反韻部比近施乾蒲悲反者蓋魚部字多轉入支如貔貐字音于彼反華轉作蘤亦音于彼反也施反蒲悲則彼時支脂聲近之譌黃侃箋識云夸聲之字有唇音匏是也此鮬本婦之後出由婦音轉蒲悲亦猶貿音轉丕耳箋曰絝胯二字從夸聲而說文銙音苦故切即在模部此鮬亦從夸聲則郭璞音步無庸致疑也丘于反當讀如廣韻十虞豈俱切之區然廣韻此讀不載而十一模苦胡切云鮬婢妾魚名疑字林于字或為乎之誤字如是則與五經文字廣韻諸書俱合亦與郭音韻部相同僅平去之異耳若施乾蒲悲反當依法偉堂所說讀如魠上文魠蒲悲反周春亦謂音皮與此誤同互詳上吳承仕謂貔貐字音于彼反案釋獸釋文作餘彼反說文貐字段注云韋昭餘彼反按彼必俟字或作候字之誤集韻類篇不知其誤乃云貐尹捶切入四紙蓋古書之襲繆有如此者則吳氏沿誤字為說而又改餘為于矣

鱖　音厥本亦作厥字林几綴巨月二反○十三經音略十一云鱖音厥字林九訛作凡綴音決巨月音掘二翻校語錄云凡綴凡當作几箋曰通志堂本几作凡案廣韻居衛切云鱖一名婢魚則周春改作九法偉堂改作几並

是今依法改字林考逸正作八然周春謂九綴反音決則非廣韻眉薛二韻皆無鰀字周春蓋誤謂此綴讀陟劣反耳

鯞章酉反本或作帚○十三經音略十一云歸章酉翻音帚匡名十六云案歸俗字郭注云俗呼為魚婢江東呼為妾魚以義推之疑歸本作婦箋曰陸云本或作帚故讀章酉反從魚作歸為後出專字陸氏所見郭本爾雅如是嚴元照以義推之作婦非也

鮒符付反廣雅云鰿也音積字林子狄反○校勘記云葉本本符作苻下魵字注同箋曰臧校改符為苻即依葉本也按符苻同屬奉紐不必改音積七字為鰿字作音依陸書例音上當有鰿字音積讀同廣韻二十二昔資昔切子狄反讀如二十三錫則歷切之績此字林昔錫不分猶今人讀積績無別也此即今人所食鯽魚說文之字作鰿

鰴字或作鰴許韋反○十三經音略十一云鰴字又作鰴許韋翻音徽五經文字火為翻音麾入支韻似誤匡名十六云案說文無鰴字魚旁著徽尤乖體裁箋曰文選吳都賦劉淵林注云鰴鯨魚之有力者也善曰鰴音輝其字正作鰴鰴鰴二形皆從魚從徽省嚴元照以說文為說不知爾雅之字為說文所無者多矣許韋反與音輝在微韻火為反在支韻者此張參支微相混今人讀輝徽麾無殊是其證也

魵符云反又符粉反顧孚粉反郭云小鰕別名○十三經音略十一云魵符云翻音焚又符粉翻音憤

顧孚粉翻音忿鰕下家反字或作蝦邪羊嗟反鮅音必字林云魴也鱒才損反說文云赤目魚一音仕

轉反或直轉反〇十三經音略十一云鱒才損翻聲存上一音仕轉翻音撰或直轉翻音纂謝靈運山居賦自注才袞翻即存上聲鄂

州云音如蹲踞之蹲同校語錄云仕轉直轉二反則字當作縳士喪禮音義縳市轉反可證箋曰詩豳風九罭釋文云鱒才損

反沈又音撰此仕轉反即本沈讀為廣韻士免切之繏仕士屬牀紐直屬澄紐澄牀並為濁聲之塞擦故或又讀直轉反若士

喪禮之縳市轉反市屬禪紐與此仕轉反無涉鯶呼本反〇校語錄云鯶前既音胡本反此不得音呼本反疑呼為乎

之誤玉篇亦讀匣紐箋曰廣韻胡本切鯶魚名正讀匣紐而虛本切無鯶即可證鯶為濁聲字非清聲字也法說是魴

字林音房云赤尾魚魾音丕又音毗〇孜證云宋及諸家本郭注末有音毗二字注疏校勘記云一名魾音毗雪牕本同注

疏本删下二字釋文云云又音即郭音也箋曰魾說文鉟音敷悲切故陸以音丕為首郭音毗者注云江東呼魴為鯿一名魾

而魴字林音房房在奉毗在並雙聲相轉也鯿必連反鯬力兮反又音黎廣雅云魾鯬〇箋曰力兮反讀

如黎在齊韻又音黎與力脂切同在脂韻此脂齊來紐相混鯠郭音來埤蒼云鯬鯠魾也字林作鰊音七蜎郭狂

究反字林一全反又一奐反蟲貌也一曰蟲也〇十三經音略十一云蜎郭狂究翻權上聲字林一全翻音淵又一奐翻淵上聲校勘記云又一奐反葉本奐作奂箋曰臧校改奐為奂即誤依葉本也奐從大而聲不當從火又廣韵全在二仙淵在一先周春云一全反音淵依後世韵書合先仙為一而言也

蠉郭香究反呂火全反〇十三經音略十一云蠉香究翻祆上聲呂火全翻音祆箋曰廣韵祆在一先全在二仙此亦周春依後世韵書合先仙為一也按蜎說文鋗音狂究切蠉鋗音香究切皆讀上聲故陸氏並以為首音呂忱皆讀平聲廣韵許緣切蠉蟲行貌即本字林

蛣古節反又音吉或五結反〇箋曰古節反讀如廣韵古屑切之結郭注云井中小蛣蟩赤蟲按蟩居月反蛣蟩雙聲聯語故以古節反為首音又音吉者從蛣字偏旁讀亦與蟩雙聲若五結反則讀如齧屬疑紐故云或葢陸氏不以為是故廁于末也

蟩居月反

孑紀列反字林云無右臂古熱反〇箋曰紀古同屬見紐列熱並在薛韵此紀列古熱乃反音同而反語用字異者亦具列之之例也

孒九月反字林云無左臂也廣雅云孑孓蜎也

蛭沈呂豬秩反謝豬悌反一音之逸反本草謂之水蛭一名蚑一名至掌案說文今俗呼為馬蜞亦名馬耆即楚王食寒葅所得而吞之能去結積也蚑蜞同音其然釋蟲已有蛭蟣至掌郭云未詳依本草即是水

蛭也○十三經音略十一云蛭沈呂豬秩翻音窒謝豬悌翻音綴一音之逸翻音質即豬秩翻而讀照毋校勘記云本草謂之水蛭葉本作水蛙誤下寒葅誤食植蛭蝚誤姪媃箋曰臧校改水蛭為水蛙寒葅為食植蛭蝚為姪媃並墨守葉本之誤賈誼新書楚惠王食寒葅而得蛭遂吞之即陸氏所云楚王食寒葅也按豬秩之逸二反已詳釋蟲謝嶠豬悌反悌在霽韻四等有端紐無知紐蓋謝霽祭不分故集韻竹例切蛭水蛭蟲名即本謝讀開口字也周春云豬悌反音綴則誤為祭韻之合口字矣

蟣 郭音祈字林云齊人名蛭也本草又作蚑○箋曰陸氏于上蛭字下云本草一名蚑蚑音其按其在之韻羣紐此云郭音祈在微韻羣紐皆開口三等今人讀其祈亦無別也

科 苦禾反字或作蝌○攷證云一切經音義四引作蝌箋曰廣韻苦禾切蝌蝌蚪蟲名爾雅曰科斗活東蝦蟆子也字林從虫陸云字或作蝌即謂如字林也從虫作蝌為後出字釋玄應即本之

斗 樊孫云科斗蟾諸子也郭云蝦蟇子

活東 如字謝施音括舍人本作顆東○十三經音略十一云活東之活如字謝施音括山海經注一音闊舍人本作顆東顆音未詳攷證云舍人本作顉東舊本顉作顆字譌今依音改校勘記云顆疑顆字形近之訛盧本依音改作顉東匡名十六云案顆字定係傳譌盧學士校栞本改作顉校語錄云顆乃顆之譌如款東之為顆凍菟奚之名

顆東耳科顆同聲顆東即科斗之聲轉也盧氏改為頣殆非箋曰通志堂本顆作顡江校改為顆是也今從之字書韻書無顡字故周春未詳其讀盧文弨改為頣與顡字形不近活如字讀如廣韻之戶括切屬匣紐謝施音括讀古活切屬見紐一音闊讀苦栝切屬溪紐皆牙音也同位雙聲釋草顆涷釋文顆苦果反與科斗之科同屬溪紐廣韻苦栝切蛞蝦蟆子名當即為此活東之活後出專字

蝦音遐**蟇**字又作蟆音麻○攷證云邢本作蟆麻舊作麻譌校勘記云音麻盧本改音麻此誤葉本蟆誤蟆注疏校勘記云蝦蟆子單疏本雪牕本同釋文云云按一切經音義卷四引此云蝦蟆子也與陸本合校語錄云麻盧改麻箋曰臧校改蟆為蟆即誤依葉本也此云字又作蟆者釋草釋文云蟆字又作蟇亡巴反與此正相應亡巴即讀如麻通志堂本麻作麻非也部本已改為麻今依改

魁苦回反郭云狀如海蛤案本草海蛤一名魁蛤又有魁蛤一名魁陸一名活東並生東海說文云蛤有三皆生於海蛤厲千歲雀所化秦人謂之牡厲海蛤者百歲燕所化也魁蛤一名復絫老服翼所化○校勘記云葉本魁作魁注中並同絫作累箋曰江校改魁為魁注同臧校改絫為累皆墨守葉本也按絫累通用字不必改魁從斗鬼聲則是改正體為俗體矣今本說文與陸氏所引略異然段注云今本有譌奪依爾雅音義正段氏即

據此

從子容反本今作縱○攷證云邢本作縱注疏校勘記云外有理縱橫雪惣本注疏本同釋文云云箋曰說文从部從隨行也段注云引申為從橫亦假縱為之如段說此六代時有假縱為從者故陸云本今作縱即邢昺所本

蚶火甘反字書云蛤也出會稽可食

蜪徒刀反

蚅於革反

鼁起據反

䵹音秋○十三經音略十一云鼁起據翻音去䵹音秋案說文鼀七宿翻音蹴鼀或從酋作䵹是二字同也蓋此字本從夫不從去說文有鼀無鼁後人誤從去遂有起據一音其誤當在唐以前故釋文音去石經亦從去也至䵹字本音秋說文䵹鼀即戚施則䵹又有戚音蹴戚音相近轉平則為秋皆同毋字也攷證云䵹舊本譌從盇今據說文改戴氏震曰鼁當作鼀說文鼀七宿反鼀或從酋作䵹又𪓿式支切引詩得此䵹𪓿䵹當同𪓿說文誤陸音䵹為秋亦非是案戴氏說核之爾雅誠是但䵹字從酋得聲似音秋亦非誤校勘記云盧本䵹改䵹此誤從酋故音秋注疏校勘記云鼀䵹唐石經單疏本雪惣本同釋文鼁起據反䵹音秋䵹為䵹之訛引戴震說與盧引同匡名十六云䵹當作𪓿說文鼀鼀𪓿詹諸也其鳴詹諸其皮鼀鼀其行先先從黽從先先亦聲或從酋作䵹又𪓿䵹𪓿詹諸也詩曰得此䵹𪓿言其行𪓿𪓿從黽爾聲案鼀從先聲先酋聲相近故或從酋戴氏震毛鄭詩攷正據今本爾雅反

謂說文誤並鼁䵹為一非也又案鼁從先聲先從六聲當讀七宿切釋文誤從去石經同音起據反廣韻收入九御部與欸去麮呿胠㞗䳱諸從去之字同紐益字誤而音亦隨之而誤也校語錄云鼁盧改從酋是又引戴氏謂鼁當作鼁則未然說文既合鼁䵹為一字則爾雅不應疊異文二字為重文爾雅字之不見說文者多矣不得以說文不收鼁字遂改爾雅以就之也且安知非說文之誤乎戴氏又謂䵹當同鼃形近而聲亦遠箋曰通志堂本䵹誤鼁孫校改為䵹案邵本亦作䵹並與注疏本合是也廣韻七由切䵹爾雅曰鼁䵹蟾諸郭璞云似蝦蟆居陸地淮南謂之去蚥今依改秋屬清紐鼁起據反屬溪紐清溪同是清聲之塞擦位同雙聲也夏小正作屈造屈屬溪紐造屬清紐屈造鼁䵹正一聲之轉此郭本爾雅如是陸氏不云孫李諸家作某則衆家本無異也自戴震以下或以說文為說或泥于字形俱未得其實

蟾音占**蠩**音諸本今作諸○攷證云邢本作諸注疏校勘記云蟾諸唐石經單疏本雪牕本同釋文云云一切經音義卷十引爾雅作蟾蠩與陸本合匡名十六云廣韻十八尤又九御集韻二十四鹽引亦作諸案說文虫部無蠩字箋曰作諸為聲借從虫作蠩為後出專字六代時又有作諸者故陸云本今作諸即邢昺廣韻集韻所本

蚥音甫又音扶甫反○攷證云一切經音義十引作去父箋曰玄應音義引

郭璞曰去父下又有山東謂之去蚥蚥音方可疑字之誤反今本郭注無山東以下二語按陸氏首音甫讀方矩切屬非紐又音扶甫反屬奉紐讀如輔廣韻扶兩切蚥蟾蜍別名即本此又音

黽莫幸反　**耿**耕幸反　**蛙**戶媧反

鴨於甲反　**蜌**步禮反又扶氏反字林小蛤也○十三經音略十一云蜌步禮翻音陛又扶氏翻奉並輕重交互出切音脾箋曰步禮反即廣韻十一薺傍禮切周春云音陛是也惟又扶氏反周春氏作氐云音脾攷廣韻十二齊部迷切集韻駢迷切皆無蜌而集韻五旨並履切有蜌注云小蛤則各本作扶氏不誤並奉輕重交互紙旨不分耳周春改氏為氐云音脾並非也

蠯謝步佳反郭毗支反字林作𧐞沈父幸反施蒲鯁反本今作螷○十三經音略十一云蠯謝步佳翻音牌即周禮釋文薄佳翻郭毗支翻音皮此音周禮釋文鈌字林作𧐞沈父幸翻音併即周禮釋文徐音施蒲鯁一作猛同翻音並並母本音出切本今作螷攷證云邢本作螷注疏校勘記云蜌螷唐石經單疏本雪窻本同釋文蠯字林作𧐞校者云本今作螷匡名十六云案說文作螷在虫部箋曰此經之字作蠯與周禮鼈人醢人同字林作𧐞即說文之螷字林多本說文也陸時即有如是作者故云本今作螷而阮元以為校者所云非也謝嶠步佳反即鼈人釋文之薄佳反亦即醢人釋文之蒲佳反故並為首音通志堂本佳誤隹各本並作

佳是也郭璞眺支反讀如陴廣韵符支切蠯爾雅曰螷蠯即蜱屬也蠯上同即本郭讀而其符羈切皮紕不載此字葢周春依
後世韵書合皮陴二紕為一而言也此陸氏為爾雅作音故必載郭音為周禮作音不載郭音者乃詳略互見也沈旋父幸反
在廣韵三十九耿施乾蒱鯁反在三十八梗此梗耿相混皆即廣韵蒱幸切也步佳眺支父幸蒱鯁韵雖異皆讀為並紕一聲
之轉

蚌步項反本或作蜯下注同○箋曰釋器釋文云蚌本又作蜯蒲項反蒲項即此步項詳彼

陜乎夾反本今作狹○攷證云邢本作狹箋曰狹即陜之俗釋宮釋文云陜戶夾反俗作狹可證

蜃字又作蠯市忍反字林雉入海所化也○箋曰蠯即蜃之異體玉篇蚰部蠯時忍切亦作蜃大蛤也

鼈字又作鱉卑滅反○匡名十六云案從魚者俗體箋曰嚴說非陸意也詳釋草鼈下

能如字又奴代反

龜字林古追反字又作龜○攷證云字又作龜舊譌作龜案說文龜古文龜今據改正校勘記云盧本龜作龜依說文改正匡名十六云案說文十三下龜從它象足甲尾之形古文作龜箋曰通志堂本龜誤龜孫校改為龜卯本同與盧文弨俱依說文也今依改

賁謝音奔又音墳顧彼義反○十三經音略十一云賁謝音奔又音墳顧彼義翻音臂箋曰彼義反同廣韵臂乃卑義切彼義卑義音實無別等韵家強以三四等分

之實非此亦同音而反語用字有異者爾陳澧切韻攷因畫為二韻類確難信從此條亦見左傳昭二五年釋文云公貢音奔又扶云反又彼義反扶云即讀如墳賁本有此三讀故陸俱用之人名物名本多異讀也

羨似面反

蚹音附一音扶卜反○十三經音略十一云蚹音附一音扶卜翻音服箋曰廣韻符遇切蚹爾雅曰蚹蠃螔蝓即蝸牛也本此首音扶卜即廣韻蒲木切非可讀同房六切也故陸云一音一音與又音同謂又有此讀也

蠃力禾反下同注作螺字亦同○攷證云今本注中無螺蠃字疑注字誤校語錄云今注中無螺字注疑或之誤箋曰此為蚹蠃之蠃作音也云下同者謂與下句蠃小者蜬之蠃同讀力禾反也云注作螺字亦同者承下同二字而言謂蠃小者蜬之注文螺字亦同讀力禾反也故下文又有螺力禾反四字正與此說相應盧文弨法偉堂但依此蚹蠃之注而疑之非也

螔余支反又音斯○十三經音略十一云螔余支翻音移又音斯箋曰廣韻弋支切螔爾雅曰蚹蠃螔蝓注謂即蝸牛也按蝓羊朱切螔蝓雙聲故為首音音斯則其義為方言八卷螔𧍧之螔乃守宮別名葢從偏旁虒字之音讀故云又音

蝓羊朱反

蝸牛工花反或工禾反○攷證云案說文虫部蝸蝸蠃也從虫咼聲徐音古華切後漢書注八十八引郭注云蝸牛音瓜箋曰工花古華並讀如瓜故為首音

本草別錄陶注云蝸牛俗呼為瓜牛益六代時之正音也工禾反則讀同蝸不蝸為螗蜋别名故陸云又

蜬本又作函顧古含反又呼含反下同謝音含○十三經音略十一云蜬本又作函顧古含翻音甘又呼含翻音酣謝音含即五經文字户甘翻匡名十六云案說文虫部無蜬字校語錄云蜬今玉篇古含手甘二切廣韻同並不音呼含箋曰爾雅作蜬為蠃小者之專字其又作函者為聲借嚴元照謂說文無此蜬字未審說文九千餘字不能盡載典籍所用之字也古含反即廣韻古南切呼含反即火含切並在二十二覃甘酣則在二十三談周春所為之二直音皆依後世韻書合覃談為一而言也法偉堂謂此字玉篇廣韻並不音呼含然集韻呼含切有蜬注云水蟲名爾雅蠃小者蜬則勿庸致疑矣

螺力禾反○校勘記云按上蠃字下云力禾反下同注作螺字亦同依例此不當復出箋曰陸氏于上蠃字所云以明經蠃注螺為一字異體此則專為注文螺字作音上條有此四字而益明不必以一般通例視之遂謂此條為復出也

漲音張又音帳○箋曰廣韻十陽陟良切漲水大貌又音帳四十一漾知亮切漲大水又陟良切此平去二讀之義無異

杯布迴反

螖音滑字林音骨○箋曰廣韻户八切螖蠌螖似蟹而小即本此首音字林音骨從偏旁讀故廣韻古忽切不收螖字

蠌音澤字林大各

反〇十三經音略十一云蠌音澤字林大各翻音鐸 蟧力刀反 蜱避移反 蟚音彭本今作彭〇攷證云今注疏本皆作蟚宋單注本及鄭樵引郭皆作彭凡釋文云本今作某者皆與邢本合其有不合者則又今本所改易也注疏校勘記云即彭蜎也單疏本雪牕本同注疏本彭改蟚釋文云云按今本據釋文改與舊校不符矣箋曰古逸本郭注亦作彭與單注本同陸云本今作彭者謂陳時又有如是作者耳故為邢昺鄭樵所本而阮元以為舊校則非陸氏之言矣其說非也

珧餘招反山海經云激女之水多蜃珧郭注云蚌屬也字書云玉珧肉不可食唯柱可食耳眾家本皆作濯〇攷證云柱字舊作杜譌案今可食者其柱耳故定為柱字校勘記云葉本蜃珧誤作蜃珩盧本杜改柱此誤匡名十六云釋文云珧眾家本皆作濯案周禮春官守祧注云古文祧為濯詩小雅大東佻佻公子釋文云韓詩作嬥嬥淮南原道上游於霄雿之野注云雿讀翟氏之翟益兆翟聲近通用濯為古文其作珧者郭所改也說文玉部珧蜃甲也義亦相近校語錄云杜盧改柱是箋曰江校改蜃珧為蜃珩即誤依葉本也臧校改為蜃珩又葉本之小異亦誤東山經正作蜃珧與釋文各本合是江臧俱不當改通志堂本柱誤杜郝懿行義疏云御覽引臨海異物志玉珧似蚌其殼中柱啜之味酒按此即江瑤柱今按郤本已改

為柱小學鉤沈十八亦作柱則盧改是也今從之瞿聲兆聲同屬蕭部故典籍中此二聲之字通用攷釋器云以屬者謂之珧陸氏不云有眾家本作某者是爾雅俱作珧為本字其作濯者借字耳嚴元照以此為郭改作珧恐非

低丁兮反

謝如字眾家本作射○匡名十六云案禮記玉藻卜人定龜注云謂靈射之屬是鄭本作射箋曰玉藻釋文云射音亦周禮作繹爾雅作謝陸氏于彼云爾雅作謝即依郭本互詳彼

弇古奄字又作揜於檢反○匡名十六云案說文廾部弇蓋也從廾從合又大部奄覆也大有餘也又欠也從大從申申展也音義相同往往通用陸氏見經典相承奄多弇少遂以弇為古字非矣箋曰陸謂六代時弇通用奄故云弇古奄字非多少之意也廣韵衣儉切雖有奄弇揜三字而奄為建首字正以六代迄唐宋奄為最常見之字也陸云又作揜者禮記大學揜其不善又中庸誠之不可揜揜皆覆蓋之義此皆陸依其時典籍之用字而言非依說文說文揜在手部與弇奄不同部然此三字同音典籍通用故陸如是云爾

果眾家作裹唯郭作此字○匡名十六云案周禮龜人東龜曰果屬注云前弇果彼疏引爾雅同釋文亦同然則鄭本已作果不可云唯郭作此字也箋曰此陸氏但就爾雅注解傳述人言之嚴元照疏于釋文條例未加參攷故于陸書每每誤會時加訾議也

獵力輒

反

左倪 五計反亦有本作晚下同○匡名十六云文選注十五引作晚箋曰此經郭本作倪爲借字其作晚者爲本字說文人部倪俾也段注云然則倪亦訓益也爾雅左倪不類右倪不若借倪爲晚也按段說是也倪讀五雞切此云五計反即讀爲睥晚之晚矣

不類 力愧反又力魏反○十三經音略十一云類力愧翻音累寘又力魏翻音仍如累而入未韵周禮作纍力胃翻又如字力胃翻即力魏翻也校語錄云陸氏收類於至未二部今廣韵未部無來紐箋曰廣韵愧在六至魏在八未此力愧力魏皆即廣韵之力遂切釋文至未不分也周禮音義纇人纍力胃反胃亦在八未周說力胃即力魏是也其又如字讀魯回切則在十五灰並屬來紐一聲之轉耳

俾 普計反下同本今作庳○攷證云邢本作庳注疏校勘記云行頭左庳雪牕本注疏本同釋文云云疏云謂行時頭左邊庳下者按說文俾門侍人倪俾也一切經音義卷十云說文頓傾頭也經文作俾是俾頩字通左右俾者行時頭俾倚於左右少衺傾也此當從陸本作俾邢疏作庳高字誤甚箋曰普計反讀爲廣韵匹詣切之睥睥晚郭注以睥釋經文之倪用疊韵字爲訓其字作庳是本字說文九庳一曰屋庳陸氏以六代時爾雅有作庳者故云本今作庳即邢昺所本是以邢疏釋爲庳下阮說非也

贆 字亦作猋方遥反○十三經音略十一云

賦字亦作㹜方遥翻非幫輕重交互出切音標五經文字必幺翻從三犬攷諡云藝文類聚八十四引作㹜匡名十六云案說文作㹜貝部無賦字箋曰說文犬部㹜犬走貌又貝部貝居陸名㹜其字作㹜與陸云亦作同者乃聲借字從貝作賦者為後出專字陸所見爾雅本即如是

航 謝户郎反郭胡黨反字林作蚢云大貝也又口葬反○十三經音略十一云航謝户郎翻杭音郭户黨翻沆音又口葬翻抗音匡名十六云大者航說文同文選注三十引作蚢案虫部無蚢字箋曰文選江賦紫蚢胡岡如渠李注引此經之字作蚢者以郭賦之字為蚢順當文也其舊音胡岡即謝嶠所作之音故陸以為首此引郭音讀上聲平上相承又口葬反則讀去聲且由匣紐轉為溪紐雖同屬摩擦音清濁已異

車輞 音罔

鰿 郭音賾字又作鰿字林音績○攷證云鰿邢本者作鰿匡名十六云案責從貝朿聲隸變作責箋曰嚴說是盧文弨以邢本作鰿為省未當按廣韻二十一麥士革切鰿爾雅曰貝小者鰿郭璞云云又音迹二十二昔資昔切鰿爾雅曰貝小者鰿郭璞云云廣韻士革切即此郭音賾其資昔切則讀如積此云字林音績讀同廣韻二十三錫則歷切蓋字林昔錫不分猶今人讀迹績無別耳

貽 顧餘之反本又作胎他來反字林作蛤云黑貝也大才反○十三經音略十一云貽顧餘之翻如字本又作胎他來翻字林作蛤大才翻音

臺攷證云藝文類聚引作胎匡名十六云藝文類聚八十四引作胎案胎係貝部新附字虫部無蛤字作胎是也校勘記云本又作胎葉本胎作貽二者當有一誤箋曰江校臧校並改胎為貽與正文貽字同即誤依葉本也此首音餘之反即說文鉉音與之切為貽字本讀故周春云如字他來反即說文鉉音土來切為胎字本讀此正文貽字與注文胎字不能互易阮元謂二者當有一誤實回護葉本之曲說也案貽胎蛤三字並從台聲古屬之咍部嚴元照必以作胎為是則泥于字形矣

蚳直其反字或作貾同○攷證云邢本作貾藝文類聚作蚳與陸合注疏校勘記云餘貾黃白文唐石經雪牕本同釋文云云案五經文字貾丈尸反見爾雅匡名十六云禹貢正義引作貾顧命正義引作蚳案說文貝部無貾字箋曰陸文蚳字或作貾同謂此二字俱讀如直尼切郭本爾雅之字雖從虫其字從貝作貾實同故尚書正義引此一作貾一作蚳也盧文弨但以類聚作蚳與陸合不審邢昺作貾亦本釋文也嚴元照謂說文無貾字不攷說文之蚳為蟻子與此經之蚳本殊如依說文則蚳為聲借貾為後出專字也又廣韵其在七之蚳貾並在六脂此亦釋文脂之二韵不分

泉如字本或作蟓○匡名十六云案虫部無蟓字箋曰泉本水源之義故或加虫為專字廣韵疾緣切蟓貝也白質黃文即依或作

蚆普巴反郭音巴

字林同云羸屬博而頯也○十三經音略十一云蚆普巴翻音葩滂母郭音巴幫母箋曰廣韵普巴切伯加切俱有蚆即本此二讀其伯加切無義注云又匹加切義見上文益以此二讀之義不異故不煩重出也

博 布莫反

頯 郭匡軌反顧又巨追反○箋曰匡軌反讀如廣韵丘軌切惟廣韵此讀不收巨追反則讀如渠追切之逵爲上聲平聲其溪羣二紐相混之證然溪羣同爲塞擦聲清濁不同耳

蜠 郭求隕反又丘筠反○十三經音略十一云蜠郭求隕翻窘音又丘筠翻囷音攷證云蜠乃俗字說文所無類聚引作囷當從之箋曰此亦上平二聲其羣紐溪紐相混之證也爾雅之字爲說文所無者多盧文弨說不可從

汙 音烏○校勘記云汙當本作污注疏校勘記云謂污薄雪牕本注疏本同釋文作污作汙箋曰亏于爲篆隸之異汙即污也

蟦 施音蹟郭音責沈音積本或作鰿又作資又作鰿音皆同○攷證云藝文類聚引作責匡名十六云案說文虫部魚部皆無從責之字作資是也盧學士曰類聚引作責元照案資責聲相近注疏校勘記云蟦小而橢唐石經雪牕本注疏本同釋文云云案注云即上小貝則當同上作鰿石經上鰿下蟦非釋文當爲鰿本或作蟦邢疏釋此經曰小而狹長者名鰿又釋注曰云即上貝知者以其同名鰿也則邢本上下皆作鰿字校語錄云盧云類聚引作責偉案又作資資

疑責之誤若作資不得云音皆同也箋曰陸氏以郭注云即上小貝而上小貝之字從魚作鰿故云本或作鰿阮元未喻此竟謂石經上鰿下蟦為非又改此謂當作鰿本或作鰿以致釋文上下文不能呼應實誤說也又作資當如法偉堂說資為責誤類聚引作責可證葢即蟦鰿之省文鰿即鰿之篆體故陸云音皆同也施音蹟即上小貝鰿之郭音蹟故並為首屬牀紐郭音責屬莊紐莊牀同是正齒音同位雙聲沘音積即廣韻資昔切詳上小貝鰿之鰿下

楕他果反狹而長也〇十三經音略十一云楕他果翻音妥攷證云楕藝文類聚引作惰箋曰廣韻他果切集韻吐火切俱無從忄之惰類聚八十四引此經及注作惰惰疑隋之形近誤字詩豳風破斧釋文隋何湯果反孔形狹而長也又儀禮士冠禮隋他果反狹而長故釋獸釋文云楕字或作隋他果反即可為證

陜乎夾反〇攷證云陜邢本作狹注疏校勘記云楕謂狹而長單疏本雪牕本同釋文狹作陜箋曰狹即陜之俗故上為楕注已作狹詳釋宮

蠑音榮本或作榮〇匡名十六云案說文作榮虫部無蠑字箋曰此亦陸氏所見郭本爾雅從虫作蠑也方言八守宮其在澤中者南楚或謂之蠑螈郭璞云榮元兩音是方言與爾雅同也陸云蠑音榮螈音原並本郭作嚴元照但見說文虫部蚖榮蚖它醫于此云說文無蠑字于下螈字又云說文無螈字皆泥

子說文之字形，不知說文木部榮桐木也本爲木名則虫部蚖字說解之榮實聲借字耳此物以蠑螈二字爲名義存乎聲不可偏據一書之字形爲說也

螈 音原字林作蚖五丸反云蠑蚖蛇醫也說文同○經籍舊音辨證三云承仕案玄應一切經音義卷六及卷十慧琳一切經音義卷二十七並引字林五官反蛇醫也據此知昔人轉引舊音不必悉檢本書其反語異同非盡由傳寫之譌箋曰首音原從郭璞方言注廣韵愚袁切有蚖本此首音五丸切有蚖即本字林今說文鉉音愚袁切

蜥 先歷反 **蜴** 音易說文字林作易云在壁曰蝘蜓在草曰蜥蜴案東方朔云非守宮即蜥蜴是二物也方言云秦晉西夏謂之守宮澤中曰蜥蜴南楚謂之蛇醫或謂之蠑螈○匡名十六云案說文九下易蜥易蝘蜓守宮也象形虫部無蜴字校語錄云在草曰蜥蜴之蜴當作易既引說文字林語則當依其本字也箋曰此引說文在壁曰蝘蜓二語爲虫部蝘字說解各本並作蜥易此引說文字林易作蜴陸氏正從此本經文而作依下文引東方朔傳及方言則漢代已有從虫之蜴法說實拘字林改逸仍作蜥蜴其以此十字爲易部易字說解未置于虫部蝘下恐非

蝘 烏典反 **蜓** 徒典反字或作⿰虫㐱 **镻** 大結反說文云蛇毒長也○箋曰藏校改镻爲⿰镸夫按說文镻在長部云從長失聲則⿰镸夫實镻之形近譌字藏氏墨守誤本不足

為據也。蝁烏洛反 蝮芳福反 螣直錦反字又作朕○十三經音略十一云案螣音朕與下螣字音騰者不同坊本上螣字與下螣字混非攷證云螣舊作螣案石經作螣宋鄭樵注本作螣釋文螣字又作朕朕即螣字但省虫耳螣字雖譌小注朕字尚未誤也與下螣蛇字不同注疏本螣字二字即以又作騰連上為文失之校勘記云螣盧本作螣依唐石經改注疏校勘記云螣螣蛇唐石經雪牕本同注疏本作螣螣蛇釋文云云按螣螣雖兩體實一字也文選思玄賦藝文類聚卷九十六皆引爾雅作騰蛇與釋文合匡名十六云螣螣蛇石經於上螣字作螣盧學士校栞釋文依石經改上螣字作螣然螣從舟聲弁隸變作关又作关筆畫小異無足深辨不必改也箋曰五經文字舟部朕朕上石經下經典相承隸省凡滕勝之類皆從上字則唐石經上螣作螣已與漢石經異而與經典相承隸省之形同矣周春盧文弨俱為唐石經所惑阮嚴所說是也今仍通志本之舊 螣字又作騰又作蟘並同徒登反字林云神蛇也慎子云螣蛇遊霧○攷證云螣蛇遊霧霧字未刻今校補校勘記云螣蛇遊□□盧本補作螣蛇遊霧匡名十六云藝文類聚九十六引作騰蛇蟘俗人所造不成字校語錄云闕處盧補霧字箋曰通志堂本遊下為墨釘劉履芬本補貌字按慎子云飛龍乘雲騰蛇遊霧且郭注云龍類也能興雲霧而游其中則盧本補霧字是也今從之劉補貌字非是陸云字又作騰者以大戴禮勸學篇史記龜策傳諸書俱作騰蛇也其云又作螣者螣當如匡名所云不成字也

蟒音莽字林云大蛇也

蝮字亦作蝮芳服反又亡六反此蛇色如綬鼻上有針大者百餘斤又一名反鼻鼻一孔〇十三經音略十一云蝮字亦作蝮芳服翻音輹敷母又亡六翻音近伏奉母孜證云蝮邪本作蝮匡名十六云案复從夊畐省聲隸變作复校語錄云亡六反亡葢方之誤箋曰芳服反即說文鍑音芳目切為蝮字本讀屬敷紐故為首音亡六反讀如目屬明紐法偉堂謂亡葢方之誤方屬非紐然廣韻集韻莫六切方六切並無蝮字則于典籍無證而集韻房六切蝮蛇名廣三寸色如綬鼻有針一名反鼻正本此經及釋文疑此亡乃房之譌字周春謂音近伏奉母殆從集韻校勘記云鼻上有針葉本鼻作臯箋曰臧鏞段校改鼻為臯臯即依葉本也按臯乃鼻之俗體不當改今仍各本之舊

虫即虺字也虛鬼反說文云虫一名蝮博三寸首大如擘字林同舍人亦云蝮一名虺案蝮大蛇也非虺之類故郭云別自一種蛇名蝮虺本今作虺〇孜證云邪本作虺注疏校勘記云蝮虺唐石經單疏本雪牕本同釋文云云按此為經作虫注作虺之明證唐石經以下諸本俱係後人援注所改匡名十六云詩正義十一之二引作虺案說文十三上虫一名蝮博三寸首大如擘

指象其臥形又蝮虫也從虫复聲又虺虺以注鳴詩曰胡為虺蜥從虫兀聲則虺虫二字不同箋曰說文虫虺為二字然虫虺同音章太炎文始云虺實虫之變易字其說是也山海經南山經郭注云虫古虺字陸云本今作虺又云虫即虺字也正以彼時通用虺字唐石經及詩正義作虺正沿六代時之習用阮元謂諸本作虺係後人改嚴元照但執說文為說皆有所蔽耳校語錄云上一名蝮上當作虫箋曰通志堂本虫一名蝮之虫誤上盧本依說文改為虫是也作上則不通郃本及字林攷逸並改為虫今依改**博三寸**博廣也謂身廣三寸**首大如擘**甫革反劉昌宗音薄歷反孫云頭如梅指郭注三蒼云擘大指也案手足大指俱名擘也○箋曰儀禮大射儀釋文擘彼革反劉薄歷反彼革即此甫革詳彼**一種**章勇反**鯢**五兮反**鰕**音遐**鮎**乃兼反**猴**音侯**狗**音苟**枕**之甚反**篆**文轉反**印**一刃反**腸**音長**去**羌呂反**盡**子忍反**涪**音浮又音苻○箋曰音浮即說文鋋音縛謀切在廣韻十八尤奉紐音苻則讀防無切在十虞奉紐韻雖異而聲不變今四川通用又音一讀**緣**悅絹反**瑇**字又作蝳音代或作徒妹反○校語錄云或作下益有脫文否則作乃音之譌箋曰徒妹反仍讀如代此

隊代脣音已混益妹字之音讀同代韵也陸氏以徒妹反與音代用字之異故云或作謂或又作徒妹反耳

瑁字又作帽音妹

觜字又作蠵子移反或子隨反〇校語錄云隨當作髓見釋天箋曰釋天釋文云觜咨移反又子髓反法說是也按禮記月令釋文云觜子斯反又子髓反亦可證此作隨誤互詳釋天

蠵以規反又下圭反字林云大龜以胃鳴也〇攷證云大龜以胃鳴舊譌作大龜似猬也據羣經音辨改校勘記云大龜似猬也盧本依羣經音辨說改作大龜以胃鳴校語錄云蠵當從巂似猬也盧改以胃鳴是箋曰通志堂本蠵誤蠵按說文虫部蠵大龜也以胃鳴者從虫巂聲不當從祖沇切之雋為聲也今依盧部諸本所作以胃鳴通志本誤似猬也江校謂當是以胃鳴王筠校同按字林即本諸說文耳字林攷逸云似字為以字之誤猬字為胃字之誤猬下又脫一鳴字羣經音辨七及野客叢書二十三辨之甚詳今依諸家所說訂正廣韵五支悅吹切蠵觜蠵大龜本此首音十二齊戶圭切蠵大龜本此又音

攝謝之涉反郭祛浹反施之協反〇十三經音略十一云攝之涉翻音摺郭祛浹翻音怯施之協翻與之涉同校語錄云之協不能成音或施收協於葉也祛浹反亦未詳箋曰祛浹反讀作廣韵若協切之匧藏也匧字或從竹作篋禮記禮器諸侯以龜為寶正義引此經三曰攝龜郭云以腹甲翕然攝斂頭

閉藏之即當周禮地與四方之龜知者以皆有奄歛之義故也今本郭注云腹甲曲折解能自張閉與孔疏所引文異義同廣韵洽在三十怗怯在三十三業周春云袪洽反音怯非也之協反協在怗韵此時葉怗讀混故法偉堂謂之協不能成音其謂旋收協於葉即周春云之協與之涉同正讀廣韵葉韵之涉切之摺也**折**之舌反**解**音蟹**好食**呼報反

遺我唯季反**筮**舌制反**著**音尸**叢**才空反說文云草衆生也○校勘記云說文叢作叢箋曰各本叢作叢江校改為叢云依說文訂按說文丵部叢聚也又艸部叢艸叢生貌段注云爾雅釋魚音義引說文叢艸衆生也則段亦改為從艸之叢今依改**見**音現**筴**初革反本今作策○攷證云筴邢本作策注疏校勘記云見龜策傳單疏本雪牕本同釋文云云箋曰筴即策之隸變詳詩魯頌閟宮**傳**直戀反**之處**昌慮反

釋鳥第十七

說文云短尾羽衆禽摠名也案此文云二足而羽謂之禽禽即鳥也○校語錄云短尾羽說文作長尾禽總名箋曰說文四篇隹鳥之短尾總名也鳥長尾禽總名也段注云釋鳥音義引長尾羽象禽總名也段引此文作長尾疑即段所校改江校于此短字側施△亦謂短為誤字隹為短尾鳥總名則鳥為長尾必也

隹 如字旁或加鳥非也○匡名十七云案說文鵻祝鳩也從鳥隹聲樊光注以夫不為祝鳩則作鵻為正說文四上隹鳥之短尾總名也象形然則此作隹乃鵻之省文也豈得以鵻為非乎箋曰小雅四牡釋文云鵻音隹本又作隹又南有嘉魚者鵻音隹本亦作隹俱未以隹旁有鳥者為非而此以鵻為非蓋陸依其所本而言故詩雅異詞匡名以說文相譏實未得陸旨

鳺 本亦作夫字林甫于反○十三經音略十一云鳺本亦作夫甫于翻音夫字林同箋曰小雅四牡毛傳云鵻夫不也此云本亦作夫謂毛傳也詳彼

鴀 本亦作不同方浮方九二反夫不楚鳩也○十三經音略十一云鴀本亦作不同方浮否平聲方九音否二翻匡名十七云案鳺鴀二字不載於說文不當從鳥詩小雅四牡翩翩者鵻傳云鵻夫不也正義曰釋鳥云鵻其夫不又左傳正義四十八引作鳺鴀而引舍人樊光注仍作夫不箋曰四牡釋文云夫方于反字又作鳺同不方浮反又如字字又作鴀同如字讀即此方九反也彼云字又作鳺同字又作不同即可證陸氏所見郭本爾雅之字俱從鳥作鳺鴀也嚴元照以此二字不載於說文實拘

⿰孚鳥 音浮又音孚○攷證云⿰孚鳥毛本譌作鶉官本已改正箋曰廣韻芳無切不載此⿰孚鳥蓋音孚者從偏旁讀猶釋宮之桴郭音浮又音孚矣

鶌 居勿反○十三經音略十一云居鶌居訛辰作勿翻音厥攷證云居

勿反舊作辰勿反譌校勘記云盧本辰改居是也校語錄云辰盧改居是箋曰通志堂本居譌辰辰屬禪紐勿在廣韻八物無禪紐說文鉉音九勿切廣韻九勿切正引此經及郭注則周春盧文弨改辰為居是也部本亦改為居今依改

鳩九牛反

鶻音骨

鵃竹交反或竹牛反字林云鶻鵃小種鳩也毛詩草木疏云斑鳩也桂陽人謂之斑隹○十三經音略十一云鵃竹交翻音嘲或竹牛翻音譸知毋字箋曰詩小宛釋文云鶻鵰陟交反字林作鵃云骨鵃小種鳩也陟交即此竹交案左傳昭十七年亦作鶻鵰竹牛作陟留詳彼又案斑鳩之鳩尊經書院本誤鵃以形近致譌

鳲音尸字又作鳸

鴶郭古八反字林音吉○十三經音略十一云鴶郭古八翻音戛字林音吉箋曰左傳昭十七年釋文古八作簡八詳彼

鵴居六反

穫戶郭反

鷑呂郭巨立反施音及下同○十三經音略十一云鷑呂郭巨立翻音及施音及重不必出箋曰此直音與反語並出之例也施乾係直音與呂忱郭璞之反語用字有異故具錄之周春謂不必重出蓋于陸書之例未瞭也

鵧謝符悲反郭方買反又符尸反字林父佳反○十三經音略十一云鵧謝符蒲同悲翻音毗郭方訛力作買翻非邦交互出切音擺又符尸翻符同悲字林父佳翻奉並交互出切音牌淮南子雛禮高誘注雛禮爾雅謂禆笠鵹時晨鳴案禆笠當即鵧鷑鵧本草李時珍音批非攷證云

郭力買反下脫一字案淮南子說林訓烏力勝日而服於鵻禮高誘注鵻禮爾雅謂裨笠孫氏志祖云即鵧鷑也與鵻禮裨笠音皆相近校勘記云郭力買反盧文弨曰下當脫一字注疏校勘記云釋文鵧謝符悲反郭力買反又符尸反字林父佳反惠棟云鵧鷑當作裨笠亦名鵻禮見淮南子王宗炎云淮南說林篇烏力勝日而服於鵻禮高注云鵻禮爾雅謂裨笠秦人謂之祀祝此經鵧當作鵯釋文所載四音其字皆從卑符悲反讀為卑力買反讀為捭釋文唐石經作鵧譌阮氏又云按此古支清合音之理戴震已詳言之校語錄云力買反力當作方父佳反佳當作佳盧云力買反下脫一字經籍舊音辨證三云各本同作力買反承仕案力為方之形譌類篇集韵有補買一切是其證黃侃箋識云郝疏馬輯並引作方買不知據何本箋曰通志堂本方誤力證諸集韵類篇則周春法偉堂改為方是也邵本已改為方今依改郝疏引作方當即本邵晋涵矣符尸反與符悲反同與方買反之音異各本符尸反上無又字周春阮元補又字是也今從之父佳反周春據誤本作父佳云音牌大誤集韵蒲街切鵧鷑小鳥名即從誤本任大椿攷逸亦誤案卑并二字俱屬邦紐雙聲相轉故鵧從并聲而高注作裨從卑聲非支清合音也符悲符尸父佳字異音同皆即廣韵六脂房脂切阮元謂符悲反讀為卑卑在五支府移切阮說非也其謂力買

反讀為捭未審力本方字之訛矣釋文唐石經之字作鵝俱不誤

臼如字本或作鴝○孜證云邢本作鴝毛本鴝又譌作鵙注疏校勘記云江東名為烏鵙注疏本同單疏本作鵙雪牕本作鵙皆鴝之訛疏中準此釋文云云箋曰如阮元說則鴝訛鵙尚不止毛本也古逸本郭注作鴝不誤玉篇鳥部鴝音劬鳥鴝似鵂有冠廣韵其九切鴝鳥名似鵂有冠其字俱從鳥與此或作同

鵙本又作雎七徐反○十三經音略十一云鵙本又作雎七徐翻案詩釋文七胥翻依字且邊佳雎音七子訛作餘翻又集傳七余翻七胥七徐七余七餘音並同清母字有從隹從鳥之別而音則止有清母無精母也匡名十七云案說文鳥部鵙王鵙也隹部無雎字箋曰詩釋文云依字且邊佳且音子餘反因且字有七也反子餘反二讀故陸氏云且音子餘反自為注以明之互詳彼周春改且為雎遂謂詩釋文子餘反之子為七之訛非也案說文與爾雅同作鵙字從鳥而毛詩之字從隹作雎故陸氏于此云本又作雎嚴元照以說文無雎為說則失陸意

鵰音彫

鶚五各反

好在呼報反下皆同

鷙本又作摯音至○孜證云邢本作摯注疏校勘記云鳥摯而有別單疏本注疏本同雪牕本摯作鷙釋文云云文選高唐賦注引此作鳥鷙而有別者按左傳昭十七年鵙鳩氏司馬也杜注鵙鳩王鵙也鷙而有別故為司馬主

法制鄭康成說鷙從鳥摯省聲也月令鷹隼蚤鷙夏小正作鷹始摯是古文鷙字多作摯常武如飛如翰傳曰疾如飛摯如翰亦以摯爲鷙可證杜郭皆以今字讀之故云鷙而有別詩箋云摯之言至非毛義也陸於爾雅左傳從鷙於毛詩從摯最是單疏本此作摯箋曰鷙摯同音典籍通用陸氏皆隨本作音以毛傳之字作摯而此經郭注引毛傳之字作鷙故云本又作摯猶毛傳之摯陸氏于彼則云本亦作鷙也邢本作摯即依陸氏所云又作

有別 彼列反

鵅 古客反注同○十三經音略十一云鵅古容翻音格

鵋 巨記反本亦作忌

鶀 去其反本亦作欺下欺老同本今作鶀○十三經音略十一云鶀去其翻音欺本今作鶀攷證云鶀邢本作鶀匡名十七云鵅當作雒說文隹部雒忌欺也從隹各聲又鳥部鵅烏鸔也從鳥各聲釋文云云石經單疏本作鶀一切經音義三引十又十七又二十四皆作忌欺案鵋鶀三字皆不見於說文說文雒字注鵋鶀二字係傳刻之譌注疏校勘記云鵅鵋鶀唐石經單疏本雪牕本同釋文云云按鶀字從欺故通作欺今作鶀非也據釋文則下鵋鶀老本作鶀老亦作欺老說文鵋欺老也可證今亦作鶀非一切經音義卷十卷十七卷二十四三引皆作鵅忌欺嚴元照云云二字音同文異廣韻十九鐸雒鵅同紐義與說文同釋文唐石經前後皆作鵅非玉篇隹部云雒鵋鶀鳥與說文合然鳥

部云鵅鵋䳢也又烏鸔也益爲宋人所亂耳箋曰此亦陸氏所見郭本爾雅鵅鵋䳢三字俱從鳥也說文隹部雒字段注云釋鳥曰鵅鵋䳢即雒字段說是也鵋䳢作忌欺者爲聲借鵋䳢爲後出專字郭本爾雅如是鵋者䳢之省欺從其聲也陸時已有作鵋者故云本今作鵋即唐石經以下所本嚴元照但依說文爲說阮元以作鵋爲非皆有所蔽

鵂音休**鶹**音留

鉤古侯反本今作鴝○攷證云鉤邪本作雊注疏校勘記云亦謂之鴝鵅單疏本注疏本同釋文云云按一切經音義卷十七鉤鵅下引爾雅怪鴟犍爲舍人曰南陽名鉤鵅又引郭氏曰亦謂之鉤鵅論文作鴝與鸜同音具榆反鴝鵅鳥也鴝非字義足以證陸本之是訂本今之訛箋曰如阮說今本郭注之字從鳥作鴝古逸本亦如是無有如盧文弨所說從隹作雊者鵂鶹爲疊韻聯語鴝鵅爲雙聲聯語江東或呼鵂鶹亦謂之鴝鵅其鴝作鉤者亦因聲作鴝讀具榆反者則鴝鵅二字爲聯語鴝字本有二音廣韻古侯切鴝鴝鵅鳥又音衢可證

鶅側其側事二反○十三經音略十一云鶅側其音支側事音至二翻照母字箋曰側其反即廣韻七之側持切當音緇衣之緇側事反即廣韻七志側吏切當音胾皆莊紐也周春沿舊未分照莊以致誤讀

鵵他故反本亦作兔同○匡名十七云案說文無鵵字箋曰爾雅之字爲說文所不載者致多不必牽引說文爲

說

鳷音支

鷚字又作鷚郭音繆亡侯反說文力幼反孫音流又丘蚪反○十三經音略十一云鷚字又作鷚郭音繆亡侯翻微明交互出切說文力幼翻音漏孫音流又卯蚪翻音卯羌幽翻同廣韻居幽翻音鳩箋曰郭注末有音繆三字故此云郭音繆即廣韻二十幽武彪切所本也力幼反當讀如溜廣韻四十九宥力救切有鷚而五十候盧候切無鷚可證廣韻居幽切當音樛即二十幽居蚪切周春謂音鳩則在十八尤矣

鶹予若反說文作蘥○匡名十七云案今本說文作鶹然鳥部無鶹字明係傳譌當以陸所引爲正校語錄云今說文鷚下作天鶹而正文無鶹此云說文作蘥殆亦未然疑當作蘥箋曰說文鷚字段注云蘥今本作鶹宋本李燾本作龠釋鳥釋文曰鶹說文作蘥今從之玉篇鶹天蘥也按蘥說文鉉音以勺切與予若反同音說文鷚字說解用艸部蘥字爲聲借法偉堂以爲未然非也又按予屬喻紐盧文弨本予誤子則屬精紐以形近致譌

鶠音晏又一練反○箋曰音晏即廣韻三十諫烏澗切二等一練反則讀同廣韻三十二霰於甸切四等即讀爲玄鳥之燕故云又

鶉音淳

綢音儔

鵱音六

鷜郭力于反謝施力侯反○十三經音略十一云鷜郭力于翻音婁謝施力侯翻音樓說文作蔞玉篇以鵱鷜爲一名箋曰廣韻十虞力朱切鷜鵱鷜野鵝又落侯切即本釋文力于

力侯二讀又一屋力竹切鵱鷜野鵝益鵱鷜二字雙聲聯語廣韻亦以鵱鷜爲一名也則說文鯥蔞鯥也蔞字當連篆讀鯥蔞爲鯥之名矣

鵝字亦作鵞五河反○匡名十七云石經單疏本作鵞案說文作鵝注疏校勘記云鵱鷜鵝毛本同唐石經單疏本雪牕本元本閩本監本鵝作鵞下舒鴈鵝及注同釋文云云五經文字鵞或作鵝見爾雅箋曰此陸氏所見典籍之字有作鵝作鵞者故云字亦作鵞即五經文字唐石經等所本

鶬音倉字林七羊反○十三經音略十一云鶬音蒼字林七羊翻音鏘箋曰音倉即說文鎗音七岡切爲鶬字本讀故爲首音在唐韻七羊反則在陽韻此字林讀洪音爲細音其用字有異故具錄之

麋音眉字林作鶥音同○攷證云麋邢本作麋匡名十七云案古眉麋通用故麋又作眉後又增加鳥旁耳一切經音義五十引作麋箋曰麋本鹿屬此經作麋爲聲借字林作鶥爲後出專字盧文弨謂邢本作麋案阮元注疏校勘記所據各本無有作麋粥之麋者古逸本亦作麋盧說失實若玄應書引作麋攷詩大雅生民釋文云麋音門赤苗也而慧琳音義五十八卷所載玄應音麋作麋從木不成字疑即麋之殘今本玄應音之麋爲譌字

鴰古活反說文音刮○十三經音略十一云鴰古活翻音括太平御覽引郭氏音義音箭括說文音刮曷黠微別箋曰廣韻活括在十三末不在十二曷刮在十五鎋不在十四黠周

春所云益依後世韵書合曷末為一又合黠鎋為一而言也

鴿音洛○校勘記云葉本洛作浴誤○箋曰臧錄段校改洛為浴江校同並沿葉本之譌也廣韵十九鐸盧各切有鴿而三燭余蜀切無可證

鶌郭音駮字林方沃反孫音暴○十三經音略十一云鶌郭音駮字林方沃翻非幫輕重交互出切音卜以屋韵之卜讀入沃韵孫音暴箋曰廣韵四覺北角切鶌鳥鶌鳥本此省音二沃博沃切鶌鴿鳥鶌水鳥名即本字林周春云方沃反音卜非也卜在一屋其謂以屋韵之卜讀入沃韵亦不可解孫炎從鶌之偏旁讀廣韵瀑報切有鶌即從孫讀

鶂五歷反又五結反水鳥也春秋云六鶂退飛過宋都是也○箋曰春秋僖十六年左傳作鷁公穀作鶂實一字也詳左傳惟三傳釋文但有五歷反歷在廣韵二十三錫五結反則讀如盭在十六屑聲雖同而韵已異故云又

頸古郢反

駮布角反○攷證云宋本注江東呼烏鶌下有音駮二字故陸為之音郎本亦有駮作駁校語錄引盧説注疏校勘記云江東呼烏鶌音駮雪牕本同注疏本删下二字釋文鶌郭音駮駁布角反箋曰古逸本郭注亦有音駮二字正與釋文相合若郎本作駁與駮同音駮駁二字説文鉉音並北角切

鴚郭音加説文音河廣雅云鴚鵝鴈也○攷證云單注本今江東呼鴚下有音加二字注疏校勘記云今江東呼鴚音

加雪牕本同注疏本删下二字釋文鴚郭音加箋曰古逸本郭注亦有音加二字按方言八卷鴈自關而東謂之鴚鵝郭注云今江東通呼為鴚鵝音加並可為證又按說文音河之河當作哥鴚說文鉉音古俄切廣韻古俄切集韻居何切有鴚而胡歌切寒歌切並無且音哥與郭音加同屬見紐正一聲之轉音河則屬匣紐矣各本之河必是傳寫致譌

鳧音符鶩音木

鴨字又作鴨一甲反○攷證云邢本作鴨注疏校勘記云鴨也雪牕本注疏本同釋文鴨字又作鴨箋曰鴨鴨一字甲在鳥下或鳥旁小異耳釋魚在水者黽郭注云一名土鴨釋文鴨於甲反彼注作鴨故陸云字又作鴨即邢昺所本今人通書作鴨不復用鴨也

鳽郭五革反字林音肩○十三經音略十一云鳽郭五革翻音額字林音肩五經文字音堅又五牽翻音研箋曰廣韻五革切鳽鵁鶄即本此首音說文鉉音古賢切與五經文字音堅皆即字林音肩廣韻五堅切鳽鵁鶄也即五經文字五牽反字雖異而音同

鵁音交本亦作交

鶄音精本又作精○匡名十七云案交省文精通借箋曰史記司馬相如傳上林賦鵁鶄䴉目漢書作交精郭璞曰交精似鳧而腳高有毛冠辟火災與此經郭注之說正同陸氏于此云本亦作交本又作精者正謂如漢書所作也

以厭以冉反○校語錄云以冉反以當作一聲近之譌也箋曰郭注云以厭火災按

廣韻於琰切𧝝𧝝𧞤即此厭之後出分別文影紐字也以冉反讀如琰則屬喻紐矣法氏說是也此蓋傳寫者涉正文以字而譌

與 音餘樊孫本作鸒○十三經音略十一云與音餘樊孫本作鸒唐石經作輿今本從之攷證云案今本多作輿石經宋本諸本皆同注疏校勘記云輿鵛鶨唐石經注疏本同雪牕本輿作與釋文云云按與即鸒之省當從釋文唐石經作輿輿非匡名十七云玉篇鳥部廣韻十五青引作鸒石經誤作輿陸氏佃新義附會其說云輿載也近本皆承其誤唯雪牕本作與同於釋文校語錄云與今本作輿箋曰古逸本亦作輿與唐石經同郭注云未聞但以陸氏音餘為說則與輿同音皆屬聲借樊孫本從鳥作鸒為專字與卑居之鸒同形也

鵛 古形反本亦作經

鵌 音徒

鵜 大兮反○經籍舊音辨證三云郭注云今之鵜鶘也俗呼之為淘河玄應音義十七云中國言掏河江南言鵜鶘鵜或作鴺郭璞注三蒼曰黎大兮反承仕案慧琳轉引玄應此文作郭璞注三蒼曰音黎又大兮反是也蓋鵜字或作鵹東山經沙水其中多鵹鶘郭音黎是其證又詩候人正義引陸璣疏曰羣共抒水滿其胡而棄之令水竭盡魚在陸地乃共食之故曰淘河承仕案鵜鶘淘河雙聲相轉非有異義舊音本為淘河至郭璞時形聲雖已變遷而方語相承猶依古讀故郭璞所謂俗呼實即舊音之未變者耳漢書司馬

相如傳揭度九江越五河晉灼謂五河即五湖淮南說山訓譬若樹荷山上高注云荷讀如燕人强秦言胡同也是昔人胡河同讀之證陸璣以還不明音轉之故望文生訓胥失之矣今江浙閒人胡何猶多一讀唯聲紐誤與烏同黃侃箋識云鶘洶鶘河韵部有異何用知舊音本為洶河又云汙澤有義則洶河未必無義不得謂之望文生訓山海經云其鳴自訓則鶘鶘又純本自然之音毫無意義矣又云江浙人讀胡何正是喻母耳不與烏同箋曰鶘洶同屬定紐鶘河同屬匣紐吳氏謂鶘鶘洶河雙聲相轉是也東山經作鴛鶘鴛屬來紐來定同是舌音亦同位雙聲也唯郭注云俗呼之為洶河此記載晉時之俗呼如謂為古讀為舊音則泥矣黃氏謂洶河非舊音雖是然謂鶘洶鶘河韵部有異未審雙聲相轉者不必韵部相同也鴮毛詩傳作洿同音烏郭火布反○十三經音略十一云鴮毛詩傳作洿同音烏郭火布翻音戽荒故翻同經籍舊音辨證三云承仕案毛詩傳作洿澤釋文云音烏一音火故反彼之一音即此之郭音鸅音澤毛詩傳作澤鶘音胡洶大刀反鶾本又作翰胡旦反樊云一名山雞○十三經音略十一云鶾本又作榦胡旦翻音翰匡名十七云釋文云鶾本又作翰案說文羽部翰天雞赤羽也從羽倝聲又鶾鶾雞肥鶾音者從鳥倝聲則此當從羽校勘記云本又作榦按榦當作翰字之誤校語錄云本又作榦榦當

作翰校勘記云榦當作翰本又作鶾箋曰注疏本經文並作鶾釋文正文作鶾與注疏本同陸云本又作翰者謂如說文所作其字從羽因此經作鶾從鳥也鶾說文鉉音侯旰切翰鉉音侯榦切二字同音通用皆讀匣紐通志堂本翰誤榦鉉音古案切屬見紐以形近致譌周春即沿誤本今依部本盧本所改法偉堂所引校勘記多本又作鶾四字

鸒 郭音握又音學太平御覽引郭氏音義胡確翻又才五反字林乙竺反○十三經音略十一云鸒郭音握又音學又于訛作才玉訛作五翻音浴字林乙竺翻音郁說文鶾鸒山鵲也知未來事鳥也似合上文鶾天雞為一物校語錄云才五反必非鸒字之音二字並誤五則沃之譌箋曰郭音握即廣韻於角切所本屬影紐又音學即廣韻胡覺切所本亦即說文鉉音胡角切屬匣紐才五反則讀如粗在姥韻從紐聲韻與其他三讀遠隔故字書韻書俱不載此讀周春改才五為于玉于屬為紐較為合理然廣韻余蜀切集韻俞玉切並無此鸒則周氏所改者亦不可為據且于屬為紐乃三等浴為余蜀切乃四等周春三四等不分亦非法偉堂謂五為沃之譌攷集韻二沃烏酷切有鸒即此字林乙竺反也周春謂乙竺反音郁非也郁在一屋果如法氏所說則才或為衣字之殘然衣沃雙聲不成切語但可謂五為沃韻中某字之譌耳

鵲 本亦作鵲七約反○攷證云鵲邢本作鵲注疏校勘記云鸒山

鵲唐石經單疏本雪牕本同釋文鸖本亦作鵲匡名十七云案笞隸變作昔箋曰嚴說是此陸氏所見郭本爾雅之字如是而他書作隸體故云本亦作鵲即唐石經邢昺所本

⿱此束 子髓反字或作觜廣雅云口也○攷證云案廣雅作⿱此束校勘記云鷙葉本作⿱此束是也說詳注疏校勘記注疏校勘記云觜腳赤單疏本注疏本同雪牕本觜作⿱此虫釋文云云葉鈔本鷙作⿱此束按廣雅⿱此束噣喙口也從鳥從魚皆誤一切經音義卷五引下鶩鷗注云⿱此束頭曲如鉤今釋文及諸本皆作觜箋曰通志堂本⿱此束誤鷙臧校改為⿱此束江校改為⿱此束皆依葉本也惟臧所改者誤束為東故王筠又校云筠案⿱此束當作⿱此束是也攷廣韻即委切集韻祖委切皆觜⿱此束為一字而無從鳥從魚者從魚者實從角形近致譌從鳥者因此為鳥口而妄改也陸云字或作觜正以下鶩鷗郭注之字作觜也今依葉本

鷣 音淫○攷證云單郭注本有音淫二字注疏校勘記云因名云音淫雪牕本同注疏本删下二字箋曰古逸本郭注亦有音淫二字郭音即釋文所本

負 字或作⿰負鳥同房九反○匡名十七云案郭注云善捉雀因名云則作負為正說文鳥部無⿰負鳥字箋曰作負為聲借或作⿰負鳥為後出分別文廣韻房九切⿰負鳥鴀別名也即本此或作嚴元照所說非陸意

鷂 以照反字林云鷙鳥下同

鶨 呂郭丑絹反孫勑亂反○十三經音略十一云鶨呂郭丑

絹翻音近霰韵穿母之串讀歸徹母霰韵無徹母字也孫勑亂翻亦讀近霰韵穿母之串讀歸翰韵徹母翰韵亦無徹母字也箋曰廣韵三十二霰無徹母亦無穿母霰為先之去聲四等韵本無穿徹二母也絹在三十三線其丑戀切正有此鶨注云鳥名又音彖按彖在二十九換通貫切通屬透紐此用勑屬徹紐類隅也孫炎蓋從鶨之偏旁讀說文鉉音丑絹切與呂忱郭璞讀同故陸氏以為首音周春所說俱誤

鴅巨炎反字林云句喙鳥

鳫說文作雇鳫籀文也左傳詩並作扈同音户○攷證云鳫籀文也舊脫鳫字據說文補校勘記云說文作雇籀文也盧本雇下補鳫字此脫校語錄云籀文上盧補鳫字是箋曰通志堂本籀文上無鳫字與說文不符江校于籀上施乀又于書眉上書一鳫字正與盧文弨所補者同今從之爾雅作鳫用籀文而說文作雇左傳昭十七年傳詩小宛並作扈則為同音借字故陸氏具言之也

鴳音晏

竊音切

脂音之

鳭丁堯反○十三經音略十一云鳭丁堯翻音刀說文作刀玉篇丁幺翻同又作幺鵃竹交嘲翻箋曰爾雅各本俱作鳭不作鳭說文鷯字說解作刀不作刀說文無刀周說失實案說文鷯字段注云能剖葦故名刀鷯刀與剖義相應改刀為鳭讀丁堯切非也玉篇云鷦鷯亦作鳭鷯其說尤誤鷦鷯為小鳥刀鷯則不甚小觀郭云似雀青斑長尾則大於鷦鷯

可知也如段說鴂鷯與鷦鷯為二物周春云鴂又作幺同鷦似沿玉篇合鴂鷯鷦鷯為一物矣

鷯力小反〇十三經音略十一云鷯力小翻音了又平聲音遼去聲力照翻音料箋曰廣韵小在三十小了在二十九篠周春云力小反音了依後世韵書合篠小為一者而言也周氏又云平聲音遼則合蕭宵為一去聲音料則合嘯笑為一廣韵遼在蕭韵不在宵韵料在嘯韵不在笑韵周說實誤

剖普口反

鷦子遙反

雌字或作鴜同七移反〇匡名十七云案說文鳥部無鴜字箋曰此陸氏所見雌字有從鳥者集韵七支切雌或從鳥即本釋文

鳺本又作鳩謝五益反呂郭音乂〇十三經音略十一云鳺本又作鳩謝五益翻音艾呂郭音乂匡名十七云案鳺鳩二字皆不見於說文箋曰謝嶠本爾雅之字作鳩故作音為五益反廣韵五益切鳺巧婦別名即本謝音呂忱郭璞音乂殆其字即同此本又作鳩廣韵魚肺切鳩爾雅云桃蟲鷦其雌鳩俗呼為巧婦即本呂郭所讀

鶓亡小亡消二反字林云澤雀〇攷證云鶓宋本作鶓俗本注疏作䳟

鶠音偃

鳳郭云瑞應鳥也雞頭蛇頸燕頷龜背魚尾五彩色高六尺許說文云神鳥也天老曰鳳象麟前鹿後蛇頸魚尾龍文龜背燕頷雞喙五色備舉出於東方君子之國翱翔四海之外過崑崙飲砥柱濯羽弱水暮宿風穴見則天下大安寧毛詩草木疏云雄

曰鳳雌曰皇一名鶠其雛名鸑鷟或曰鳳一名鸑鷟其形鴻前鹿後蛇頸魚尾龍文龜身燕頷雞喙首戴德頸揭義背負仁翼挾信心抱忠足履正尾繫武非梧桐不棲非竹實不食朝鳴曰發明晝鳴曰上翔夕鳴曰滿昌昏鳴曰固常夜鳴曰保長得其屢象之一則過之二則翔之三則集之四則春秋居之五則没身居之○攷證云案引說文鳳象今本作鳳之象也又麟前鹿後今本作鴻前麐後蛇頸魚尾下今本有鸛顙鴛思四字引毛詩草木疏背負仁舊負譌作角五則没身居之舊没譌作為皆改正校勘記云葉本色誤免砥作砥又下背負仁負誤角五則没身居之没誤為盧本俱已改正校語錄云今說文與此略異角盧改負是為盧改没是箋曰臧校改五彩色之色為免飲砥柱之砥為砥皆誤依葉本也葉本之免乃色之形近譌字砥柱之砥從氐聲不從氏聲案說文段注正依此所引以改訂大小徐本段云麐前鹿後各本作鴻前麐後又魚尾下有鸛顙鴛思四字按爾雅釋文大雅卷阿正義初學記論語疏所引皆作麐前鹿後皆無鸛顙鴛思四字惟左傳正義同今本蓋唐人所據原有二本左疏所據非善本也天老對黄帝之言見韓詩外傳今外傳亦無此四字郭氏山海經圖讚曰八象其體五德其文云八象則益為十者非矣今皆更正如段說則此所引與今大小徐本說文異者乃據善本也大雅卷阿正義引說文天老曰

鳳象無之也二字與釋文同又按通志堂本負仁之負作角以形近致譌沒身作為身亦非韓詩外傳八卷及太平御覽九百一十五引韓詩外傳作負仁及沒身說苑辨物篇作負仁及終身當即陸疏所本郘本盧本並已改角為負改為為沒是也今依改

皇本亦作凰○匡名十七云詩正義十七之四集韻引作凰案凰字無所從俗字之無理者箋曰凰實俗字此六代時已有書鳳皇為鳳凰者故陸氏具言之

瑞

應音膺

頸吉井反

頷乎感反

鶺詩作脊同精益反本今作䳭○攷證云鶺邢本作䳭注疏校勘記云䳭鴒唐石經單疏本雪牕本同釋文云云匡名十七云案說文鳥部無從即之字箋曰詩作脊令為聲借爾雅作鶺鴒為後出專字六代時鶺又有作䳭即在鳥旁者故陸云本今作䳭正唐石經邢昺所本

鴒詩作令同力丁反

雝於恭反

渠字或作鸈○匡名十七云案說文作鸈云雝鸈也今作渠者省文

鷽弋庶反毛詩傳云鷽鵯鶋雅烏也小爾雅云小而腹下白不反哺者謂之雅烏說文字林皆云楚烏也一名鷽一名鵯鶋秦云雅烏○攷證云引小雅舊作小爾雅據宋本無爾字從之校勘記云小爾雅云盧本作小雅言據宋本箋曰小而腹下白不反哺者謂之雅烏此小爾雅廣烏之文也釋器釋文槮下及詩小雅小弁篇周頌潛篇釋文並引小爾雅無有省小字

但稱爾雅者此盧文弨妄删小字曲從宋本非也今仍通志本之舊

斯 本多無此字案斯是詩人協句之言後人因將添此字也而俗本遂斯旁作鳥謬甚○匡名十七云元照案陸說是也箋曰小雅小弁釋文亦云斯語辭蓋說文雅字說解云一名鷽正無斯字陸云斯是詩人協句之言謂小弁首章斯與提韻鸒與提不同韻且弁彼鸒斯句無斯字則僅三字與全詩八章章八句每句四字亦不協矣

鶌 音匹

鶋 音居本或作居○匡名十七云鸒說文作鶌云卑居也卑居加鳥旁皆俗作箋曰此亦陸氏所見郭本爾雅鶌鶋二字皆從鳥也其云本或作居即謂如說文不從鳥作耳

燕 於見反象形字或加鳥者非

白脰 音豆

鴽 音如

鴾 字或作牟音謀

母 如字李音無舍人本作蕪○十三經音略十一云公食大夫禮注鴽無母案月令正義云舍人母作無釋文母音牟又如字據此鴾字可音無母字可音牟音相近也攷證云母舊作母案陸云如字李音無則當作母校勘記云母盧本改母此誤說詳攷證字唐石經本作母注疏校勘記云鴽鴾母單疏本雪牕本元本閩本同唐石經監本毛本母作母疏中同按釋文母如字李音無舍人本作無則石經作母非禮記月令注鴽母無釋文母音牟正義曰母當作牟聲轉字誤牟字作母儀禮公食大夫禮注鴽無母誤倒當作月令注作母無其母字作無與舍人

本合說文翟年母也從隹奴聲翟或從鳥匡名十七云案說文鳥部無鴾字鄭注儀禮公食大夫禮作無母彼釋文云母音年又注禮記月令作母無鴾監本作母誤彼釋文云上音年下如字正義云舍人云母作無今此注母無母當作年謂年無也聲轉字誤年字作母元照案母字不當音無李巡音無當作從母貫一之母不當作父母字證之二禮注則鄭本與李同也母無音同年母又一聲之轉鄭注一作母無一作無母均非誤也校語錄云案既云如字又云李音無則當作父母之母矣又見月令盧刻改母箋曰通志堂本母誤毋以形近致譌母無本同音此首云如字次引李巡音無如曲禮毋不敬之毋釋文但音無古逸本經文正作母與唐石經同皆依郭璞本爾雅也釋文即如是盧文弨改為父母之母是也今從之阮元注疏校勘記以唐石經作母為非實未喻此案年母同屬明紐無母同屬微紐明微發音方法同位同雙聲也此鳥以年母二字為名雙聲相轉故或作年母或作年母或作母無或作無母李巡音無則讀為母不敬之毋舍人本作蕪之蕪陸氏引之正以證李巡之讀耳阮元注疏校勘記引釋文舍人本本作無未明所據

鵪烏南反

鶨音窑本今作窑

肌音飢

鷖音計

鶧音英

本今作英○攷證云鶨邢本作窑鶧邢本作英注疏校勘記云窑肌繫英唐石經雪牕本同釋文云云匡名十七云案說文鳥

部無鷯鵳二字注云釋蟲已有此疑誤重正義云郭疑為重出則郭本不從鳥箋曰此亦陸氏所見郭本爾雅鷯鵳二字俱從鳥為窑英二字之後出分別文耳其云本今作窑本今作英正謂六代時又有不從鳥者即唐石經邢昺所本

誤重直用反

巂户圭反說文周燕也蜀王望帝淫其相妻慙亡去為子巂鳥故蜀人聞子巂鳴皆起曰是望帝也○十三經音略十一云巂户圭翻音攜經籍舊音辨證三云文選七命注孫炎爾雅注巂胡圭切户圭胡圭音同今釋文不引孫音者以孫音與見行音同無取旁證故不具出耳然則孫炎反語為德明所不錄者不僅此一事矣

鳦音乙本或作乙或音軋○十三經音略十一云又音一軋即詩正義郭一音烏拔翻汗簡云郭顯卿字指烏八翻今於一翻匡名十七云案說文十二上乙元鳥也齊魯謂之乙取其鳴自呼象形或從鳥作鳦徐鍇曰此與甲乙之乙相類其形舉首下曲與甲乙字少異箋曰詩燕燕釋文云鳦音乙本又作乙郭烏拔反烏拔正讀如軋則此或音即郭璞所讀燕燕正義引爾雅及郭璞注末又云郭一音烏拔反細覈正義所引郭音實為爾雅郭音

鳭尺之反或作鴟○匡名十七云案氏本作丘筆畫傳譌往往與互至二字相溷非別有從至之字也箋曰廣韵六脂處之切鴟為鳭之異體即本釋文此作尺之反釋文脂之不分也

鴞于驕反

鸋音寧又音甯**鴂**音決鸋鴂今之巧婦鳥**狂**如字本或作鵟**茅**本或作鶜○匡名十七云案說文鳥部無鶜字無鶜字五經文字云鶜鴟字爾雅作茅箋曰廣雅釋鳥鶜鴟鵂也其字從鳥與此所云或作者同即陸氏所本則狂本或作鵟者陸氏亦據彼所見之典籍而言非依說文也**𪀦**字又作䲵亡項反又亡江反字林云鴟也亡董反廣雅云茅鴟𪀦也○十三經音略十一云注𪀦字又作䲵亡項翻龐聲上又亡江翻𪅆字林亡董翻鸏音皆以微明輕重交互出切案今注無𪀦字注云鵜鴟也鵜字乃𪀦字之訛注疏校勘記云今𪀦鴟也單疏本雪牕本同注疏本𪀦訛鵜釋文云云箋曰如阮說周春所據者郭注𪀦作鵜乃誤本也古逸本仍作𪀦與釋文及單疏本諸本同臧校刪茅字江校同案廣雅釋鳥有此字惟字作鶜從鳥王氏疏證云鶜與茅同並引此釋文正有茅字臧江二氏刪之非也**鷹**於陵反**怪**古拜反**梟**古堯反**鶛**音皆又音界**劉**字或作鷚音留○攷證云字或作留音留上留字譌疑當為鷚校勘記云盧文弨曰劉疑當為鷚匡名十七云釋文云劉字或作留校語錄云盧云上留字譌疑作鷚是也箋曰通志堂本鷚作留按下有音留二字若原是留字陸氏不煩再云音留也葢有或作鷚與下文鷚鷚之鷚同字者故陸云字或作鷚音留陸氏于下文亦云鷚音

留惟下文為鷗鶇此為鶇鷗疾耳今依盧文弨說改阮元引盧說誤為正文劉字非也

哺 蒲路反說文云口中嚼食也

轂 謝苦候反字林工豆反郭音同又古豆反烏子須哺而食者燕雀之屬也史記云趙武靈王探雀轂而食之是也○十三經音略十一云轂謝苦候翻音寇字林工豆翻音轂郭音同又古豆翻即工豆翻不必重出校勘記云又古豆反葉本豆作互是也校語錄云古豆與工豆同非異讀也或陸意謂郭亦具二音與呂謝同耶箋曰臧校改古豆之豆為互即誤依葉本也廣韻集韻十一暮並無轂字轂從㱿聲在矦部不在模部而阮元以葉本為是真瞽說也謝嶠苦候反讀如寇屬溪紐呂忱字林工豆反讀如遘屬見紐二音微別郭璞既同謝讀又云古豆反與呂用字異而音同郭具二讀故陸氏並著之法偉堂所說是也周春謂不必重出未明陸書之例也

母食 本或作飤同音嗣

噣 竹角反義當作啄○匡名十七云案說文口部噣喙也從口蜀聲又啄鳥食也從口豖聲其義不同王逸楚詞章句九歎云生哺曰轂生啄曰雛陸說是也然二字古通用楚策俯噣白粒亦從蜀而顏涿聚或作燭雛或作濁雛又秋官序官壺涿氏注云故書涿為獨鄭司農云獨讀為濁其源之濁音與涿相近據此則古者豖蜀同物也箋曰噣說文鉉音陟救切此但云竹角反乃啄字本讀即讀為啄也噣啄二字雙聲故

二字通用此經作噣為啄之雙聲借字陸云義當作啄謂啄乃本字噣為借字也若古蜀聲豕聲之字多通用者蜀聲豕聲古韵同在燭部嚴元照謂古者豕蜀同物其所謂之物為何含義不明

雛 仕俱反林云雛子也匠于反又鳥子生而能自啄者禮記云雛尾不盈握不食是也字或作鶵同或云仕俱反者是鳥子也匠于反者為鳳類也○十三經音略十一云雛匠于音徂從母仕俱音鶵牀母二翻字或作鶵同或云仕俱翻者是鳥子也匠于翻者為鳳類也鳥子鳳類從牀之別匡名十七云案說文隹部雛雞子也從隹芻聲籀文從鳥作鶵箋曰禮記內則釋文云雛字又作鶵仕俱反又匠俱反匠俱即此匠于皆從牀混讀也互詳彼此引或云仕俱匠于二讀之義不同以廣異聞耳按廣韵于俱並在十虞徂在十一模周春云匠于反音徂是依後世韵書合虞模為一而言也

爰 本亦作鶢音袁

居 本或作鶋同李云爰居海鳥也樊云似鳳皇○攷證云樊云似鳳皇莊子音義中引作形似鳳皇匡名十七云案說文鳥部無鶢鶋箋曰此亦陸氏所見當時典籍爰居二字又有從鳥作鶢鶋者故具言之

雜 字亦作襍○匡名十七云案說文衣部雜從衣集聲今作襍譌體

琅 音郎

邪 以嗟反○校勘記云似差反盧本差作嗟此誤葉本似作以校語錄云似差反當合論語序通攷之當作似嗟反箋曰通志堂本以嗟作似差臧校改似為以即依

葉本是也邵本盧本並改差為嗟亦是今俱依改攷論語序釋文云琅邪以嗟反又也差反以嗟反即廣韵以遮切是琅邪郡之邪字正讀屬喻紐若作似嗟反則其義為論語思無邪之邪屬邪紐故此上字當依葉本作以嗟差雖同在麻韵麻韵二三等不通用而嗟為四等差為二等凡三等韵可以有齒頭及喻之四等不能有二等之莊初諸紐故論語釋文以以嗟反為首音以也差反為又音謂又有二三等混讀者其反語用字為也差耳

駒 音俱

扈 音戶○校勘記云按唐石經單疏本皆作春鳸此作扈誤也上扈鴳下云左傳詩並作扈明爾雅不作扈箋曰扈為鳸之同音借字陸氏于上扈鴳下無下同二字則此作扈與左傳詩同不得云誤也

鳻 本亦作分同扶云反或芳云反○十三經音略十一云鳻本亦作分同廣韵作鴍亦扶云翻音焚或芳云翻音芬奉敷之別匪名十七云寀說文隹部雇下云春雇頒毛本作鴳誤今據集韵類篇所引改正盾鳥部無鳻字鳥部有鴍字云鳥聚貌一曰飛貌此不同與箋曰說文雇字段注云鳻當從集韵類篇作頒嚴元照以說文作鳻為誤即依段說也蓋段書之例謂說文說解之字必為篆文所有者鳥部無鳻故謂當從集韵類篇此段氏一家之言非通論也嚴氏為其所惑廣韵符分切並有頒鳻二字作頒作鳻皆為聲借猶亦作分者亦聲借耳陸云本亦作分者左傳昭十七年正義引賈逵云春扈分循即作分字故陸云同

俱不可云誤

鶞　敕倫反本亦作遁○十三經音略十一云鶞敕倫翻音椿五經文字丑句翻同攷證云春秋正義引樊光注云鳹鶞言分循也春鳫分循五土之宜此作遁遁循巡古皆通用匡名十七云案說文作盾鳥部無鶞字箋曰循巡同音說文鉉音並詳遵切循遁皆從盾聲同在諄部是以遁循巡古通用案左傳昭十七年正義引樊光注云鳹鶞言分循也陸氏于此亦未言李巡孫炎諸本有異則此經作鶞衆家本並同說文作盾為聲借

藍　力甘反

行　如字

唶

唶　說文云借字也一云大聲也莊百反顧子夜反又子亦反廣雅云唶唶鳴也○十三經音略十一云唶莊百翻音窄顧子夜翻音借又子亦翻音即匡名十七云案說文言部諎大聲也讀若笮或從口作唶今人部有借字乃大徐所增十九字之一箋曰段校云說文諎大聲唶或從口此借當是諎之誤臧校改云為亦顧千里校云亦字是臧顧殆依段校而言案說文諎字段注云爾雅釋文云云案說文人部無借字據陸則此大聲也之上今奪五字但借字也三字語不完且陸不分疏云唶說文作諎今未敢輒補要陸所據為善本今案唐寫玉篇殘卷諎下引說文但云大聲則今本無奪文段臧顧所校者乃與今本說文合說文讀若笮鉉音莊革切故此以莊百反為首音即左傳昭十七年釋文之側百反也又案子亦反即廣韵二十二昔資昔切周春云音即則讀同二十

四職子力切矣非

嘖嘖 莊革反廣雅云鳴也說文嘖呼也〇十三經音略十一云嘖莊革翻音窄音同唶周禮釋文唶側百翻笮作笮音同五經文字唶音責箋曰廣韵嘖窄笮諸百在二十陌革責在二十一麥釋文陌麥不分耳

鴔 彼及反郭房汲反字林方立反〇十三經音略十一云鴔彼及翻音近逼郭房汲翻奉並交互切音近獨出字林方立翻非幫交互切音近逼出箋曰彼及反為鴔字本讀說文鉉音如是故為首音郭璞皮及反則讀同下鵖皮及反乃鵖字之音入聲邦並相混故為次音方立反與彼及反用字異而音同故附載之以著其異

鵖 皮及反郭北及反字林房立反又音伏〇十三經音略十一云鵖彼及翻音近獨郭北及翻方立翻同字林房立翻房汲翻同又音伏校語錄云郭北反反乃及之譌箋曰通志堂本皮及北及二及字皆殘為反部本盧本與周春引並作及是也今依改皮周春作彼非彼屬邦紐皮屬並紐皮及反為鵖字本讀故為首音房立反字異音同字林用房類陽也皆即廣韵之皮及切郭璞北及反亦入聲邦並相混又音伏即讀作鶝郭注云鵖鴔猶鶝鶝語聲轉耳故廁于末以其字異也

鵀 本亦作紝女金反施汝沁反方言云戴鵀一名戴南一名戴勝〇十三經音略十一云鵀本亦作紝女金翻賃平聲孃母施溺訛作沒沁翻音近吟去聲讀泥母經籍舊音辨證三云各本同作沒沁反承仕按沒為汝之形譌類篇集韵

有如鳩一切是其證匡名十七云案說文𦃘紝從糸壬聲或從任作𦃢鄭注禮記月令曰戴勝織紝之鳥據此則作𦃢為合鳥部無鵀字呂覽作任即𦃢之省文箋曰方言八卷淮南時則訓並作戴鵀與此經之字同陸云本亦作𦃢者後漢書襄楷傳李賢注引春秋考異郵及春秋說題詞並作戴紝鵀同音通用猶呂覽季春紀作任也而嚴元照獨以作𦃢為合但依說文無鵀為說非通論也按廣韵汝鳩切鵀戴鵀鳥汝鳩即汝沁廣韵正本施乾所讀各本汝作没者以形近致譌吳說是今依改周春改為溺與没字形不近江校改没為設設屬審紐江校亦非

勝尸證反

鵖皮逼反

鶝音逼又音福

鶭本或作鴋說文作鴋孚往反○十三經音略十一云鶭方房二音見廣韵說文作鴋孚往翻音訪匡名十七云案鴋鶭皆俗體箋曰廣韵三十六養妃兩切鶭鸅鸆鳥即本此孚往反十陽符方切鴋澤鸆也即讀如房其讀如方者則義非鸅鸆十陽府良切鴋鸅鴋鳥名人面鳥身說文鴋字段注云此不得牽合鸅鴋周春正牽合鸅鴋為說矣且訪讀去聲在四十一漾敷亮切此孚往反乃讀上聲周春殆依俗讀失之

澤虞字林作鸅鸆音同○匡名十七云案說文鴋澤虞也鳥部無鸅鸆二字箋曰陸謂字林作鸅鸆非謂說文也

婟户故反下同說文云嫪也廣雅云婟也聲類云婟嫪戀惜也字書作嫭一

本作詎皆同嫪力報反○攷證云詎舊譌詑今改正嫪下當有音字校勘記云一本作詑盧本詑改詎此誤校語錄云詑盧改詎是箋曰通志堂本詎誤詑江校改為詎與盧文弨所改者同是也廣韻十一暮胡誤切並有婟嫭詎三字集韻嫭嫮為一字異體郭注云今婟澤鳥嫮詎與婟同音通用故陸云皆同若詑從玄聲當在先韻不得在暮韻詑實詎之形近誤字今依盧江所改

鶿音慈字林云似鶂而黑

鷧郭懿翳二音字林英莅反○十三經音略十一云鷧郭懿寘翳霽二音字林英莅翻即音懿不必重出箋曰廣韻懿在六至不在五寘翳在十二霽郭璞懿翳二音為至霽影紐相混字林英莅反即讀如懿此直音與反語並出之例陸氏以其用字與郭璞異故具載之周春謂不必重出未明陸書之例

觜子髓反

鷯字林力彫反

鶉順春反

鶛音皆

牝毗忍反舊扶死反○十三經音略十一云牝毗忍翻音臏舊扶死翻奉並輕重交互出切音婢箋曰周易坤卦釋文云牝頻忍反徐邈又扶死反頻忍即此毗忍詳彼扶死即廣韻扶履切在五旨婢在四紙此周春依後世韵書合紙旨為一而言也

庳婢支反施音婢郭音卑○十三經音略十一云痺婢支翻音毗施音婢郭音卑攷證云庳邢本作痺與單注本同石經鄭本作庳注疏校勘記牝痺注疏本同誤也釋文唐石經單疏本雪牕本皆作庳當據

以訂正疏中同箋曰古逸本作廣韻與釋文同案音婢即廣韻四紙便俾切音卑即五支府移切廣韻此二紐俱有庳無痺則阮元說是周春作痺沿誤本盧文弨云邢本作痺亦失實單疏本雪牕本不作痺可證廣韻毗在六脂周春謂婢支反音毗據後世韻書合支脂為一而言也

鵮烏含反

鸍郭音施尸支反字林亡支反○十三經音略十一云鸍郭尸支翻音施字林亡支翻微明輕重互切音彌攷證云單注本注末有音施二字注疏校勘記云今江東亦呼為鸍音施雪牕本同注疏本删下二字釋文鸍郭音施箋曰古逸本注末亦有音施二字蓋郭注原文如是即陸氏云郭音施所從出也廣韻式支切鸍似鴨而小又音彌即本釋文

沈直今反

鴢謝烏卯反郭音杳字林音幼○十三經音略十一云鴢謝烏卯翻音拗郭音杳山海經郭窈窕之窈音字林音幼箋曰廣韻三十一巧於絞切有鴢本謝嶠音讀二等二十九篠烏絞切有鴢本郭璞音讀四等輕重略異字林但依鴢字偏旁讀陸氏雖載之而廁于末以廣異聞耳

頭字或作投

鵁本或作鳩郭音驍虛交反又音交○十三經音略十一云鵁本或作鳩郭音驍山海經郭音髐箭之髐虛交翻又音交張揖上林賦注鵁鶄頭烏以鵁頭為句與郭異廣韻頭作鴝度候翻箋曰此經郭注末亦有音髐箭三字故陸云郭音驍廣韻許交切有鳩似鳧脚近後不能行即依或作

許交即虛交，屬曉紐，音交則讀古肴切，屬見紐，鴞鸖之鴞如是讀，故云。又按廣韻田候切無鴞字，十九候度候切鴞，鵰頭鴞似鳧，腳近尾，周春所引廣韻度候翻之候當作候。

腳近 附近之近

箭 子賤反。○校勘記云：葉本腳近在箭下，誤倒。箋曰：王筠校謂朱葉本箭在腳近上，與阮元所見者同。今按郭注腳近二字在箭字之上，阮元謂葉本誤倒，是也。

鷄 貞刮、直活二反。○十三經音略十一云：鷄，征刮音近黠韻之扎，直活音近屑韻之轍，二翻並易韻字。羣經音義云：鷄，鳩肉美，俗名突厥雀。箋曰：貞刮反，即説文鉉音及廣韻十五鎋丁刮切。貞屬知紐，丁屬端紐，類隔也。廣韻正引此經及注本此。首音直活反，直乃貞之形近誤字，貞活反即十三末丁括切，亦類隔也。活在末韻，為一等合口。直屬澄紐，如謂為定澄類隔，則廣韻徒活切無此鷄字，故直為貞之誤字。周春謂音近轍，轍三等開口，洪細收音迥別，何能相比，實沿誤本直字為説耳。又札為開口二等字，刮為合口一等。周春謂貞刮反音近札，亦非。

寇 苦候反

鴿 古合反

歧 音祁。○箋曰：廣韻歧在五支，祁在六脂，此亦釋文支脂不分也。

憨 呼濫反。字書云：愚也。○攷證云：一切經音義十四引郭注有憨音呼濫反五字。箋曰：玄應音義引郭璞曰：鷄大如鴿，似雌雉，鼠腳，岐尾，為鳥憨急，羣飛，出北方沙漠地，肉美，俗名突厥雉，生蒿萊之間，形大如鷄。憨音呼濫反今本郭注無肉美下十餘字**漠**音莫**雈**音桓**鵍**本又作莵音兔○匡名十七云案莵即兔之别體雈頭似兔故以爲名說文鳥部無鵍字箋曰廣雅釋鳥鵰鴅老鵍也王氏疏證引此經及郭注廣雅之字與此經並作鵍不得以說文無鵍字而疑之陸云本又作莵者淮南主術訓注云鴅鴅鵂也謂之老莵夜鳴入屋上也其字正作莵益陸氏所見之典籍有如是作者嚴元照謂爲兔之别體非也**鵚**徒忽反本亦作突**胡**字或作鶘○攷證云邢本作鶦注疏校勘記云鵚鶦鳥唐石經雪牕本注疏本同單疏本鶦作鶘非釋文云云匡名十七云說文鳥部無鵚字無從胡之字箋曰此亦陸氏所見郭本爾雅如是也作突胡者爲聲借作鵚鶦者爲後出分别文陸以彼時典籍有作突者故云本亦作突又有書胡字爲鶦者故云字或作鶘即唐石經邢昺所本**鵟**音狂本今作狂○攷證云鵟邢本作狂案山海大荒西經作狂鳥注引爾雅同今山海經狂謡狂唯藏本不誤匡名十七云石經單疏本皆作狂案說文鳥部無鵟字箋曰郭注云狂鳥五色有冠見山海經大荒西經郭注又引爾雅則陸云本今作狂尤可信益其所見爾雅之字從鳥作鵟故如是云爾**䴏**亡貢反**摶**徒端反**黍**音暑**鷸**聿述二音左傳云鄭子臧好聚鷸冠即翠鳥毛也○攷證云春秋正義引郭注生鬱

林下有鄭子臧好鷸冠以此鳥之羽飾冠十三字較今本為詳箋曰左傳僖二十四年正義引郭注生鬱林下為說文云翠青羽雀也或盧文弨所據者有異也

紺古闇反

鸀濁蜀二音

穴乳如注反下同

蝙音邊

蝠音福

蟙章弋反

䘃亡北反

晨如字本或作鷐○匡名十七云案說文鳥部鷐鷐風也從鳥晨聲毛詩爾雅作晨者省文箋曰晨實鷐之同音借字

鷐之然反說文上仙反字林己仙反○十三經音略十一云鷐之然翻音旃說文上仙翻音禪字林己仙翻音鷂校語錄云鷐與春晨風音不合宜通攷之箋曰晨風上仙作上仙己仙作尸先此上為止之殘壞彼尸為己之形近誤字俱詳晨風周春沿誤本為說且仙開口鷐合口以鷐音己仙反非

鸎羊名反

鴥户橘反字林云鷐飛貌○校語錄云户當作尹見詩晨風箋曰户屬匣紐尹屬為紐為紐從喻紐分出詩作尹雅作户者乃匣喻互用等韻家所謂匣闕三四喻中見也互詳晨風法偉堂謂當作尹似未攷全書之例

鸉音楊○十三經音略十一云鸉音楊又音盈今本分為二字當依石經馬縞古今注亦誤分兩字攷證云石經宋本鄭注本皆同釋文俗本分為二字校語錄引盧說注疏校勘記云鸉白鷢唐石經單疏本同石經考文提要引至善堂九經本亦作鸉釋文鸉音楊雪牕本注疏本誤

分楊鳥二字箋曰古逸本亦作鸉與釋文同周春所稱之今本盧文弨所稱之俗本即阮元所説雪牎本注疏本也按集韵怡成切鸉鳥名白鷢也江東語則音盈者本江東方言楊盈同屬喻紐雙聲相轉

鷢巨月反說文云白鷢王雎也字林同

鷹於陵反

鴩音逸

鷏田真二音

蟁本或作鴖郭云皆古蚊字音文案說文蟁正字蚊俗字或作蟁字林亡巾反○攷證云案今本郭注無此語藝文類聚九十七引作蚊匿名十七云案說文䖵部蟁齧人飛蟲從䖵民聲或從昏作蟁俗從虫從文作蚊鳥部無鴖虫部無蟁校語錄云蟁今說文作蟁箋曰郭云皆古蚊字當係郭璞爾雅音義中語故今本爾雅注無之郭云皆則郭時已有從鳥之鴖矣說文蟁為蟁之或體法偉堂所說則失檢案音文即說文鉉音無分切在文韵字林亡巾反則讀如珉在真韵此但為呂忱真文不分陸氏以反語其用字異故具錄之蓋字林有此蟁字為蟁之或體也嚴元照以說文無鴖蟁為說實非陸氏廣異聞之意也

鸔布角反

鷉他兮反字或作鷈○匡名十七云案說文作鷈

鸁力戈反

鷿蒲歷反本今作鷿○攷證云邢本作鷿注疏校勘記云鷉鷿鷉單疏本雪牎本同釋文云云箋曰方言八卷野鳧其小而好沒水中南楚之外謂之鷿鷉其字即作鷿陸云本今作鷿蓋六代時有書鳥在下

與方言同者邪㬎即本諸釋文

鎣 烏暝反本今作瑩瑩磨瑩也○攷證云邪本作瑩注疏校勘記云膏中瑩刀單疏本雪牕本同釋文云云按磨鎣字當從金今本作瑩非校語錄云本今疑當作本亦仍陸氏語也箋曰鎣瑩二字說文鉉音皆烏定切同音故通用華嚴經音義上引字統瑩又作鎣又引切韻云瑩飾也鎣說文鎣瑩為二字一在金部一在玉部而六代時則通用陸見郭注之字從金而彼時又有作瑩從玉者故如是云爾阮元以作瑩為非法偉堂以本今當作本亦皆未喻此案通志堂本作瑩之瑩誤瑩以形近致譌字書韻書皆無從至之瑩注疏本各本郭注並作瑩尤可為證卲本盧本逕改為瑩是也今依改

鼯 音吾或作鵐○匡名十七云案鼯鵐二字皆不見於說文荀子勸學篇梧鼠五技而窮疑鼯即梧也然五技鼠乃鼫鼠也故楊倞注以梧為鼫之誤茲未敢臆決徐養原曰案楊倞注云梧鼠當為鼫鼠蓋本誤為鼯字傳寫又誤為梧耳是梧即鼯也箋曰嚴元照以說文無鼯鵐二字遂牽涉荀子之梧鼠為說楊倞謂梧為傳寫之誤王念孫讀書雜志以楊說為是而徐養原仍謂梧即鼯實非

由 字或作鵃○匡名十七云藝文類聚九十五引作鵃案說文鳥部無鵃字箋曰從鳥作鵃者為後出分別文此陸氏據六代時之典籍而言猶上鼯之或作鵐亦從鳥也類聚即本或作

狐 音手

項 手講反

脅 許業反

喙

許穢反人呼火故反上高時丈反倉庚商庚本或旁皆加鳥○匡名十七云案加鳥者皆俗體校勘記云本或作皆加鳥葉本作本或旁皆加鳥此誤校語錄云本或作皆加鳥六字不類陸語殆亦後人附入與釋蟲伊威負黍條同箋曰通志堂本旁作作臧校改為旁即依葉本是也釋蟲釋文云蛜音伊本今作伊威委黍今爾雅本旁或並加虫此云本或旁皆加鳥與釋蟲同為一例今依葉本改正按釋蟲釋文所云與詩東山釋文所云正相應詳彼法偉堂于彼二處皆無異詞獨于此疑之且謂此六字為後人附入非也方言八卷鸝黄自關而東謂之鶬鶊其字正加鳥廣韻十陽式羊切⿰商鳥⿰商鳥鶊十一唐七岡切鶬鶬鶊鳥名十二庚古行切鶊鶬鶊即本陸所云或旁皆加鳥釋文條例云豈必飛禽即須安鳥足見六代時或旁加鳥者多矣

鵹音離

鴃大結反說文音吐節反本今作鴂○十三經音略十一云鴃大結翻音迭說文吐節翻音鐵本今作鴂羣經音義詁翻音失舍攷證云邪本作鴂匡名十七云石經五經文字及廣韻屑十六引皆作鴂一切經音義兩引八又十一一作雉一作鴂案說文作鴃箋曰玄應音義卷八作餘詁徒結二反卷十一作余詁徒結二反餘余並屬喻紐益讀如逸廣韻夷質切鴃鋪鼓鳥也可證周春改為舍云音失非也廣韻式質切無鴃益周春誤以為從偏旁失字之音

讀耳此以大結反為首音者說文銍音徒結切乃鐵字本讀屬定紐說文舊音吐節反吐屬透紐實透定相混猶今讀迭鐵無別矣䳚鴂但為失在左在右小異陸云本今作鴂實六代又有如是作者即邢昺所本玄應引此經作鴂正與陸云今作者同

餔 音步字或作鵏〇十三經音略十一云餔音步字或作鴿注疏校勘記云鴂餔鼓唐石經雪牕本同釋文云餔音步字或作鴿按說文䳚餔鼓也玉篇同一切經音義卷八卷十一引爾雅作鴂餔鼓與陸本合唐石經作鴂鼓非又廣韻十一暮鵏鵏鼓鳥蓋鵏字從鳥甫聲即餔之俗體釋文云字或作鵏是今本作鴿訛匡名十七云一切經音義八引作鵏十一引作餔寀餔從食甫聲去食加鳥其字雖俗然於形聲之義猶不相悖食旁著鳥則左右皆形而無聲俗作之無理者也校語錄云鴿當作鵏見廣雅箋曰各本鵏作鴿江校改為鵏云一切經音義卷九廣韻十一暮按集韻蒲故切鵏鵏鼓鳥名通作餔亦無食旁著鳥之鴿今依阮江諸家改正惟阮元以唐石經作鴂鼓非未審鴂鼓即䳚鼓之異體也互詳下

豉 如字本今作鼓〇攷證云邢本作鼓從說文匡名十七云釋文云豉本今作鼓(從𣏟支者)石經作鼓廣韻類篇[巾四]引亦作鼓案說文(尗部)鼓配鹽幽尗也從尗支聲俗鼓從豆作豉箋曰邢本豉作鼓即依陸氏所云今作偶與說文同耳尊經書院所刻盧本鼓作鼓作鼓從支即嚴元照所非者

然抱經堂本不譌

來鳩 來字或作鶆郭讀作爽所文反眾家並依字樊云來鳩鶆鳩也字林作鶆音來云鶆鳩鷹也○攷證云邢本作鶆宋本春秋正義引樊光注作來注疏校勘記云鷹鶆鳩唐石經單疏本雪牕本同釋文云云按春秋昭十七年正義引釋鳥鷹鶆鳩樊光曰來鳩爽鳩也春秋曰爽鳩氏又引郭注曰來當為爽字之誤耳左傳作爽鳩是也益爾雅經作來鳩注作爽鳩字林始加鳥旁唐石經今本因之匡名十七云石經單疏本皆作鶆案說文鳥部無鶆字箋曰左傳昭十七年正義所引郭注與今本同來爽二字形近易混郭以作來于經無徵故云來當為爽云云即陸氏云郭讀作爽然樊光云來鳩爽鳩也則漢時爾雅本與陸時同惟樊光但以爽鳩釋來鳩郭璞則易其字為爽來鳩爽鳩之字從鳥作鶆作鷞皆為後出分別文字林始有之說文自無也

爽鳩 本或作鷞○攷證云邢本作爽

鶼鶼 古恬反眾家作兼兼李云鳥有一目一翅相得乃飛故曰鶼鶼也

鵹 詩傳作離阮謝同力知反施音黎說文作鵹云其色黎黑而黃也又釋云離黃倉庚也鳴則蠶生字林作鵹力兮反毛詩草木疏云黃麗留也或謂之黃栗留也幽州人謂之黃鸎一名倉庚一名商庚一名鵹黃一名楚雀齊人謂之摶黍關西謂之黃鳥方言云自關而東謂之倉庚關西謂之黃鸝留也○十三經音略十一云

鷙詩傳作離阮謝同力知翻施音黎力兮翻支齊之別文選注音利說文作䴥字林作䳓月令鄭注作鸝高唐賦作鸝東京賦作鸝高誘呂覽注作黎攷證云舊又作文譌說文作䴥字下云䴥黃也一曰楚雀也云云又離字下云黃倉庚也云云今據改正校勘記云其色黎黑而黃也文釋云段玉裁校本也下有又作離三字盧本文改又此誤匡名十七云釋文云鷙字林作䳓寀說文鳥部隹部皆無從秎之字校語錄云文盧改又是庚盧改庚是箋曰通志堂本作文釋文云離黃倉庚也文乃又之形近誤字庚乃庚之誤字盧本郘本並已改正與說文合是也今依改江臨段校于黃也增又作離三字與阮氏所見者同唯又釋云云云承上說文作䴥而言無此三字者省文猶下引草木疏不云又作麗引方言不云又作鸝耳臧校又改黃栗留為黃栗留按栗實誤字未知臧氏所據今俱不從說文作䴥離為本字方言作鸝為異體字林作䳓為䴥之省此經又易隹為鳥作鵹他書作鸝或作麗或作黎或作栗皆為聲借俱屬來紐也阮謝力知反即說文鉉音呂支切離之本讀在廣韵五支字林力兮反與施音黎即說文鉉音郎奚切䴥之本讀在廣韵十二齊此為支齊來紐相混如今讀離黎無別也按方言八卷鸝黃自關而東謂之鶬鶊自關而西謂之鸝黃或謂之黃鳥或謂之楚雀此引作關西謂之黃鸝留多一留字又方言以鸝黃鶬鶊黃鳥楚雀為一

此經鵹黃楚雀郭注云即倉庚也與方言同說文則離黃倉庚為一鵹黃楚雀為一且離鵹二篆不類廁殆所本有異也陸氏于此引說文草木疏方言諸書可以見其廣異聞之意矣

鴷音列　斲陟角反　鵻章誰反　數寸所主反○攷證云舊脫數字今補校勘記云葉本寸上空一字盧本補作數寸是也寸上盧補數字箋曰寸為常見字但有倉困切一讀不煩為之作音數有所矩切所句切所角切三讀其義不同此所主反即廣韵所矩切之數說文計也邵本盧本並補數字今依補

鸄郭古狄反字林工了反○十三經音略十一云鸄古迪翻音激字林工了翻音皦箋曰廣韵狄在入聲二十三錫了在上聲二十九篠惟古工並屬見紐則郭呂二家所讀韵部雖異而聲紐則一

鶶音唐　鷵音徒　鸕謝力吴反施力魚反○十三經音略十一云鸕謝力吴翻音盧施力魚翻音盧虞魚之別箋曰廣韵吴在十一模不在十虞周春云虞魚之別依後世韵書合虞模為一而言也陸以謝音為首者力吴反即說文鉉音洛乎切鸕字之本讀施乾魚模來紐相混故綴于次

鷺音路毛詩傳云白鳥也字林音盧　舂舒容反　鋤字又作鉏仕居反○攷證云邢本作鉏注疏校勘記云鷺舂鉏唐石經單疏本雪牕本同釋文云云按文選西都賦注引作鷺舂鋤與陸本合匡名十七云案說文金部有鉏無鋤

箋曰鉏即鋤字故左傳僖三十三年釋文云鉏也本又作鋤鋤仕居反正與此相應非依說文也**翰**音汗**睫**字又作䀹音接說文云目旁毛也三蒼云睫毛也○箋曰廣韻即葉切睫說文作䀹目旁毛也又云䀹上同是睫䀹為一字異體故云字又作䀹**樆**力知反**縗**西雷反又西河反○箋曰西雷反即說文鉉音倉回切為縗字本讀故為首音西河反即廣韻八戈蘇禾切蓑讀為雨衣之蓑此又音同于一音或音**鷂雉**郭音遙下同**鷮**音驕**鳪**音卜郭方木反又方角反○十三經音略十一云鳪音卜郭方木翻卜卯音又方角翻音剝屋覺微別箋曰音卜與方木反為直音與反語並出之例在屋韻邦紐角在覺韻故方角反為又音**鷩**謝必滅反呂郭方世反○十三經音略十一云鷩謝必滅翻音鷩並列翻同呂郭方世翻音閉箋曰鷩說文鉉音并列切故此及周禮司服釋文俱以必滅反為首音呂郭方世反即司服之劉府弊反皆讀如蔽按廣韻世在十三祭閉在十二霽周春謂方世反音閉依後世韻書合霽祭為一而言也**秩秩**本又作失失謝持乙反施音逸○十三經音略十一云秩秩本又作失失謝持乙翻音秩施音逸匡名十七云案說文作秩秩箋曰持乙反為秩之本讀故以謝嶠音為首施乾音逸為別讀集韻弋質切秩爾雅秩秩海雉如雉而黑在海中山上施乾讀即本此

翟音狄本又作鸐又音濯○攷證云邢本作鸐案從隹已是鳥更加鳥旁非匡名十七云石經單疏本及左傳正義四十八引皆作鸐案鸐俗字箋曰唐石經以下各本作鸐即依陸氏所云又作左傳昭十七年釋文云曰翟音狄又音濁濁濯同音故皆云又互詳彼

雗戶旦反字又作翰○匡名十七云案說文雗下云翰今本作雗茲據類篇引改雉隹部無翰字箋曰說文雉字說解之雗雉段注及桂馥義證俱仍大小徐本之舊未敢輒改以雗翰同音陸云字又作翰正因可以通用也且說文隹部實有雗字即在雉字之上類篇雉下引說文作翰雉恐以形近致譌嚴元照既失檢說文本有雗字又擅改雗雉為翰雉荒謬極矣

鵫呂郭音罩陟孝反又音卓○十三經音略十一云鵫呂郭音罩竹孝翻又音卓箋曰陟孝反即廣韵都教切端知類隔也此音罩與陟孝反為直音與反語並出之例又音卓從偏旁讀且去入二讀相轉說文雉字說解正作卓雉說文作卓為聲借此經作鵫為後出專字

鴭音白本今作白○攷證云邢本作白注疏校勘記云今白鵫也單疏本雪牕本同釋文云云按注當用鴭字今本蓋因下文白鶾白雉誤改箋曰邢本作白者本釋文陸云本今作白者以彼所見典籍之鴭字有不從鳥者山海經北山經縣雍之山其鳥多白鶴郭注云即白鵫也其字正與陸云今作者同即可為證阮元以此經郭

注邢本作白因下文白鶾白雉誤改阮說非

鬬丁豆反又丁候反〇校語錄云丁豆丁候同音必有誤集韵收鬬疑候乃候之譌箋曰法云集韵收鬬一語不全當有脫文法意益謂集韵收鬬於候讀平聲則此丁候乃丁候之譌耳案丁豆丁候乃陸書反音而反語用字有異者亦具錄之之例也集韵當侯切雖有此鬬未足以爲改釋文之證也又按鬬字各本俱從門此乃俗體恐非陸德明所見郭注之舊今依注疏本郭注改

翬音暉

鬲本或作鷊直留反郭徒留反字林女知反〇十三經音略十一云鬲本或作鷊直留翻音儔郭徒留翻定澄躅切即音儔標出字林女知翻音尼周禮釋文劉音壽徐音酬匡名翻十七云案說文雉下作鬲鷊俗字校語錄云女知反未詳箋曰留在尤韵爲三等有澄紐無定紐故徒留反與直留反同皆即周禮染人之首音直劉反亦即徐仙民音酬也案集韵六脂女夷切鬲字林南方雉名即此女知反也然鬲聲之字當在尤幽部且類篇鬲下亦不載女知反之音此女知二字可疑

鶅側其反

鵗音希

鷷郭音遵謝祖尊反〇十三經音略十一云鷷郭音遵謝祖尊翻音存周禮釋文徐祖混翻尊上聲左傳釋文本或作蹲匡名十七云說文作蹲烏部無鷷字箋曰左傳昭十七年釋文云曰鷷音存又音遵本或作蹲音存即本此謝音餘詳彼

鵌音途

鶟徒忽

反○十三經音略十一云鼷徒忽翻音突五經文字大几翻即音突重出箋曰張參五經文字無鼷字周引大几翻之文恐係他書然大几與此徒忽字異音同反語用字例不畫一即釋文一書亦如此況釋文與他書乎周云重出實未當

鵽丁刮反

牝毗忍反

牡音母

鸛音歡

鶇徒端反○十三經音略十一云鶇徒端翻音團

鶝音福字亦作福○匡名十七云案說文無鶝字

鵜而由反本亦作柔或作鶔音同○孜證云案說文無鵜鶔字古蓋通用柔匡名十七云案說文十四下內篆文作蹂鳥部無鵜字箋曰說文鳥部鸜鸜專畐蹂如雛短尾射之銜矢射人即本此經鶝鵜為鸜鶇之一名鶝鵜二字從鳥為後出字說文作畐蹂陸云字亦作福本亦作柔為聲借陸云鵜或作蹂正謂說文盧文弨謂說文無蹂字未檢鸜篆說解即作蹂而十四篇內部亦有蹂篆也

鵲七藥反

射之食亦反注同○校勘記云按今本注無射字陸氏下言古之善射者云云蓋本注說而今本脫耳箋曰郭注云或說曰鸛鶇鶝鵜一名隮嫛羿陸氏下言古之善射者云云蓋釋注文一名隮嫛羿也未足以為今本郭注有脫漏之證疑此注同二字乃下同二字之誤經云射之銜矢射人陸云下同謂下射人之射與此射之之射同讀食亦反

隮嫛字又作隮徒課反字書云古以為懈惰字

羿五計反古之善射者

言此鳥捷勁雖羿之善射亦憚情不敢射也故以名云

鵙古闃反字林工役反○十三經音略十一云鵙古闃翻狊音字林工役翻戟音攷證云鵙石經同宋本及注疏本作鵙非箋曰詩豳風七月釋文云鵙圭覓反字林工役反圭覓即古闃闃覓同在廣韵二十三錫役在二十二昔此字林昔錫不分古闃工役非有二音也餘詳七月周春謂工役反音戟案古闃工役俱合口廣韵戟開口在二十陌周說非

翪子工反字林作夋音子弄反○攷證云翪舊凶字內加四點非字林作夋亦同今俱改正藝文類聚八十二引作竦匡名十七云案說文羽部無翪字當作夋說文夊部夋斂足也雔雖醜其飛也夋從夊允聲引字林而遺說文疏也翪藝文類聚九十二引作竦校勘記云翪盧改翪箋曰通志堂本翪夋二字之凶內竝加四點孫校改為翪夋部本同與注疏本經注合是也夋不成字今依改盧文弨謂類聚八十二引作竦益誤爲九爲八嚴元照謂陸引字林不引說文為疏未審六代時視字林與說文等耳字林時代近故多引字林以見其形音之稍異也

竦思勇反

上下時掌反

鳶悅專反字亦作鳶○攷證云案鳶俗字匡名十七云案說文鳥部無從弋之字當作鳶說文鳶鷙鳥也從鳥屰聲臣鉉等曰屰非聲一本從𠂢疑從雚省今俗別作鳶非元照案弋上加十尤不成字校勘記云鳶字亦作鳶

葉本鳶作截疑皆誤當作雀此但言有從隹從鳥之異耳其從弋則無不同也箋曰臧校改鳶為截即誤依葉本也截乃截之隸變説文在戈部從戈雀聲鉉音昨結切與此鳶字迴別五經文字鳥部云鳶俗或作鳶陸云鳶字亦作鳶者左傳昭十五年釋文云鳶本又作鳶悦全反悦全即此悦專陸以有寫鳶為鳶字如左傳及杜注者故如此云皆其隨本作音不計正俗更不煩攷説文之有無其字也嚴元照阮元俱未喻此若嚴以鳶當從説文作鳶則與段玉裁之誤同詳小雅四月篇

鷹

字或作應〇匡名十七云寀鷹本作雁從隹瘖省聲或從人作雁篆文從鳥作鷹應本作應從心雁聲古文通假用之箋曰説文雁籀文雁從鳥嚴元照誤書籀為篆鷹應二字鉉音於陵切同音故得通用

隼

西尹反本或作鵻案隹即鳥也無勞更加〇匡名十七云案説文鳥部鵻祝鳩也從鳥隹聲隼鵻或從隹一一曰鷻字案隼即鷻也又説文鷻鵰也從鳥敦聲詩曰匪鷻匪鳶鳥部無鶽字然陸氏之説似是而非若祝鳩之鵻從鳥從隹又何以解之箋曰説文鵻從鳥隹聲隹為鵻之聲與此隼又加鳥者迴別鶽實隼之俗體

蹼

本又作蹼音補木反〇十三經音略十一云蹼本又作蹼補木翻音卜攷證云邢本作蹼注疏校勘記云其足蹼單疏本雪牕本同唐石經闕下二字釋文云云匡名十七云玉篇七廣韵屋一引皆作蹼案二字皆

不見於說文箋曰蹼蹼實一字異體集韵博木切蹼蹼鳧雁足間相連著爲蹼或省陸云本又作蹼蓋其所見郭本爾雅與他書所作稍異玉篇廣韵引此經作蹼即同又作邢本正本釋文

有幕 亡博反

蹼屬 章欲反○攷證云蹼屬舊作蹼今從宋本校勘記云葉本蹼作蹼盧本從之箋曰屬有音欲反市欲反二讀此陸爲郭注之屬字作音連舉屬上之蹼字耳臧校江校王校並改蹼爲蹼即與盧文弨同皆依葉本也蹼蹼雖爲一字異體然上經文之字既作蹼則此注文亦當一律今仍通志堂本之舊

相著 直略反

踵 章勇反聲類云足跟也

企 去豉反字或作跂○匡名十七云案說文人部企舉踵也從人止聲又足部跂足多指也從足支聲此宜作跂經典相承通用箋曰說文企字段注云企或作跂衛風跂予望之今案陸云字或作跂正謂如詩河廣篇之用跂爲企也惟此經其踵企郭注云飛即伸其脚跟企直郭謂鳥飛則直伸其足趾也依說文則企爲本字嚴元照謂此宜作跂實非經意其引說文企從人止聲聲字當從段注刪企以從人止會意非形聲字則嚴元照亦沿舊本之誤衍校勘記云葉本跂作跛箋曰臧校改跂爲跛即誤從葉本跛實跂之形近譌字

跟 音根釋名云足後曰跟

縮 所六反

亢 胡郎反郭云咽也舍人云鳥高飛也

嚨 力東反樊云亢

星烏也嚨嚨亢烏之頸也郭云嚨謂喉嚨舍人云嚨嚨財可見也 喉音侯蒼頡篇云咽也 咽於見反說文云嗌也又於賢反○校勘記云葉本嗌作益字案說文嗌咽也從口益聲箋曰臧校江校並改嗌為益即誤依葉本也說文咽嗌互訓葉本之益實嗌之殘 粻音張 嗉音素 之處昌慮反 鶉音純 鳼音文 鴽音如 鸋音亭 鵪烏含反 雛仕俱反 鷚力救反又力求反說文作鷚云烏大雛也一曰雉之暮子也字林力幼反○十三經音略十一云鷚力救翻音溜又力求翻音留攷證云案說文鷚天鸙也文見前不與鷚同訓匡名引盧說校語錄云雡下引說文與大徐同盧誤據小徐故云雡同鷚耳校勘記云校勘記云葉本大作天無之字按雛當作鸙說文云鷚天鸙也與上文同一曰以下說始與此同今本誤箋曰臧校改大為天刪之字江校同皆誤依葉本也段注從大徐本云此與鷚別而俗通用鷚按爾雅音義文選李注引說文同鍇本作天鸙誤今按說文雛鷚二篆相聯且文選吳都賦注所引說文與此同是陸德明李善徐鉉所見之說文不誤盧文弨阮元傳會此經上文鷚天鸙而依說文繫傳本非也 少雛詩照反下文同 別者彼列反 長醜丁丈反 鶹音留 鷅音栗本亦作栗 留離

詩字如此或作鸝離後人改耳○匡名十七云詩邶風旄丘流離之子傳云流離鳥也少好長醜彼釋文云流本又作鸝正義云流與鸝蓋古今之字爾雅離或作栗箋曰留離流離皆聲借字留流同音通用也詩旄丘正義以鸝為今字與陸云作鸝為後人改之意同詩正義云爾雅離或作栗亦與上陸云鶹本亦作栗同也

鶬音鎗鶊工鎗反又午鎗反字林云鶬鶊似伯勞而小○箋曰工鎗反即廣韵古鎗切午鎗反即廣韵五鎗切廣韵皆未收集韵居鎗切及牛鎗切並有鶊云鶬鶊鳥名似伯勞而小即本釋文

鵹力兮反又力知反○攷證云邢本作黧文選注三引作鵹同釋文三十四又引作黎注疏校勘記云倉庚黧黃也唐石經單疏本雪牕本同釋文云云按文選東京賦注引作鶬鶊鵹黃也鵹字與陸本合上皇黃鳥疏云自此以下諸言倉庚商倉鵹黃楚雀倉庚鵹黃之文與此一也則邢本與釋文同作鵹今單疏本於此作黧非按上鵹黃與此黧黃為一不當殊文或因注云其色黧黑而黃因以改經矣五經文字云鵹鵹黃也爾雅作黧又云黧黑也見爾雅所據與唐石經今本同匡名十七云鵹石經單疏本作黧五經文字隹部云鵹鵹黃也爾雅作黧又火部云黧黑也見爾雅案鵹黧二字皆不見於說文當作離說文隹部離黃倉庚也從隹离聲箋曰廣韵郎奚切黧黑而黃也即此音力兮反又力知反則支

齊來紐已混離黃以二字為名作離作雚為本字作鸛者即雚之變易隹為鳥耳作鷬者為聲借五經文字已云爾雅作鷬則阮元以此作鷬為非亦有所蔽嚴元照因說文無鸝鷬二字謂當作離亦拘

釋獸第十八

叔又反說文云獸守備也一曰兩足曰禽四足曰獸案此文云四足而毛曰獸

麋亡悲反字林云鹿屬也以冬至日解角　**牡**音母　**麔**其九反　**牝**毗忍反　**麎**郭音辰又音腎字林上刃反○

十三經音略十一云麎郭音辰又音腎字林上訛作止盧氏釋文考證以上尸為祁字大謬為直截且仍讀尸翻音時犀經音辨市尸上之二翻音同攷證云案毛詩其祁孔有箋云祁當作麎正義載某氏注爾雅引詩云其麎孔有益麎與祁聲同文異上尸舊作上刃益妄改校勘記云字林上刃反葉本刃作尸盧本從之校語錄云上刃反刃盧改尸殆是小雅吉日沈市尸反市尸即上尸也又郭音辰彼作音脤箋曰臧校改刃為尸與盧本同皆誤依葉本也小雅吉日釋文其祁沈市尸反為祁字作音非麎字之音也此麎郭音辰又音腎平上二讀吉日釋文云郭音脤即此又音腎也如依郭音此上刃或上忍之殘耳周禮大司馬釋文上刃反或誤為止尸反即可為證互詳彼盧文弨云作刃為妄改則與其在大司馬下云字林作上刃反讀如腎之言相違周春所據本上作止蓋依誤本其

改刃為尸則亦與盧文弨之誤同張文虎舒藝寶隨筆三鹿部麎牝麋也植鄰切玉篇市真市軫二切廣韵止入平聲十七真並無祁音詩釋文引何止尸反止疑之譌上沈市尸反爾雅釋文引字林市尸反既非祁音又非麎音疑尸皆尹字之譌舊唐書引尸子尹子往往相亂是其證也今按張謂吉日何止尸反之止疑上之訛極上尸市尸皆祁之音也詩七月釋文祁祁一音上之反上之即市尸上尸之脂混用耳惟張謂此引字林市尸反而此作上刃反字林攷逸引同市上同屬禪紐作尸則亦依誤本矣

麇 於兆反又於老反麇子也一曰少長曰麇○十三經音略十一云麇於兆翻音夭又於老翻音襖篠皓之別箋曰廣韵兆夭皆在三十小不在二十九篠周春謂於兆於老為篠皓之別依後世韵書合篠小為一而言也

長 丁丈反

麛 音迷本或作麑音同○箋曰說文鹿部麛鹿子也段注云字亦作麑論語麑裘即麛裘國語注曰鹿子曰麑今按陸云本或作麑正謂如論語鄉黨國語魯語之字作麑也

跡 子益反字或作迹又作蹟音訓並同○匡名十八云案說文辵部迹步處也從辵亦聲或從足責作蹟足部無跡字箋曰干祿字書入聲跡迹並正是跡迹為一字異體也故論語先進釋文云迹本亦作跡子亦反正謂此經之字作跡也此陸氏所見郭本爾雅之字如是說文不收跡字耳

躔 郭直連反又持展反

方言云𨇴循也歷也行也○箋曰直連反為𨇴字本讀故為首音持展反則讀上聲讀同廣韻除善切之邅移行故云又

麎音加　**麆**於牛反　**麜**素卜反本又作速字林云鹿迹一曰速鹿子○攷證云說文籀文迹作速段云廣雅𨇴跡解亢跡也四字正解爾雅曹憲音跡為匹迹然則爾雅速本作速石鼓詩亦當讀麆鹿速速案說文有麜字云鹿迹也從鹿速聲徐桑谷反疑誤注疏校勘記云其跡速唐石經單疏本雪牕本同釋文云云按速當作速段玉裁云說文速為籀文迹廣雅𨇴跡解亢迹也四字正釋爾雅曹憲音跡為匹迹速與跡同字石鼓詩亦當讀麆鹿速速匡名十八云案說文鹿部麜鹿迹也從鹿速聲其作速者者文校語錄云段氏謂麜當作速據廣雅為說則本又作速當作本又作速矣惟說文迹速同字若作其迹速殊為不詞宜再攷又廣雅跡音匹迹當作七迹箋曰經義述聞二十八其迹速條云說文麜從鹿速聲正與素卜反之音相合廣雅獸迹之名出於爾雅不應爾雅作速而廣雅又作跡蓋廣雅原文本作速傳寫者右旁東字脫去中一畫遂與籀文迹字作速者無異曹憲不達則以為籀文迹字而音迹其後左旁之辶又涉上文𨇴字而誤為足遂成跡字此集韻所以誤收跡字以為迹之或體也然所見曹憲音猶但有迹字而無匹字也至今本則音內迹上又衍匹字展轉錯謬而愈不可通

矣速即籀文迹字速之與迹無别也而云其迹速則豈易一籀文遬足以昭區别乎段注為曹憲所誤而據之以疑說文⿸鹿速字

⿸鹿速字從速而二十二昔無從鹿之⿸鹿速亦無誤本廣雅音之踈字亦可證段注刪說文⿸鹿速字踵曹憲之誤盧文弨阮元又為段氏

謂為後人羼入而遬刪之又欲改爾雅之速為速其失甚矣按王說是也爾雅說文廣雅三書非有異也廣韻一屋桑谷切有

誤說所惑耳法偉堂謂作其迹速為不詞雖是然謂曹音匹迹為匕迹亦沿誤本廣雅說之也說文鉉音迹資昔切在精紐法

云匕迹大誤

麉 郭音堅又音牽又音磬○箋曰麉說文作麉鉉音古賢切即此首音堅也屬見紐音牽則屬溪紐微

異音磬則讀若定切與音牽為雙聲韻則由仙變青且讀去聲廣韻四十六徑苦定切麉爾雅云鹿絕有力又堅牽二音正本

釋文

麕 九倫反本又作麇亦作麏說文麕籀文麇字林云麇麞也又九文反○十三經音略十一云麕九倫翻音

均又九文翻音君真文韻別五經文字云麇麕上說文下籀文經典或作麏匡名十八云說文鹿部麇麞也從鹿囷省聲籀文作麕

鹿部無麏字箋曰說文麕籀文麇孫改互易麕麇二字按籀文作麕不省孫改非也九倫反及說文鉉音居筠切廣韻筠在十

七真倫在十八諄釋文真諄不分字林又九文反則諄文復混案麕麇麏一字異體故詩名南釋文云野有死麏本亦作麕又

作麋俱倫反詳彼

麌一作麌魚矩反字林音吳○孜證云案說文無麌字口部引詩麀鹿噳噳此麌不成字必是噳字之譌從鹿便省虞為吳從虞不當復從鹿校勘記云按麌當作噳說詳注疏校勘記及盧文弨孜證注疏校勘記云麀鹿麌麌單疏本雪牕本同按麌麌當作噳噳釋文音經麌一作麌麌即噳之訛為經注異文之證陸所見本已溷混矣詩吉日麀鹿麌麌本作噳噳正義曰噳噳衆多與韓奕同則傳本作噳字下箋云祁當作麎此噳不破字則鄭本亦作噳也是正義本作噳明甚韓奕麀鹿噳噳說文噳下引詩同云麋鹿羣口相聚貌無麌字匡名十八云案說文鹿部無麌麌二字詩小雅吉日麀鹿麌麌箋曰麕牡曰麌麌復麌言多也說文口部噳麋鹿羣口相聚貌從口虞聲詩曰麀鹿噳噳許讀詩與鄭異故說文不載麌字也校語錄云盧云麌不成字必噳之譌箋曰說文口部之噳其義為麋鹿羣口相聚貌此經麕牡麌麌之義為牡麕二義迥異麌從鹿吳聲故字林音吳陸云一作麌則其字從鹿虞聲故讀魚矩反即虞之上聲實依六代時所見有如是作者猶釋烏澤虞釋文引字林虞作鸆其字從烏虞聲耳盧文弨既云麌不成字而又云麌者虞為吳其實作麌者即不省也阮元且謂吉日之麌亦本作噳益盧阮皆以說文但有噳字遂生妄說以疑釋文未審爾雅之字為說文所無者多矣集韻五矩切以噳麌麌

三字一體雖𡗟合說文詩吉日鄭箋及此釋文為一然尚可證丁度等所見之釋文與今本同麌非噳之譌也

重言直用反

麜音栗

麆音助本亦作⿸鹿助同○匡名十八云案說文鹿部無麆⿸鹿助二字

解音蟹施佳買反○箋曰音蟹同廣韻胡買切屬匣紐施乾佳買反屬見紐二音微異惟此為麕跡之名實依聲託事也

豜郭音與上麉字同顧五見反又五典反○十三經音略十一云豜郭音與上麉字同堅三音韾磬顧五五見翻音彥又古典翻音蹇箋曰五見反讀如硯廣韻在三十二霰彥在三十三線古典反讀如繭廣韻在二十七銑蹇在二十八獮此周氏依後世韻書合銑獮為一及霰線為一而言也

狼音郎字林云獸似犬

貛字林呼丸反○十三經音略十一云貛呼子訛作丸翻音歡校語錄云子丸反子殆呼之誤也官草人音義貆呼丸反經籍舊音辨證三云各本同作子丸反周春改子為呼諸可寶校字林考逸改子為手承仕案周校形不近諸校聲不近並非也盖子丸反為手丸反形近之譌篇韻有胡官一切是其證黃侃箋識云諸校于丸反是也此喻匣相通箋曰周禮草人釋文云貆呼丸反又音丸說文貛鉉音呼官切是呼丸反乃貛字本讀故草人以為首音而此經下文郭注貒一名貛釋文云音懽此但具一音則當為呼丸反矣篇韻有胡官一切盖本草人又音又音所以

示傳聞不足為典要也吳說不敢從又喻匣二紐皆非羅字本讀黃說亦非丸在桓一等當有匣無為則呼丸不誤于在為紐一等當在匣丸在匣而上字又復在匣二字雙聲不成切語今依周春法偉堂所校改正

徽胡狄古狄工弔三反○十三經音略十一云徽乎笛音檄古笛音激工弔音噭三翻箋曰廣韵二十三錫胡狄切徽狼子又音叫音激正本此

迅音信又音峻

兔字又作莬勑故反○十三經音略十一云兔字又作莬敕故翻此以闒標出切匡名十八云案說文艸部兔部皆無莬字五經文字亦無箋曰陸云字又作莬據其所見當時之典籍而言也詩周南釋文云莬罝莬又作兔他故反正與此相應故易略例釋文云在兔他故反字又作莬釋器釋文云兔又作莬同土故反嚴元照于釋器謂莬俗兔字皆未了瀫釋文又作之例也

娩匹萬反又匹附反本或作嬔數萬反○十三經音略十一云嬔匹萬翻音近販非嬔數販又匹附翻音赴滂數輕重交互出切本或作娩數萬翻音近販此以數母本母出切芳萬翻同方言娩一作嬔音赴又孚萬翻數萬方萬翻同攷證云娩字舊作娩兹從宋本正邢本作嬔校勘記云娩葉本作娩盧本同此誤匡名十八云石經單疏本作嬔案說文嬎娩兔子也娩疾也從女兔又女部嬔生子齊均也從女從生兔聲嬔即嬔字音同通用校語錄云娩盧改從兔本或作匕字亦後人校語益數萬即匹萬校

者以為異故記之箋曰通志堂本娩殘為娩臧校改為娩即依葉本與邵本盧本及說文諸書皆合是也今從之按方言二抱

娩耦也荆吳江湖之間曰抱娩或曰娩郭璞注云娩孚萬反一作嬔音赴錢繹箋疏謂嬔即嬎之或體若然則此條又匹附反

以下十一字皆本方言及郭注匹附反即方言注之音赴本或作嬎正以方言注云一作嬔敷萬反即方言注之孚萬反嚴元

照以說文娩嬎二字同音通用為說未能中的法偉堂以本或作以下七字為後人校語實誤周春引方言逕改娩作嬎且云

敷萬方萬翻同未審匹萬敷萬二反皆即廣韻之芳萬切屬敷紐方萬反則為廣韻之方願切屬非紐與彼說販非嬎敷亦相

違也

䨲 字林云兔子也乃俱乃侯二反

迒 音剛又戶郎反諸詮之云兔道也阬孝緒云獸迹也○十三經音略

十一云迒音剛又戶郎翻音杭太平御覽引郭氏音義同攷證云舊引褚詮之謌作諸詮之今改正下同校勘記云諸詮之盧

本諸改褚下並同校語錄云諸盧改褚案本篇屢見並作諸似不必改箋曰廣韻諸字注云又姓漢有洛陽令諸於出風俗通

此諸詮之即姓諸名詮之盧文弨改諸為褚非也法氏說是

欣 如字本或作忻○箋曰欣忻二字說文鍇音並許斤

切同音故通用此經為兔絕有力之名實依聲託事

豬 張魚反說文云豕而三毛叢居者

彘 直例反字林云

豕後蹄廢謂之㕎小爾雅云㕎豬也方言云關東西謂之㕎或謂之豕

豨虛豈反字書云東方名豕也一曰豕走也○校勘記云一曰豕足也段玉裁云足當作走箋曰段校改足為走與阮說同江校于足字施丨王筠云說文豕走豨也按說文豕部豨豕走豨豨也則段改實本說文今依改

豬羊箋反本今作豬○十三經音略十一云豬音如唯諾之唯羊箋翻本今作豬五經文字弋箋翻同藝文類聚引郭氏音義同匡名十八云單疏本作豬按說文豕部豬豬也從豕隋聲箋曰羊箋反即廣韻羊捶切在四紙唯在五旨周春云豬音如唯依後世韻書合紙旨為一而言也

豶苻云反謂豶豬犍音九言反

幺烏堯反字林云小豚施於遙反○箋曰烏堯反即說文鉉音於堯切堯在蕭韻施乾於遙反遙在宵韻已混

幼伊秀反○校語錄云廣韻幼秀不同部箋曰廣韻秀在四十九宥幼在五十一幼然釋文不分也

豚大昆反

奏七豆反本或作湊下同

豱音溫

腠七豆反埤蒼云腠膚理也

蹙子六反

豵子公反小爾雅云豕小者曰豵字林云豕生六月也一曰一歲曰豵

橧辭陵反舊本多作繒帛字非方言作木旁○攷證云案詩漸漸之石箋作繒毛詩音義云爾雅豕所寢曰繒方言作橧從木據此可知爾雅本作繒不與方言同蓋古字多假借耳校語錄引盧說

注疏校勘記云所寢槽唐石經單疏本雪牕本同釋文云云詩漸漸之石箋云離其繒牧之處釋文爾雅豕所寢曰繒方言作槽從木正義引爾雅作槽云繒與槽音義同按舊本作繒帛字與詩釋文所引合匡名十八引盧文弨說又云元照案詩正義云繒與槽音義亦同說文木部無槽字槽巢之槽說文從立作繒從糸為正據言舊本多作繒帛字則今本從木乃陸氏依方言所改不可信也類篇九中云或作⿰禾曾尤俗箋曰方言八卷郭注引爾雅作槽云槽音繒可證郭時已有作從木之槽與方言同者嚴元照以今本從木乃陸氏依方言所改與錢繹方言箋疏之說合然皆誤也餘並詳小雅漸漸之石又槽在從紐漸漸之石釋文云在陵反此云辭陵反辭屬邪紐亦釋文從邪相混之一例

蓐 音辱

蹢 丁歷反蹄也本今作蹢○孜證云邢本作蹢注疏校勘記云四蹢皆白豥唐石經單疏本雪牕本同五經文字豕部蹢蹄也見爾雅案釋文蹢蹄也本今作蹢詩有豕白蹢傳蹢蹄也注本此則郭本必作蹢字當從釋文自五經文字誤作豕旁而開成石經因之匡名十八云案蹢俗字箋曰郭本爾雅自作蹢惟陸時又有作蹢者故云本今作蹢蹢者蹢之後出分別文耳五經文字正從釋文阮元謂自五經文字誤作豕旁云云實未審

豥 工開反字林下才反或戶楷反○十三經音略十一云豥工開翻音該古哀翻同字林下才

翻音豯或戶楷翻與駭字異音同音蟹箋曰廣韻十六咍古哀切戶來切並有豯注皆云豕四蹄白即本此工開下才二反也或戶楷反則讀為駭詩小雅漸漸之石鄭箋曰四蹢皆白曰駭釋文云戶楷反爾雅說文皆作豯古哀反古哀即此工開也此陸氏音義詩雅相互呼應處周春云與駭字異音同實未了澈陸氏附或戶楷反之意其云音蟹按廣韻十二蟹與十三駭各為一韻此周春依後世韻書合蟹駭為一而言也

蹄音啼

刻音克

豟於革反

豝百麻反牝豕也字林同又一曰二歲豕

虥字又作虦謝士版反或士簡反施士嬾反沈才班反郭昨閑反字林士山反〇十三經音略十一云虥字又作虦謝士訛作七版翻音棧或士簡翻與士版同施士嬾翻棧音讀早韻沈才班翻音近孱删韻從母郭昨閑翻同上字林士山翻音近孱删牀母韻攷證云郭昨閑反注疏本昨譌作御覽作土盞反又注中竊淺也下有或曰竊毛麢毛也七字匡名十八云案說文作虥校語錄云七版當作士版見詩韓奕音義御覽作土盞反土亦士之譌箋曰士版原誤七版案七屬清紐版在潸韻為二等無清紐大雅韓奕釋文虥音仕版反正用謝音今依周春法偉堂改正御覽九百一十二作土盞反土屬透紐盞在產韻為二等無透紐土實士之形近譌字法偉堂說是也土盞即此或士簡反士版士簡潸產不分皆即廣韻之士限切施乾士嬾反嬾

在旱韻為一等無牀紐故亦讀同士版士簡二反等韻家所謂正音憑切也才班反在刪韻昨閑反在山韻此乃刪山混用猶上士版士簡之潸產不分耳惟刪為二等韻無從紐當依字林士山反之讀等韻家所謂精照互用也周春謂才班反為刪韻從母非是

貓亡朝反

貘亡白反字林云似熊而白黃出蜀郡一曰白豹○十三經音略十一云貘亡白翻微明輕重交互出切音陌

豹必孝反字林云似虎圓文○箋曰圓各本作貝字林考逸同孫校為圓王筠校云貝當作圓說文作圜今按字林多本說文而典籍圜圓二字通用則此貝實圓之殘即依改

熊音雄

庳音婢

駁布角反

䑛音紙本今作舐○攷證云䑛舊譌作鉇譌今改正邢本作舐校勘記云鉇盧本改䑛此誤玉篇舓說文云以舌取物也舐䑛並上同校語錄云䑛作鉇譌箋曰通志堂本䑛誤鉇孫校云星衍案鉇不成字宜改䑛見說文今案莊子田子方釋文云舐本或作䑛食紙反又列禦寇舐字又作䑛並與此相應故廣韻神帋切舓以舌取物䑛上同舐上同部本亦已改為䑛與陸本同今依改

鐵佗結反

髓素累反

辟濕必亦反○攷證云此音辟字也注疏本乃刪去辟字誤甚濕與燥溼字陸多通用箋曰注疏校勘記于此無說且有此辟字殆盧氏所據本脫去耳又釋地釋文云溼俗作濕

申入反疑後人改從俗作盧氏謂陸多通用之說尚有未周

彪

字林下甘反又亡狄反〇十三經音略十一云彪字林下甘翻音含户甘翻同又馮迪翻微明輕重交互出切音覓案下甘翻從甘馮迪翻從日說文從日作彪音覓匡名十八云案彪當作彪說文虎部彪白虎也從虎昔省聲讀若鼏後來謟甘故音亦隨之而改陸氏兼采兩音不能别其字之異也校語錄云又亡狄反乃彪字之音箋曰孫校云案彪誤作甘旁耳字林音下甘謬也說文云昔省聲今按說文虎部虦字段注云釋獸彪白虎釋文云云甘聲之字不能切亡狄彪與彪當是以一謟二未知孰是耳是段氏亦未敢肯定爾雅作彪為誤字也蓋許慎所據者從昔省聲故讀若鼏呂忱所據者與郭本爾雅同從甘聲故云下甘反陸云又亡狄反者亡狄讀為彪實又有作音家所據與說文同者陸氏依郭本故以字林之音為首又音正以廣異聞嚴元照謂陸不能别其字之異未知釋文之例如是也孫星衍以字林音為謬但依說文為說也周春亡狄易為馮迪狄迪雖同音而馮但有防戎切扶冰切二讀則馮迪讀同廣韵扶歷切與亡狄切不同何得云音覓此其誤也

虪

式六反本今作虪〇十三經音略十一云虪本今作虪式六翻音叔攷證云案說文虎部虪黑虎也從虎儵聲則作虪是也邢本作虪注疏校勘記云虪黑虎唐石經單疏本雪牕本同釋文云云

匡名十八云廣韻一屋引作虪案說文作虪從虎儵聲今作虪省文箋曰說文黑部之儵犬部之倏足部之𨇨並從攸聲鋚音皆式竹切式竹即此式六郭本爾雅之字作虪實虪之省盧文弨但以作虪為是未審 **秭**音姊 **檻**户覽反下同

貀本又作豽女滑反字林云獸無前足似虎而黑〇十三經音略十一云貀本又作豽女滑翻音近訥匡名十八云案說文豸部無豽字箋曰此亦陸氏所見之典籍有又作豽者故亦著之耳廣韻十四黠女滑切豽獸名說文作貀即以貀豽為一字異體 **召**市照反 **種**章勇反

鼳本多作狊經文既云鼠身宜從鼠音古闃反〇十三經音略十一云鼳本多作狊古闃翻居入聲匡名十八云案說文鼠部無鼳字據云本多作狊則鼠旁係陸氏所增不足信也廣韻二十三錫引無鼠字恐係誤脫箋曰廣韻古闃切鼳下引爾雅有鼠字各本並同或嚴元照所據本脫去鼠字耳唯陸云本多作狊云云非謂盡作狊也此正條例所稱斟酌折衷務使得宜也故仍依郭本爾雅作鼳嚴以說文無鼳為說失之按居在魚韻闃在錫韻乃青韻之入周春謂古闃反為居之入非也當云扃之入若以陰聲韻言則當為齊之圭 **驢**力居反

子狗古口反本或作豿沈施火候反注同〇十三經音略十一云狗本又作豿沈施火候翻音吼孜證云案說文狗在犬

部豸部無豹字釋文謂本或作豹此俗字也匡名十八引盧說箋曰古口反即說文銡音古厚切爲狗之本讀故爲首音火候反即廣韻五十候呼漏切蔻讀如蔻周春云音吼按廣韻呼漏切及四十五厚呼后切俱有吼且呼后切吼爲建首字吼既有上去二讀則周春直音用之實不準切

麢本或作羬同五咸反○十三經音略十一云麢本或作羬同五咸翻音嵒攷證云案說文鹿部有麢字以爲山羊犬部無羬字然則古通用麢字作羬非也匡名十八引盧說箋曰郝懿行義疏云其絕有力者名麢與山羊細角者同名按郝說是也盧文弨說非

捕音步

購古豆反贖也

貍力之反字林云伏獸似貙

貄以世反施餘棄反眾家作肆又作隸沈音四舍人本作貄○十三經音略十一云貄以世翻音曳霽韻施餘棄翻音異寘韻眾家作肆又作隸沈音四舍人本作貄說文作希讀若弟又音肆又音忌匡名十八云案說文長部隸即肆之正文肆或作髼豸部無貄字校語錄云舍人本作貄此貄當作貄箋曰文始四云說文希古音如弟釋獸以爲貍子字變作貄本或以肆爲之夏小正七月貍子肇肆按章說是也肆肆爲篆隸之異眾家作肆又作肆即與夏小正之字同借肆爲貄也舍人本作貄之貄當如法校爲貄與正文貄爲字式之小異故陸氏並著之又案以世反即廣韻餘制切在十三祭周春謂爲霽韻依

後世韻書合霽祭為一而言也廣韻棄在六至異在七志用
春云餘棄反音異寘韻則依俗本合寘至志三韻為一矣
豾字或作狉房悲反一音丕字林云貍也○箋曰房悲反即廣
韻符悲切屬並紐一音丕即廣韻敷悲切屬滂紐則一音同
又音 貈乎各反字林云似狐善睡本作貉亡白反字林云北方
人也非獸也○十三經音略十一云貈乎各翻音鶴又
亡白翻微明輕重交互出切音陌貈通作貉山海經郭注貉古
字或作貊音並同匡名十八云案說文豸部貈似狐善睡獸從豸
舟聲論語曰狐貈之厚以居下各切貉北方豸種從豸各聲孔子
曰貉之為言惡也莫白切則此文當作貈今論語亦誤作狐貉箋
曰乎各反即說文鉉音下各切亡白反即鉉音莫白切周禮考
工記釋文貉戶各反獸名依字作貈又禮記月令注狐貉之屬
釋文貉戶各反依字作貈並與此注之意同謂獸名則其字當
作貈也此云本作貉者謂他書用貉為貈也論語正如是而嚴
元照以為誤是以典
籍必用本字則過矣 貆音桓又音懽○十三經音略十一云
貆桓歡二音詩釋文本亦作狟音桓
徐郭音暄周禮釋文李一音喜元翻音喧箋曰音桓即說文鉉
音胡官切為貆字本讀故為首音懽即周禮草人釋文之呼丸
反餘詳詩魏風伐檀 獿字又作𧳜同乃老反字林云蜼貐○攷證云案
詩正義引郭注其蜼者名𧳜下有𧳜乃刀反四

字，今江東通呼。邢本作⿰豸⿱罒疋。校勘記云：葉本⿰豸⿱罒疋作⿰豸⿱罒疋，與集韻同，當據正。注疏校勘記云：其雌者名⿰犭⿱罒疋，注疏本⿰犭⿱罒疋作⿰豸⿱罒疋，單疏本作⿰犭⿱罒疋。釋文作⿰犭⿱罒疋。按集韻三十二晧則⿰豸⿱罒疋當作⿰犭⿱罒疋，⿰豸⿱罒疋當作⿰豸⿱罒疋。校語錄引盧說又云：六朝唐人碑刻⿰犭⿱罒疋多作⿰犭⿱罒疋字，又變而從⿱罒疋，非正體，當作猫、貓。篇韻又譌㺜，且別為之音。箋曰：臧校改注文⿰豸⿱罒疋為貆，其字從亞聲，實沿誤本集韻乃老切，以猫、貓、⿰豸⿱罒疋、⿰豸⿱罒疋四形為一字。按詩伐檀注疏校勘記云：其雌者名⿰犭⿱罒疋，⿰犭⿱罒疋乃刀反，毛本⿰犭⿱罒疋誤⿰犭⿱罒疋，閩本、明監本不誤。案爾雅釋文云⿰犭⿱罒疋字又作⿰豸⿱罒疋同，是作⿰豸⿱罒疋者誤，可見阮元于彼不以此釋文云字又作⿰豸⿱罒疋有誤也。見爾雅葉本⿰豸⿱罒疋作⿰豸⿱罒疋，乃援集韻為說耳。今仍通志本之舊。法謂篇韻又譌㺜，且別為之音者，玉篇犬部㺜，才癸切，雌貉也；集韻四紙聚繠切㺜，獸名，雌貉也。蓋猫變為⿰犭⿱罒疋，又變為㺜，遂謂其從惢聲而讀入紙韻，實一誤再誤矣。

⿰豸央 烏郎反 ⿰豸吏 山吏反，字林云：貎謂之⿰豸吏。廣雅云：⿰豸吏，貎也。貎音餘救反。 貒 他官反，說文、字林云：獸似豕而肥。○十三經音略十一云：貒，他官翻，音湍。 貗 郭其禹反，字林力于反。○十三經音略十一云：貗，郭其禹翻，音窶；字林力于翻，音婁。箋曰：廣韻十九侯落侯切，及十虞力朱切，並有婁。然說文鉉音落侯切，則侯韻為本讀，此力于反實同力朱切，周春以婁為力于反之直音，殊欠周密。 豚 音屯，本又作肫。○箋曰：說文肉部肫，面頯也，從肉屯聲，則又

作肫者為借字故集韵徒渾切云豚說文小豕也通作肫

貛音懽

貔音毗字林云豹屬出貉國一曰白狐毛詩草木疏云似虎或曰似熊一名執夷一名白狐其子為豰遼東人謂之白熊○攷證云毛詩草木疏云似虎或曰似羆舊本草木譌草本又羆作熊據詩釋文正義皆作羆下云一名執夷刖作羆是今改正校勘記云盧本草本作草木是也似熊改似羆校語錄云本盧改木是詩疏爾雅疏並作白熊是也箋曰孫校江校並改草本為草木與盧改同部本亦作草木今依改按毛詩陸疏廣要作似熊且下文亦云遼東人謂之白熊則盧文弨改似熊為似羆實非今仍通志本之舊

狐如字說文云祅獸也鬼所乘有三德其色中和小前大後死則丘首○校勘記云死則丘首盧本同葉本作首丘此誤倒箋曰臧校改丘首為首丘即依葉本說文狐字段注云爾雅音義廣韵皆作首丘段亦依葉本為言也按說文大小徐本皆作丘首桂馥義證引禮記作丘首又引廣志白虎通楚辭作首丘惟段桂皆不言為誤倒今仍通志本之舊

豰本又作豰火卜反又虎斛反○十三經音略十一云豰本又作豰火卜翻音耗讀入晧韵五經文字手卓火沃二翻寀乎字當是呼字之訛呼熇音又虎料訛斜作卓讀入覺韵火沃讀入沃韵其音仍是熇也攷證云本又作豰詩正義引作豰匡名十八云寀豰不成字蓋豰之譌豰從豕豰

從犬皆㱿聲也詩正義十八之四引作㲉校語錄云虎料反料不知何字之譌箋曰廣韵一屋呼木切㲉獸名似豹而小食獼猴又名黄脣說文作㲉呼木即此火卜㲉㲉通用故此云本又作㲉也又虎斛反即廣韵四覺許角切集韵黑角切㲉爾雅貔白狐其子㲉正本此又音斛通志堂本作料部本同料在說文木部鋐音之庚切廣韵集韵九麌皆無㲉盧文弨改料為科而廣韵集韵八戈並無㲉周春改為料然廣韵集韵三十四嘯亦無㲉且俱與此字從㱿聲不相應今依音理及集韵改正為斛周春改為虎料云音秏案料在嘯韵秏在号韵周又云讀入晧韵未審晧為上聲嘯号則為去聲洪細差疏未見有此例嚴氏謂㲉不成字斥為㲉譌何又不信許書也

麝　食亦反字林音射云如小鹿有香李本作澤云澤父獸名○十三經音略十一云麝食亦翻音石是亦翻同又神夜翻音射今通讀神夜翻李本麝作澤攷證云案麝澤古音相近詩無斁或作無射可證匡名十八引盧說箋曰廣韵二十二昔石常隻切屬禪紐又四紙是承紙切亦屬禪紐又二十四職食乘力切則屬神紐故廣韵常隻切與食亦切並出以其所本異也釋文或神禪不分見詩詆桑甚條周春云食亦反音石又云是亦反同者皆合神禪為一而言也

父　音甫下同○校語錄云下同二字衍文玃父之父別作音他無父字箋曰法說是

麇　九倫反本或作麕○攷證

云邢本作廲匡名十八云廣韵四十禡引作廲箋曰麋廲一字異體耳故上文云廲九倫反本又作麋詳上及詩名南野有死

麐

豺 仕皆反字林云狼屬狗足

貙 丑于反字林云似貍而大

獌 本亦作貓音萬又亡姦反或亡半反字林音慢云狼屬一曰貙也○十三經音略十一云獌本亦作貓音萬謝靈運山居賦自注音萬又亡姦翻音蠻或亡羊翻音茫微明輕重交互出切字林音慢莫翻半攷證云或亡半反半舊譌羊據宋本改校勘記云或亡羊反葉本羊作半此誤盧本已改正校語錄云或亡羊反羊盧改半是匡名十八云案說文豸部無貘字曼萬同物故相借耳箋曰獌說文鉉音舞販切故以音萬為首山居賦注音万字異音同亡半反與音慢為直音與反切並出之例廣韵二十九換莫半切獌狼屬又音萬即本此臧校改亡羊為亡半即依葉本是也部本亦作亡半今依改周春謂亡羊反音茫沿誤本為說不可從陸云本亦作貓者或作從豸苗聲蓋亦依典籍用字而言廣韵二十五願無販切貓貙獌似貍或作此貓即可為證嚴元照謂曼萬同物故相借按說文又部曼引也從又冒聲又网部苘平也從廿從网讀若蠻是二字之義迥別嚴說不可解

豻 郭音岸字林下旦反云胡地野狗本又作犴說文或豻字陳國武音子虛賦苦姦反解云胡地野犬似狐黑喙○攷證云案說文豸部豻胡地野狗從豸干聲犴豻或從

犬詩曰宜犴宜獄是豻正字詩小雅犴今作岸箋曰豻說文鉉音五盰切故以郭音為音屬疑紐字林讀如翰屬匣紐故為次音廣韵矦盰切豻野狗即本字林陳國武又讀平聲故廁于末廣韵可顏切豻胡地野犬似狐黑喙即本陳讀詩作岸為借字詳小雅小宛

羆 音碑

憨 呼濫反

豭 音加

麢 力丁反陶弘景注本草云今出建平宜都諸蠻中及西域多兩角者一角者為勝角甚多節處處員繞別有山羊角極長唯一邊有節節亦踈大而不入用羌夷云只此名麢羊甚能步峻短角者乃山羊亦未詳其正

麠 音京本或作麖同○攷證云案說文鹿部麠大鹿也牛尾一角從鹿畺聲麖或從京一切經音義十六引作麖匡名十八同盧說箋曰說文麖下段注云蜀都吳都二賦如此作此與䲔或從京正同今按山海經中山經亦作麖陸云本或作麖同正以麠麖為一字異體典籍或作麖也

麃 步交反郭云即麞也張揖同字林云麖屬郭氏音義蒲交翻同○十三經音略十一云麃步交翻音庖徐堅初學記引郊箋曰步蒲同屬並紐即廣韵五肴之薄交切也

雍 於用反

麞 音章

麔 字又作麂音几○攷證云案說文鹿部麔大麇也狗足從鹿旨聲麂或從几匡名十八云案說文麔大麇今本誤麋也狗足或從几作麂箋曰說文大麇段注改為大麇引此經麔大麔為證又麂下注云中山經如此

作今按麋麕為一字異體段改是也盧文弨尚沿舊本之誤陸云字又作麃正以麕麃為一字異體他書有如是作者今則通作麃鮮有用麕者矣

旄亡報反

獶乃牢反或乃容反字林云多毛犬也

魋徒回反字林云獸如熊黃而小

麆七奴反

猰字亦作猰或作窫諸詮之烏八反韋昭烏繼反服虔音醫晉灼音內言餲案字書餲音噎

○十三經音略十一云猰字亦作猰或作窫褚詵作諸詮之未詳何時人烏八翻音嗗韋昭烏繼翻音殪服虔音醫晉灼音內言餲案字書餲音噎任昉述異記猰乙八翻貐翼乳翻同案晉灼漢書音注每云內言如嚵音內言嚵猇音內言鵝之類是也何氏公羊傳注云言乃者內而深言而者外而淺此時翻語方興其學未盛故於清濁輕重之閒不過得其大略蓋內者闔而重濁外者開而輕清也攷證云案說文豸部犬部皆無此字徐鉉新附云猰猰貐獸名從犬契聲烏黠切說文於貐字下注有猰字北山經注引作窫窳似貙與釋文或作窫正合然說文有窫無窫晉灼音內言餲此古人讀法必口相傳授乃得字之正音匡名十八引盧說又云元照案當從人作偰偰之古文為禼見米部竊字注高辛之子名偰見於說文而史記漢書皆作禼說文內部禼蟲淮南覽冥訓狡蟲死高誘注蟲狩也狩即獸字也從內象形讀與偰同古文作禼據此則作偰為正禼或作禼貐字注中偰字小徐從豸大徐從犬皆傳譌也注疏

校勘記云按山海經北山經注引作窫窳似貙太平御覽卷九百八引作猰窳類貙皆與陸氏所見本合校語錄云今漢書楊雄傳作窫注亦未引三家之言諸諸家改褚貐下同箋曰猰貐以二字爲名不可分割猰字亦作猰從豸從犬小異耳故說文大徐本作猰小徐作猰廣韻十四黠烏黠切作猰又九麌以主切貐字注引說文同而北山經及漢書楊雄傳長楊賦又作窫窳故陸云或作窫若說文人部之偰段注云古亦假禼爲之禾部曰禼古文偰言古文假借字也如段說偰爲高辛氏子之專字乃人名也古文作禼者借字也嚴元照謂此猰當偰是以人名爲獸名且割裂猰貐爲二矣諸詮之周春盧文弨並改諸爲褚案不當改詳上文疏下今仍通志堂本之舊烏八反即廣韻烏黠切亦即漢書顏注窫音於黠反也讀如車轅之軋周春云音嗗非常見字如此直音不如不作烏繼反即廣韻十二霽於計切讀如翳甖說文鋑音於其切在七之飴非常見字故陸氏又釋之云案字書餲音噎噎說文鋑音烏結切在十六屑韋昭云服虔晉灼三讀韻雖異而聲紐與諸詮之同皆爲影紐顏師古以韋服晉三家非正讀故俱不載陸以諸詮之音爲首韋服晉三家廁于次以廣異聞顏陸之例不同也

貐

字或作窳諸詮之以主反字林弋父反韋昭餘彼反○十三經音略十一云貐字或作窳褚詮之以主翻音庾字林弋父翻同上韋昭餘彼翻音以攻

謚云案說文貐猰貐似貙虎爪食人迅走從豸俞聲校語錄云弋父與以主同餘彼未詳彼疑誤箋曰說文貐字段注云爾雅音義曰韋昭餘彼反按彼字必俟字或候字之誤集韻類篇不知其誤乃云貐尹捶切入四紙蓋古書之襲繆有如此者今按貐從俞聲自不當讀紙韻然餘屬喻紐俟韻為一等無喻紐則段改亦未敢從陸云字或作窳者以北山經漢書楊雄傳借窳為貐也貐說文鉉音以主切故以諸音為首周春盧文弨並改諸為褚非也詳上呂忱弋父反其用字與諸異故具載之又按廣韻彼在四紙以在六止周春云餘彼反音以是依後世韻書合紙止為一而言也

猭先官反

麑字又作猊牛奚反○攷證云案漢書注九十六初學記二十九文選注一引爾雅皆作猊但說文犬部無此字鹿部云麑狻麑獸也從鹿兒聲則作麑為正匡名十八引盧說又云元照案一切經音義二十一又二十五白帖九十七引亦皆作猊注疏校勘記云狻猊日走五百里單疏本雪牕本同釋文音經麑字又作猊按此經作麑注作猊箋曰郭注云穆天子傳曰狻猊日走五百里今穆天子傳一亦作狻猊郭注云狻猊獅子亦食虎豹猊音倪蓋麑猊為一字異體陸以此經郭注及他書作猊故云字又作猊非依說文也盧文弨但以作麑為正則非陸意

犎音封

日走而一反

驨本又作巂同戶圭反○十三經

音略十一云驌本又作驦同户圭翻音攜弦諺云案漢書五十七上張揖注引作驦說文無驌字匡名十八云案張揖子虛賦注孔鼂逸周書注王會史記索隱司馬相如列傳引皆作驦說文馬部無驌字箋曰此陸氏所見郭本爾雅從馬作驌正以張孔引此經作驦故云本又作驦同驦者聲借字驌者後出專字

騏 音其

茸 而容反

羱 魚袁反又五丸反字林云野羊大角○十三經音略十一云羱魚袁翻音原又五丸翻音豻元寒韻别說文作萈讀若丸匡名十八云說文羊部無羱字當作萈說文卝部萈山羊細角者從兔足首聲讀若丸繫傳云萈俗作羱箋曰郭注云羱羊似吳羊而大角角橢出西方與說文細角者不同故陸氏但引字林以其與郭注相同也且魚袁五丸二反亦與說文讀若丸鉉音胡官切之音異諸家謂羱為說文之萈殆有未審而嚴元照謂此羱當作萈尤誤案廣韻二十六桓五丸切有此羱即本此又音乃合口字也周春謂五丸反音豻又云元寒韻别益讀如廣韻二十五寒之俄寒切則為開口矣周讀非

橢 字或作隋他果反下同○箋曰詩豳風破斧釋文云隋何湯果反孔形狹而長也又儀禮士冠禮隋他果反狹而長詩禮之字並作隋而釋魚與此同作橢故陸云字或作隋

麐 字林力人反本又作麟牝麒也一音力珍反○十三經音略十一云麐字林力人翻齊齒呼又音力珍翻撮口

呼並讀如鄰張參云經典皆作麟惟爾雅作此麐字攷證云案春秋正義引李巡注作麟攷說文麟大牝鹿也從鹿粦聲麐牝麒也從鹿吝聲則作麐為正以聲同通借也匡名十八云詩正義三一之一切經音義四二十引作麟案說文鹿部麒仁獸也麋身牛尾一角又麐牡麒也從鹿吝聲又麟大牝鹿也從鹿粦聲則麐為正字以麟音同通借用之注疏校勘記云麐麢身唐石經單疏本雪牕本同釋文云云五經文字云麐牝麒也經典皆作麟唯爾雅作此麐字按說文麒仁獸也麐牝麒也麟大牝鹿也是麒麟字作麐今毛詩春秋禮記作麟者同聲假借也惟爾雅作麐為正校語錄云力珍與力人同陸蓋知與真不同部箋曰廣韻人珍並在十七真此力珍力人乃反音同而反語異者亦具列之之例猶左傳哀十四年釋文之呂辛反又力珍反也周春于彼亦云呂辛撮口呼力珍齊齒呼又云二反同既云二反同此又云並讀如鄰安有齊齒撮口之異是知二五而不知一十也若陸云本又作麟正以詩禮春秋俱用麟為麐也

猶 羊周羊救二反字林弋又反說文云玃屬也一曰隴西人謂犬子也尸子云五尺大犬也舍人本作鷂郭音育○十三經音略十一云猶羊周如字羊救去聲二翻字林弋又翻與羊救同舍人本作鷂郭音育匡名十八云猶舍人本作鷂案猶鷂聲相近箋曰育說文鉉音余六切屬喻紐猶鷂一聲之轉則舍人本猶作鷂為雙

聲借字 彪音几 上樹時掌反 貄本又作隸亦作肆音四○匡名十八云案貄隸皆俗字當作㣇說文九下㣇脩當作修豪當作𧰼獸從彑下象毛足讀若弟其作肆者蓋即𧰼字說文㣇部𧰼㣇屬從二㣇古文作𧰽虞書曰𧰽類于上帝今尚書作肆箋曰說文㣇字段注云釋獸曰隸脩豪者正字隸者俗字或作肆者假借字也則嚴元照謂此貄當作㣇實本段說其謂㣇字說解之脩當作修案毛詩六月韓奕傳皆曰脩長也許慎正沿毛傳又謂豪當作𧰼案說文㣇部豪為𧰼之異體此豪即豪之隸省耳說文不誤 脩音羞 毫戶高反廣雅云毴謂之毫本或作豪音同借用也○匡名十八云案說文㣇部𧰼豕鬣如筆管者出南郡從㣇高聲籀文從豕作豪臣鉉等曰今俗別作毫非是箋曰楚辭七諫沈江云秋毫微哉而變容王逸注云銳毛為毫廣雅釋器云毴謂之毫則漢魏時已有毫字六代時豪為豪俊字毫為毫毛字故陸云本或作豪音同借用于釋畜及禮記經解云毫戶刀反字又作豪皆未以毫為俗者隨本作音但依其時之用字而言也 兕本又作光徐履反○十三經音略十一云兕本又作光徐履翻音似邪毋字攷證云案毛詩音義上光字又作兕考說文云𤉡如野牛而青象形與禽离頭同兕古文從几則知今作兕者本古文小變之光乃俗體匡名十八云一切經音義七引作兕案說文九下𤉡

如野牛而青象形古文從几作兕盧學士云云箋曰詩周南卷耳釋文云兕字又作兕徐履反爾雅云兕似牛與此正相應盧文弨于彼亦以兕為俗字皆未了澈陸氏隨本作音耳案廣韵履在五旨似在六止周春云徐履反音似依後世韵書合旨止為一而言也

犀音西俗作犀非○攷證云俗作犀非說文犀從尾舊犀亦作犀譌校勘記云俗作犀非盧本犀改犀匡名十八云釋文云犀俗作犀非案說文牛部犀南徼外牛一角在鼻一角在頂似豕從牛尾聲又尸部犀遲也從尸辛聲二字迥異然古文自通用故遲之籀文從辛作遅也今陸本作犀乃犀之通借字乃竟以犀為俗作而非之毋乃繆乎校語錄云注內犀字盧改為犀殆非蓋正文依說文作犀俗則連中直為一筆耳箋曰通志堂本正文注文並作犀盧文弨于攷證改注文之犀為犀是也部本亦改注犀為犀攷干祿字書云犀犀上俗下正則唐初猶沿六代時俗作今依部盧所改法偉堂謂俗連中直為一筆無證惟盧本雖于攷證改注犀為犀然于正文則誤作犀俗作犀非嚴元照不查通志本但依盧本之誤者為說竟以陸德明為繆是誤中又誤矣

庳音婢

彙本或作猬又作蝟亦作彙同音謂○攷證云案說文希部云𧰲蟲似豪豬者從希胃省聲蝟或從虫則彙本作𧰲蝟作彙猬彙者皆非匡名十八引盧說又云元照案彙即𧰲之隸變彙

乃通借猬則謂體注疏校勘記云今蝟狀似鼠雪牕本注疏本同釋文音經彙又作蝟按此經作彙注作蝟箋曰說苑辨物篇鵲食猬猬食鵔鸃文選西京賦摣狒猬薛綜注云猬其毛如刺則猬即蝟亦說文𧰲之異體也故陸云本或作猬𧰲彙二字說文鉉音並于貴切則作彙者爲同音借字若經文彙字實說文𧰲之隸變廣韵八未于貴切彙說文作𧰲似豪豬而小爾雅曰彙毛刺是也即可爲證而盧文招以作彙猬彙者皆非嚴元照以作猬爲謂體皆非陸意

毛刺七賜反

狒狒字又作𥡀或作萬同說文云周成王時州靡國獻𥡀𥡀人身反踵自笑笑則上脣弇其目食人北方謂之土螻讀若費費一名梟陽今依許扶味反沈音沸郭簿昧反又音備郭云俗呼曰山都寀相傳云此獸人面長脣身有毛好食人得人則笑而脣覆其面人亦因而獲之故左思吳都賦云𥡀𥡀笑而被格是也○十三經音略十一云狒字又作𥡀或作萬同說文讀若費今依許扶味翻沈音沸郭薄昧翻音佩又音備匡名十八云案說文内部作𥡀引爾雅云𥡀𥡀如人被髮從内象形𥡀乃𥡀之謁體萬之古文𥡀皆不當從犬部無狒字校勘記云狒狒或作萬萬葉本萬作畾萬箋曰臧校改萬爲畾萬即依葉本與阮元所見去本小異耳攷集韵父沸切𥡀字或作狒萬萬諸形𥡀者說文之形陸云字又作𥡀又引說文說解亦作𥡀則又作者與說文同與今本說

文略異者隸變也陸氏所見郭本爾雅作狒案文選西京賦攄狒猬善曰狒房沸切房沸與此許扶味反同亦即說文鉉音符未切也皆屬奉紐沸音沸則屬非紐去聲非奉相混故列于次俱在未韻也簿味反則在隊韻並紐故又次之又音備則在至韻並紐故廁于末又按今說文作讀若費不疊費字此似衍一費字今吳都賦鸜鸜作萬萬劉淵林注云萬萬梟羊也云云與此注所引相傳云者略同善曰萬扶沸切是吳都賦之字即與陸云或作萬者同也而嚴元照以爲之古文爲說未審陸云或作者乃依典籍所作者而言非依說文也又臧校改因而獲之之而爲水按而作水則不詞臧校非

被髮皮義反

梟九堯反○校語錄云力堯反力疑古或九之譌經籍舊音辨證三云盧校依通志本作力堯反承仕按力爲九之形譌茲正之箋曰梟爲見紐字自不當用力力屬來紐法校爲古爲九俱是惟九于形尤近今依吳改

脣音純

蹯說文作番古文作𠚪並音煩案蹯掌也左傳云宰夫胹熊蹯不熟殺之是也○十三經音略十一云蹯說文作番古文作𠚪訛作𠚪攷證云案說文釆部番獸足謂之番從釆田象其掌附袁切蹞番或從足從煩𠚪古文番此引說文古文𠚪譌作母字今據本書校正校勘記云古文作母盧本母作𠚪依說文改正校語錄云母盧改𠚪是匡名十八云案說文釆部番獸足謂之番從

釆田象其掌或從足從煩作蹞古文作𤰷足部無蹯字箋曰通志堂本𤰷作母以形近致譌江校改爲𤰷孫校云星衍案𤰷之誤也王校云筠案母當作𤰷邵本亦改爲𤰷今依改案左傳文元年王請食熊蹯又宣二年宰夫胹熊蹯不熟其字並作蹯與郭本爾雅同而嚴元照以說文足部無蹯字爲說非也

禸女九人九二反說文云獸足蹂地也古文爲蹂字字林或作狃〇十三經音略十一云禸女九音狃人九音蹂二翻攷證云注疏本無林字此疑衍校語錄引盧說匡名十八云初學記引作狃案說文十四下禸獸足蹂地也象形九聲篆文作蹂从足柔聲非古文也狃以同音通借校勘記云獸足蹂地也葉本蹂作迹箋曰臧校改蹂地之蹂爲迹與說文不合即誤依葉本也說文蹂篆文公段注云爾雅音義云古文爲蹂由不知說文之例而改之如段說則此古文當作篆文案字林考逸六云狃爾雅釋獸釋文云禸字林或作狃則盧文弨謂此字林之林爲衍非也注疏本漏一林字耳

處昌慮反

蒙莫東反

猱奴刀反本或作獶郭女救反〇十三經音略十一云猱奴刀翻音𤢺諾皋翻同本或作獶郭女救翻狃去聲廣韻而沼翻音擾李登聲類猱人周翻音柔冊俗語變訛爲戎冊遂別造絨字詳見匡謬正俗攷證云獶當爲獿方與奴刀音合郭音似又本從夒也校語錄引盧說又云案奴刀一等女救三等非

從夒則不爲讀女救反也若從憂則不讀女救矣匡名十八云寀獿當從夒夒憂形似每易譌溷經典中劚擾字皆改爲擾亂字此亦其一也夒柔聲相近說文擾讀若柔故獿又作猱然獿猱二字皆不載於說文當作夒說文夊部夒貪獸也一曰母猴似人從頁巳止夊其手足又犬部猴夒也箋曰說文夒字段注云詩小雅作猱毛曰猱猨屬樂記作獿隸之變鄭曰獿獼猴也寀段說是也小雅角弓作猱與郭本爾雅同即說文夒之異體奴刀反爲本讀故爲首音隸變作獿如禮記故云本或作獿郭音女救反即以其字從憂聲陸氏但錄其音于末實以廣異聞也

蜼 餘水反

畜 許六反

捕 音步

勝 尸證反

貓 音苗

獮 音獮

猴 音侯

猨 音袁本今作蝯○孜證云邢本作蝯寀說文虫部云蝯善援禺屬從虫爰聲徐鉉云今俗別作猨非是匡名十八云石經單疏本及集韻四十九宥引皆作蝯寀說文虫部蝯云云元照寀又有從犬旁袁者尤俗注疏校勘記云猱蝯善援唐石經單疏本雪牕本同釋文云云五經文字云蝯作猨訛按釋文知此經舊作猨從犬說文虫部云蝯善援故五經文字唐石經皆定作蝯箋曰猨與猴玃猱並同類而異名故其字從犬陸氏于詩小雅角弓云猨屬音袁字或作猿皆隨本作音依說文盧文弨于彼謂當作蝯亦誤詳彼

未

善援 音袁猶引也

玃

字亦作玃俱縛反說文云大母猴也○攷證云案說文豸部云貜𧳧貜也從豸矍聲玃母猴也從犬矍聲爾雅云玃父善顧攫持人也則字當從犬匡名十八引盧說玃母猴也上有又犬部三字又云元照案漢書司馬相如傳注一切經音義四又九引皆作玃校語錄云說文貜玃異物不得為一字箋曰說文貜玃雖為二字此經郭本玃作貜依說文為通借字陸云字亦作玃並引說文正謂依經義其字說文作玃在犬部也廣韻居縛切玃大玃也說文大母猴也玃上同則以玃貜為一字異體即本此

父音甫

貑本或作豭音古牙反○攷證云案說文有豭無貑箋曰說文鹿部麚牡鹿也此經貜父善顧郭注云貑玃也似獼猴而大色蒼黑能攫持人好顧眄則說文之麚與此迥異此或作豭者為聲借盧文弨不當引說文為說

眄亡見反○攷證云眄邢本作盼譌注疏校勘記云好顧眄單疏本注疏本同毛本眄誤盼釋文眄亡見反按說文眄邪視也莫甸切當用此字盻恨視也胡計切盼詩美目盼兮匹莧切皆非此義箋曰亡見反即莫甸切在霰韻明紐盻胡計切在霰韻匣紐盼匹莧切在襉韻滂紐眄盻盼三字音義並異盧阮說是也

脊音積

泥奴細反

麔音咎

麚音加○攷證云案說文亢部引爾雅作貑豕部云貑牡豕也從豕加聲匡名十八云案說文欠部欲讀若爾雅麔貑短脰

是古本麌從豕箋曰說文欠部欲下段注云豭今本作麌非麔豭一獸名非上文之麇牡麔麀牡麌也今按說文豕部之豭為牡豕鹿部之麌為牡鹿此麔麌既是二字為一獸則作麌作豭皆可不得以郭本爾雅作麌麌為非嚴元照謂古本麌從豕按陸氏不云舍人樊孫諸本作某則爾雅各本俱如是或許慎所見爾雅作豭亦各本師傳耳　豝音豆　贙胡犬反○十三經音略十一云贙乎犬翻縣上聲廣韻黃練翻音縣又音縣上聲卽乎犬翻　獷號猛反　豦音據　髯而占反　鼺力軌反　擿人字又作擲直戟反○箋曰廣韻二十二昔直炙切擲投也擿上同出說文益擿擲一字異體故詩北風釋文云投擿呈釋反與擲同　蜼音誄字林余繡反或餘季餘水二反○十三經音略十一云蜼音誄初學記引爾雅累猴當因誄累音同而誤字林余繡翻音柚或餘季訛作音遺李餘水音唯二翻山海經郭注音贈遺之遺羅鄂州云蜼讀如贈遺之遺又讀如橘柚之柚其作柚音者或為狖音義皆同孫愐不審乃於一音中分之云攷證云或餘季餘水二反舊作餘李今據宋本改校語錄云李盧改季是箋曰通志堂本季殘為李李臧校改為季與周春盧文弨所改者同邵本亦改為季今依改後漢書馬融傳注云蜼音以藥反零陵南康人呼之音餘建平人呼之音相贈遺之遺又音余救反皆土俗輕重不同

耳以藥即此餘水贈遺之遺即此餘李反余救即此餘繡雖土俗輕重不同實則喻紐一聲之轉羅願謂或余為狖案狖從余龍切之宂得聲陰陽對轉遂讀余救余繡亦喻紐之聲轉故廣雅釋獸云狖蜼也正以二者為一物若廣韻余救切狖獸名似蝯蜼似獮猴云云狖即說文豸部之貁蜼在說文虫部本為二字廣韻正本舊籍也

卬五剛反又魚兩反○匡名十八云卬廣韻六至一切經音義六引作仰案說文匕部卬望有所庶及也從匕從卪詩曰高山卬止又人部仰舉也從人從卬二字古通用今詩作高山仰止箋曰卬說文鉉音伍岡切仰鉉音魚兩切伍岡即此五剛然則此首音從卬字本讀又音則讀為仰矣

數尺所主反

獺勑鎋反又勑末反○箋曰勑鎋反即廣韻十五鎋他鎋切獺獸名勑末反即十二曷他達切獺水狗此上字並用勑為類隔勑末反用末為曷末混用猶釋文全書或寒桓不分也詩小雅魚麗及鴛鴦釋文並云又他末反可見陸氏悉本舊製

歧音祁

自縣音玄

捷才接反

⿱穴乘本或作乘事陵反○匡名十八云案⿱穴乘隸變作乘校語錄云⿱穴乘與事不同紐事字誤釋畜云旋市升反則事當作市箋曰⿱穴乘說文鉉音食陵切屬神紐事鉉音鉏吏切屬牀紐市鉉音時止切屬禪紐釋文神禪或不分如詩氓桑葚本又作椹音甚葚屬神紐而甚則屬禪紐是也釋文又

禪床或不分如釋言屬雛欲反屬禪紐雛則床紐是也法氏于釋言亦謂雛字誤與此謂事字誤皆不可從

峰芳逢反本今作峯○攷證云毛注疏本作峰宋本作峯官本同注疏校勘記云好登山峯單疏本雪牎本元本閩本同毛本峯改峰按釋文作峰舊校云本今作峯箋曰古逸本郭注作峯與說文大小徐本同山在夆上此陸氏所見郭注之峯山在夆側其云本今作峯謂彼時所作又有山在夆上者阮元以為舊校而非陸語則誤

猩音生郭云人面豕身能言語又云狀如貛狌聲似小兒啼案禮記云猩猩能言不離禽獸是也○十三經音略十一云猩音生審母字也玉篇又音星心母字箋曰禮記曲禮狌狌能言釋文云本又作猩音生然莊子道遙遊釋文云狌郭音生又音星則玉篇又音星實本舊讀故說文鉉音桑經切正同又音今亦通讀如星校勘記云猩音生此當作狌音生說詳注疏校勘記注疏校勘記云猩猩小而好啼雪牎本注疏本同按猩猩當作狌狌釋文猩音生當本是狌音生唐石經兩字犬旁清楚星星模糊蓋本作狌狌後剜改邢疏引周書王會都郭狌狌又引曲禮猩猩能言按禮記釋文云狌狌音生本又作猩知禮記本作狌狌山海經海內經作狌狌郭注云或作猩猩可證此注引山海經亦當作狌狌箋曰海內經郭注云或作猩猩正可為狌猩一字異體之證禮記釋文云本又作猩正與

此經作猩猩相應廣韻十二庚所庚切猩猩能言似猿聲如小兒狌上同以猩爲正體以狌爲或體尤可見唐宋時作狌者已不如作猩之廣泛阮元所說非也

而好如字又呼報反○箋曰如字讀同說文鉉音呼晧切其義爲善爲美呼報反則讀同廣韻呼到切義爲愛好之好

嗁杜奚反作啼同○攷證云案說文口部云嗁號也從口虒聲無啼字邢本作啼舊杜奚譌作社奚今據宋本攷匡名十八引盧說校語錄云社奚反社盧攷杜是箋曰通志堂本杜作社以形近致譌盧文弨攷爲杜是也邵本亦攷爲杜說文鉉音杜兮切杜屬定紐社則屬禪紐今依攷按啼即嗁之異體左傳莊八年豕人立而啼莊子駢拇齕之則啼並作啼字故陸云作啼同邢昺即本之盧文弨以說文無啼爲說非也嚴元照亦沿其誤

阯音止○攷證云阯邢本作趾舊阯字在磎字下誤今移正校勘記云磎音溪按此條依次當在阯下注疏校勘記云今交阯封谿縣出猩猩雪牕本元本同單疏本閩本監本毛本阯改趾按釋文阯音止校語錄云磎阯二條盧移轉箋曰漢書地理志交趾郡王先謙補注云交趾見禮王制顓頊紀作阯通借字如王說則釋文及雪牕諸本作阯亦爲借字按交阯爲郡名封谿爲縣名則通志堂本此條在磎下實誤倒邵本亦移轉今依攷

磎音溪本今作谿○攷證云邢本作谿箋曰廣韻苦奚切谿

與磎為一字異體此陸氏所見郭注作磎從石以彼時又有作谿從谷者故亦著之即邢昺所本

豚徒門反字亦作豘字林云小豕也說文作豚又云籀文也○攷證云案說文𧱓小豕也從象省象形從又持肉以給祠祀豚篆文從肉豕此當云說文作𧱓又云豚籀文也今說文作篆疑誤校勘記云段玉裁云玉篇𧱓部曰豚籀文此當云說文作𧱓又云豚籀文也二家所見說文與今本異校語錄云說文作豚二語與今說文不合葢有脫誤詳考證箋曰江校與阮所引段說同葢阮江並錄段校釋文語也按說文豚篆文從肉豕段注云上古文此小篆也亦以上附二之例不入豚於豕部附以古文𧱓者以有從𧱓之𧱓則不得不立此部首也爾雅音義四籀文作豚玉篇亦曰豚者籀文皆誤恐學者惑焉故箸於此如段注所說則阮江所據段校正與段注相違且與說文立𧱓部之例不合盧文弨謂今說文作篆疑誤亦未明說文立𧱓部之意也陸云字又作豘者莊子德充符釋文云豘子本又作豚徒門反葢莊子之字作豘也

闋其越反又如字

泄息列反○攷證云泄邢本作洩匡名十八云泄石經避諱作洩注疏校勘記云闋洩多狃唐石經雪牕本注疏本同釋文單疏本洩作泄是箋曰泄洩一字異體無是非可言詳左傳昭四年杜泄條

多狃女九反

寓屬魚具反舍人本作麌孫五胡魚句二反下

如字。〇十三經音略十一云：寓，魚具翻，音遇。舍人本作麌，音俁，孫五湖、隌魚句遇音二翻。周禮注作禺。匡名十八云：案說文無麌字，其曰麌屬者，取篇中一字標之，猶下之蠡屬、須屬也。說文虫部蝯、蠷二字下，周禮春官司尊彝注，俱作禺。周禮疏引爾雅亦作禺。注疏校勘記云：寓屬，唐石經、單疏本、雪牕本同。釋文云云。按說文「蝯，善援，禺屬」。周禮司尊彝注「蜼，禺屬，卬鼻而長尾」。是許叔重、鄭康成所據爾雅皆作禺。說文「禺，母猴屬」。殆目蒙頌猱狀以下言之。今本作寓屬，邢疏以寄寓木上釋之，非。阮氏又云：按寓屬對釋嘼言之。嘼者人所養也，寓屬者皆寄居於野者也。自麋以下至末皆是也。若說文、周禮注之禺屬，單謂母猴類，與此寓屬絕不相涉。舊校非也。箋曰：下文「寓鼠曰嗛」，郭注云「寓謂獼猴之類寄寓木上」，則邢疏實本郭注。郭本爾雅此作寓屬，依蒙頌猱狀以下諸條爲說，以其生活環境名之；許、鄭作禺屬，以其種類名之；舍人本作麌，依本篇首三條名之。若以聲音爲言，則寓、禺二字說文鉉音並牛具切，麌則爲上聲，上去相承，寓、禺、麌三字均無不可。陸以魚具反爲首音，寓字本讀如是。魚句反用字之異。五胡反即廣韵十一模五乎切，讀如吾。陸氏上文之麌云魚矩反，字林音吳呂忱之音，即孫五胡反也。周春謂五湖反音隅，未審。隅說文鉉音虞俱切，讀如虞。周音隅，誤用坊本韵書也。

鼢　字亦作蚡。扶粉、扶云二反。說文云：地中行鼠伯勞所作也一音偃廣雅云鼹鼠也字或作鼸同方言謂之犂鼠○十三經音略十一云鼢字亦作蚡蚠同扶粉音憤扶云音墳二翻一音偃字或作鼸同孜證云案說文鼠部鼢地行鼠伯勞所作也一曰偃鼠從鼠分聲蚡或從虫分聲無鼸字此引作地中行鼠蓋說文脫中字說文一曰偃鼠此作一音偃則說文爲是鼹舊作鼹據宋本改斜鼠之場謂之坻見方言六李善注藉田賦亦引作犁鼠與此同匡名十八引盧說校勘記云廣雅云鼹鼠也葉本鼹作鼴盧本同按鼹是也校語錄云一音偃三字誤依說文當作一曰偃鼠箋曰通志堂本鼹作鼹臧校改爲鼴王筠校同即依葉本也廣雅釋獸鼹鼠鼢鼠王氏疏證云鼴各本譌作鼹說文玉篇廣韻集韻類篇俱無鼹字今訂正如王說釋文作鼹亦係俗改今依正按陸氏云扶粉扶云二反爲鼢字之音音偃即讀爲廣雅之鼹其字已異故云一音非引說文一曰偃鼠也盧文弨法偉堂于此有誤解

鼸 下簟反孫云鼸者頰裹也郭云以頰内藏食也字林云即鼢鼠也○十三經音略十一云鼸下簟翻音近鼸匣母而韵微别箋曰下簟反即廣韵胡忝切在五十一忝鼸讀下斬切在五十二鼸胡云韵微别校勘記云葉本裹作裏誤箋曰臧校改裹爲裏王筠校同即誤依葉本也孫郭之說互相足下文寓鼠曰嗛郭注云頰裹藏食處釋文裹音果可證今注疏本郭注裹亦誤裏與此葉本裹作

裏皆以形近致譌

頮古協反

鼷户雞反字林云小鼠也郭云有螫毒者博物志云鼠之最小者或謂之甘鼠案春秋食郊牛角者是也○校勘記云或謂之耳鼠葉本耳作甘此誤盧本同甘鼠者猶云甜口鼠也箋曰臧校改耳鼠為甘鼠即依葉本按士禮居叢書本博物志三卷春秋書鼷鼠食郊牛牛死鼠之類最小者食物當時不覺痛或名甘鼠玉篇鼠部鼷下雞切小鼠也螫毒食人及鳥獸皆不痛今之甘口鼠也廣韻十二齊胡雞切鼷鼠名一名甘口鼠食人及鳥獸至盡皆不痛依今本博物志及玉篇廣韻自當作甘鼠今從葉本餘本甘作耳實誤

螫音釋

鼶私移反又徒奚反○十三經音略十一云鼶私移音斯徒奚音提二翻箋曰鼶說文鉉音息移切故此以私移為首音廣韻十二齊杜奚切有鼶鼶即本此又音

鼬餘又反字林云如鼠赤黃而文

鼦字書云古貂字也音彫○箋曰玉篇鼠部鼦丁幺切古文貂字鼠也毛可為裘說文豸部貂鼠屬大而黃黑出胡丁零國鉉音都僚切丁幺都僚並讀如彫

咲大敢反

鼪音性莊子云騏驥驊騮捕鼠不如貍鼪郭音生○攷證云單注本有音狌二字注疏校勘記云江東呼為鼪音狌雪牕本同注疏本删下二字釋文鼪郭音生箋曰古逸本郭注亦有音狌二字莊子秋水釋文云狸狌音姓向同又音生姓性同音故並為首彼

又音即本郭讀也 **鼩**音劬 **鼱**音精字林云鼱鼩李云一名鼷鼠 **鼨**將容反 **鼭**音時

鼣字或作⿰鼠發符廢反舍人云其鳴如犬也○十三經音略十一云鼣字或作⿰鼠發符廢翻音吠匡名十八云釋文云鼣字或作⿰鼠發案皆不見於說文段氏玉裁曰鼣當作鼥案釋文鼣字或作⿰鼠發符廢反舍人云其鳴如犬（此下脫吠字）也集韻二十廢鼥⿰鼠發鼠名其鳴如犬吠或從發是丁度所據釋文本作鼥也元照案古犮發通詩鱣鮪發發說文作鮁鮁又武王載旆說文土部引作坺荀子議兵引作發衛公叔文子名拔或作發見禮記檀弓注皆其證也然說文亦無鼥字注疏校勘記云鼥鼠單疏本雪窗本同唐石經犬旁損闕段玉裁云云與匡名所引全同又有廣韻亦云如犬吠藝文類聚卷九十五引爾雅作鼣鼠音吠犮發聲相近今本從犬訛經籍舊音辨證三云中山經倚帝之山有獸焉其狀如鼣鼠郭注音狗吠之吠承仕案郭彼音與此同字應從犮聲今本爾雅山海經及玉篇廣韻等字並從犬違失六書唯類篇集韻鼣⿰鼠發同列是也應據正舍人說鼣鳴狀不闕字形黃侃箋識云從犬者從吠省也此吠之後出字不必從犮類聚九十五引爾雅作鼣此與集韻所見本同吠字林作⿰口犮見五經文字是亦以為犮聲也與此鼣亦作鼥同比箋曰鼣字兩形無聲故段云當作鼥吳云違失六書然依黃說犬為吠省如吠⿰口犮

一字之比則作猷亦可今姑仍舊又舍人云其鳴如犬既有鳴字則犬下不煩再出吠字矣

鼫音石孫云五技鼠也字林同寀蔡伯喈勸學篇云五技者能飛不能上屋能緣不能窮木能泅不能渡瀆能走不能絶人能藏不能覆身是也許氏說文亦云然或云即螻蛄也郭云形大如鼠頭似兔尾有毛青黄色好在田中食粟豆關西呼爲鼩鼠見廣雅鼩鼠即雀鼠也

鼩郭音雀將略反字林音灼云鼩鼠出胡地郭注本雀字或誤爲瞿字沈旋因云郭以爲鼩鼠音求于反非也○注疏校勘記云關西呼爲鼩鼠見廣雅音瞿雪牕本同注疏本删下二字釋文作關西呼爲鼩鼠見廣雅又云鼩郭音雀云云疏云鼩音雀今本作鼩誤也箋曰廣雅釋獸鼩鼠鼫鼠鼩曹憲音爵王氏疏證云爾雅鼫鼠郭璞云形大如鼠頭似兔尾有毛青黄色好在田中食粟豆關西呼爲鼩鼠見廣雅音雀魏風碩鼠篇碩鼠碩鼠無食我黍正義引義疏云今河東有大鼠能人立交前兩脚於頸上跳舞善鳴食人禾苗人逐則走入樹空中亦有五技或謂之雀鼠其形大故序云大鼠也雀與鼩通按王説是也郭注引廣雅廣雅無鼩鼠其音雀正與詩義疏或謂之雀鼠相合雀瞿二字字形相似沈旋所見郭注雀誤爲瞿又誤以此經上文之鼩鼠當之未審上文鼩鼠郭注云小鼱鼩也一名鼷鼩與此鼩鼠迥異故陸氏以爲非邪昺云鼩音雀云云即本釋文

釋文將略反即讀如雀陸以或誤雀爲瞿故直音與反語並出以定雀字之形又引字林云云即今説文鼠部之鼩胡地風鼠鉉音之若切所以廣異聞也臧校改瞿爲翟按陸于下引沈旋音求于反正從瞿字之音翟則讀徒歷切與求于之音不同臧改非是

瞿音劬

鼤音問又音文

鼨音終又徒冬反説文字林皆云豹文鼠也○十三經音略十一云鼨音終又徒冬翻音彤説文鼨鼠豹文鼠句讀與郭異案水經注云漢光武得鼮鼠於靈臺上與説文異與郭同

鼮徒形反又大佞反郭云文彩如豹也○十三經音略十一云鼮徒形翻音亭又大佞翻音定辨鼮鼠事爾雅注以爲終軍文選注引摯虞三輔決錄注以爲竇攸蓋相傳有此兩説可以並存毛晃以終軍爲誤未確毛奇齡以李義山終軍識鼮爲無本尤非

終軍漢書云終軍字子雲濟南人初入關棄繻而去至長安上書拜爲謁者給事中使南越爲呂嘉所殺死時年二十餘歲世號之終童○攷證云臧氏琳云廣韻御覽類聚並引竇氏家傳云竇攸治爾雅舉孝廉爲郎世祖與百寮大會靈臺得鼠身如豹文熒熒光澤世祖異之問羣臣莫知攸對曰鼮鼠也詔問何以知對曰見爾雅詔案祕書如攸言賜帛百匹詔諸侯子弟從攸受爾雅文選任彦升表注引摯虞三輔決錄文亦大同酈道元注水經穀亦以爲光武之事郭璞蓋是傳聞

之誤校語錄云臧氏琳以爲此竇攸事郭以爲終軍事益傳聞之誤詳盧氏攷證箋曰邰晉涵正義云郭氏爾雅序豹鼠既辯其業亦顯然說豹鼠者多異詞玉篇云鼮鼠名漢武帝時有此鼠文如豹終軍識之賜絹百匹與此注同廣韻引竇氏家傳云云水經注及文選注引三輔決錄注並載竇攸此事是舊存兩說也如邰說臧琳以郭璞爲傳聞之誤臧氏但依竇氏家傳及三輔決錄注諸書而未審顧野王亦同郭說陸氏引漢書云云亦是爲郭注作證也

鼳古閴反郭音覡戶狄反○十三經音略十一云鼳古閴反翻音狊鶪居入郭音覡戶迪翻胡覓翻同藝文類聚音檄攷證云鼳邢本作鼰宋本單注同釋文箋曰古逸本經注並作鼳從狊其作鼰者爲誤字猶釋鳥之鶪亦有誤爲鵙者廣韻二十三錫古閴切有鼳無鼰亦可爲證凡從貝聲之字不當在錫韻也按此鼳鼠與上文寓屬之鼳鼠同名釋文于上亦云古閴反周春亦謂爲居入聲與此同誤詳上郭注有音巫覡三字故陸云郭音覡戶狄反即下覡何狄反也廣韻胡狄切鼳鼠名即本郭讀

覡何狄反

齝謝初其反郭音笞○十三經音略十一云齝詩釋文呞本又作齝亦作齸謝初其翻音蚩郭音笞徹穿之別箋曰初其反讀如廣韻七之楚持切亦即詩小雅無羊一音初之反屬初紐案廣韻蚩赤之反與初其反有初穿之分周氏未誤此郭音笞即無羊丑之反廣韻及說文鍇音丑之切

屬徹紐周春謂此謝郭二音為徹穿之别尚沿舊稱

嚼 字若反廣雅云茹也字書云咀也説文以為噍字

齛 郭音泄息列反一音曳埤蒼云羊粻也張揖音世解云羊食巳吐而更嚼之○十三經音略十一云齛郭音泄息列翻詩釋文音漏泄一音曳張揖音世攷證云郭音泄鄭樵注本同邢本作齥非單注本郭注有音漏洩三字注疏校勘記云羊曰齥唐石經雪牕本注疏本同釋文單疏本齥作齛疏中同阮元又云按當作齛注洩當作泄皆唐人避諱改也説文齛羊粻也箋曰古逸本羊曰齥注云今江東呼齝為齥音漏洩小雅無羊釋文云郭注爾雅云食巳復出嚼之也今江東呼齝為齥音漏洩齥洩二字並從曳者廣韻十七薛私列切齛亦作齥爾雅云羊曰齥又泄漏泄也亦作洩可見齛齥與泄洩皆為一字異體左傳哀八年釋文云子泄息列反又作洩則其時已有從曳之洩阮元但依説文盧文弨謂作齥為非亦誤左傳襄十四年蓋言語漏洩釋文云漏洩息列反徐以世反此一音曳正同徐仙民所讀張揖音世于埤蒼作音也

⿰齒司 丑之初其二反字書以為古齝字○攷證云案説文有齝無⿰齒司校語錄云⿰齒司齸二字失次或羊曰齥注內齝字陸本作⿰齒司歟否則先後倒亂也箋曰麋鹿曰齸下經注並無⿰齒司齝此實為羊曰齥之注文作音陸氏所見郭注之字作⿰齒司耳陸為上文經牛曰齝作音云謝初其反郭音答此

丑之正本郭音寨小雅無羊釋文云呞本又作齝亦作齝盧文弨以說文無齝為說非也

齸字或作嗌於亦反埤蒼云鹿粻又音翳○十三經音略十一云齸字或作嗌於亦翻音益又音翳孜證云寨說文齸鹿麋粻從齒益聲口部云嗌咽也匡名十八云寨嗌假借字箋曰齸嗌二字說文鉉音竝伊昔切同音故通用於亦反即伊昔切故為首音集韻壹計切齸嗌江東名咽為齸齸者齝食之所在或從口即本此又音

咽於見反又於賢反　齥容加反　嗉音素又私路反○校語錄云私路與音素同又字益衍箋曰此直音與反語竝出之例作音家于此有用直音者又有用反語者陸氏竝錄之又字不衍

裹音果　處昌慮反下同　嗛下簟反　貯丁呂反字林云積也　釁許靳反

撟几小反又巨小反說文云舉也○十三經音略十一云撟几小翻音矯又巨小翻喬上聲箋曰几小反即說文鉉音居少切故為首音屬見紐巨小反即廣韻三十小巨夭切屬羣紐故云又今說文大小徐本竝作舉手也此省手字

伸音申　夭於表反

鰓西才反○孜證云鰓本作顋注疏校勘記云鼓鰓須息注疏本鰓作顋雪牕本元本作腮釋文鰓西才反此舊作鰓訛今據釋文訂正顋與腮同玉篇顋頰腮鰓魚頰也箋曰玉篇肉部無腮其頁部顋字注亦作頰

題腮實題之俗體廣韻十六咍蘇來切䚡魚頰題題領俗又作腮可證按古逸本郭注正作鰓與釋文合

狊古闃反○攷證云狊注疏本譌臭注疏校勘記云鳥曰狊唐石經單疏本雪牕本同注疏本狊誤臭釋文狊古闃反箋曰說文犬部狊從犬目鋆音古闃切臭從犬從自鋆音尺救切注疏本作臭實譌

翍中豉反本或作翅又作翨音同或吉豉反案周禮有翨氏是也○攷證云案說文羽部翨鳥之彊羽猛者從羽是聲翍翼也從羽支聲則此當作翍邢本作翅即翍之變體注疏校勘記云張兩翅單疏本雪牕本同釋文云云箋曰周禮翨氏注鄭司農云翨讀為翅翼之翅釋文翨音翅失豉反又吉豉反烏翨按失豉即此申豉亦即說文鋆音施智切翍之本讀故皆為首吉豉即鋆音俱豉切乃翨之本讀以其義乖故周禮釋文云又而此云或也翅者翍之或體周禮注即如是作故陸于此云本或作翅即邢昺所本又云又作翨音同者謂如周禮借翨為翍故下即引周禮為證也盧文弨謂當作披但依說文為說則失陸意

釋畜第十九許又反本又作嘼音同字林云嘼產也說文云嘼牲也經典並作畜字禮記左傳皆云名子者不以畜牲左氏又云古者六畜不相為用是也案釋獸釋畜二篇俱釋獸而異其名者畜是畜養之名獸是毛蟲揔號故釋畜唯論

馬牛羊雞犬釋獸通說百獸之名○箋曰孫星衍改嘼牲爲嘼犍江校同依大小徐本說文也按段玉裁本作獸牲注云爾雅釋文引字林嘼犍也說文嘼牲也今本說文作犍也乃後人以字林改說文耳嘼牲二字連文禮記左傳皆云名子者不以畜牲是也牛部犍下亦曰嘼牲也齅下曰讀若嘼牲之嘼今俗語多云畜牲如段說則嘼牲二字連文累見于說文及其他典籍或陸德明所見說文如是不必泥于今本說文今仍通志本之舊

騊大刀反 駼大胡反山海經云有獸狀如馬名騊駼青色字林云北狄良馬也一曰野馬也瑞應圖云幽隱之獸也有明王在位即至

出塞悉代反

駮方角反山海經云可以禦兵○校語錄云力角反力疑方之譌詩晨風音邦角反下文駮音方卓反皆是也經籍舊音辨證三云駮如馬方角反盧校依通志本作力角反承仕案力爲方之形譌茲正之箋曰玉篇馬部駮甫角切無他讀廣韵四覺北角切駮獸名似馬鋸牙食虎豹正本爾雅而呂角切無此駮字則各本方作力以形近致譌今依法吳二氏所校改正

倨本亦作居同紀慮反○十三經音略十一云倨本亦作居同紀慮翻易經正義云此馬有牙如鋸則倨同鋸較倨曲之說似爲直捷匡名十九云案居省文徐養原曰居與倨古字通管子弟子職居句

如矩猶言倨句中矩也箋曰詩晨風正義云倨牙者蓋謂其牙倨曲也即周氏倨曲之說也按廣韻居御切並有鋸倨二字則為同音居則平聲平去相承故諸書通用陸云本亦作居同正以典籍有作居者說文馬部駮獸如馬倨牙食虎豹桂馥義證云或作居牙淮南本經訓句爪居牙張揖注子虛賦作鋸牙桂說即可為倨鋸居通用之證

牙 五加反

騉 古門反本亦作昆○十三經音略十一云騉音昆漢書顏師古注以騉為句即疏中李氏說郭以騉蹄為句攷證云漢書十九上如淳注引爾雅作昆匡名十九引盧說又云元照案後漢書注上六十引作猑騉猑二字皆不見于說文作昆為正箋曰說文日部昆同也則作昆者為聲借郭本爾雅作騉為後出專字後漢書馬融傳作猑蹏故李注云爾雅曰猑蹏趼善升甗猑音昆猶漢書百官公卿表有昆蹏令丞如淳引此經遂作昆蹏皆順當文也凡此當以聲求之嚴元照泥于字形且以說文為說則拘

蹄 徒兮反字或作蹏○攷證云如淳引作蹏匡名十九引盧說又云元照案後漢書注引亦作蹏說文蹏足也從足虒聲無蹄字箋曰玉篇足部廣韻十二齊杜奚切皆蹏蹄為一字異體經典用蹄者亦多如周易說卦儀禮士喪禮是也陸云字或作蹏謂典籍或如是作耳

趼 五見反又五堅反本或作研○十三經音略十一云趼五見硯音五堅研音二翻攷證云如淳

注引作研匡名十九引盧說又云元照案說文趼獸足企也從足幵聲既云蹏矣不容更贅云趼攷舍人李巡注皆訓為平則從從石為合說文石部研䃺也從石开聲校勘記云段玉裁校本趼研互易箋曰江校趼研二字互易殆即依所謂段校也然說文足部趼字段注云釋畧騉蹏趼善陞甗又騉駼枝蹏趼善陞甗趼者謂其足企企舉踵也故善登高趼本或作研研滑石也舍人李巡孫炎郭璞顏師古皆以蹄下平正如研釋之依說文注則段氏不互易此趼研二字也且趼鉉音五甸切正此五見反石部之研鉉音五堅切陸以五見反為首音其所見郭本爾雅必是足部之趼其云又五堅反乃作音家有依或作研者為之作音故陸云又音也郭注云騉蹄蹄如研而健上山是以騉蹄二字為此畜之名非以騉字為句也嚴元照所說不可從

善陞音升本亦作升〇攷證云如淳引作升匡名十九引盧說又云元照案後漢書注引亦作升陞俗字箋曰釋詁登陞也釋文陞音升唐寫玉篇殘卷阜部陞始繩反蒼頡篇陞上也聲類今升字嚴元照以陞為俗者因說文無陞字耳案說文斗部升十合也則典籍作升為登義者亦是依聲託事陞乃後出分別文

甗郭音言又魚輦反字林牛建反云甑也舍人云騉蹄者濶蹄也研平也謂蹄平正善陞甗者能登山隒也一云甗者阪也言騉善登高歷險上下於阪李云騉者其蹄正堅而

平似研也顧云山嶺曰巘孫同郭云巘山形似甑也上大下小騉蹄蹄如研而健上山〇十三經音略十一云巘音言又魚輦言上聲牛建言去聲二翻箋曰郭音言本說文巘讀若言在廣韻二十二元牛建反即廣韻二十五願語堰切為言去聲若魚輦反即說文鉉音魚蹇切在廣韻二十八獮乃二仙韻之上聲周春謂為言上聲則誤合阮獮二韻為一矣餘詳詩大雅公劉篇

甑子孕反 **健**上時掌反 **苑**於遠反 **騉駼枝蹄趼善陞巘**舍人云騉駼者外國之名枝蹄者枝足也李云騉駼其迹枝平似研亦能登高歷危險也孫云騉駼之馬枝蹄如牛而下平郭云騉駼亦似馬而牛蹄也〇校勘記云騉駼其迹枝平似趼盧本改似研此誤箋曰通志堂本似研作似趼按趼不可言平自當從石作研上文巘下引李云騉者其蹄正堅而平似研也其字正從石作研則此亦當同部本亦改為似研今依改

驪力知反字林力兮反說文云深黑色馬〇箋曰力知反即說文鉉音呂支切在支韻力兮反則在齊韻此支齊來紐已混

綠耳力玉反本或作騄騏同〇注疏校勘記云盜驪綠耳單疏本雪牕本同釋文云云按五經文字馬部騄音綠騄耳見爾雅史記秦本紀造父以善御幸於周繆王得盜溫驪驊騮騄耳之駟集解引郭氏曰紀年北唐之君來見以一驪馬是生綠耳八

駿皆因其毛色以為名號索隱引穆王傳曰赤驥盜驪白義渠黃騂騮騟騵騄耳山子是紀年作綠耳穆傳作騄耳此注引穆傳字當作騄矣釋文當是騄駬本或作綠耳今本後人竄改張參所見本蓋作騄箋曰穆天子傳卷一綠耳各本俱同則郭注與釋文正文作綠耳與穆傳本書相合陸云本或作騄駬同者廣雅釋嘼騄駬二字並從馬陸氏實謂或作騄駬如廣雅亦與此注之綠耳同也張參所作實本釋文五經文字敘云石經湮沒所存者寡通以經典及釋文相承隸省引而伸之不敢專也可見張書本釋文者多矣阮元未檢穆傳原書臆謂郭注之字當作騄釋文綠耳與騄駬當互易非也

駥而充反本亦作戎○匡名十九云案當作戎說文馬部無駥字郝懿行義疏云按釋詁戎大也馬高大而有力故被斯名作戎是駥俗字箋曰藝文類聚九十三引此作戎又此經下文馬八尺為戎釋文云戎本亦作駥而融反正謂此也此絕有力駥郭注云即馬高八尺然則陸于此云本亦作戎謂下文馬八尺為戎也此字陸氏所見郭本爾雅如是作故上下文互相呼應作戎者亦聲借作駥者乃後出專字嚴元照謂說文無駥郝懿行以作戎為是絕非陸意

騋音悉字又作𨞾○校語錄云又作𨞾𨞾當從卩箋曰通志堂本𨞾誤𨞾從邑邵本盧本俱作厀從卩是也厀在說文卩部脛頭節也鉉音息七切即讀如悉屬心紐

鄦在說文邑部乃地名鉉音親吉切葢讀如七屬清紐二字形音義並異釋水釋文亦云滕字又作鄦辛七反與此正同今依正

昇 字林之句反郭式喻反下同○十三經音略十一云昇字林之句翻音注郭式喻翻音恕箋曰之句反即說文鉉音之戍切故爲首音屬照紐式喻反讀如戍屬審紐集韻春遇切昇馬滕以上皆白曰昇即本郭讀皆在遇韻恕在御韻周春云音恕誤合御遇二韻爲一矣

骹 苦交反字書作跤同云腔也郭云滕下○十三經音略十一云骹苦交翻音敲字書作跤同匡名十九云案說文足部無跤字箋曰此字書乃隋書經籍志小學類之字書實爲書名小學鈎沈十七卷字書正本此釋文所引

驓 辭陵反或辭登辭亙二反○十三經音略十一云驓辭陵翻音層或辭登同辭陵辭亙贈二翻校語錄云一等無邪紐此云辭登辭亙二反是亦從邪不分之證箋曰廣韻陵在十六蒸登在十七登亙在四十八嶝即登之去聲皆有從紐無邪紐此三辭字屬邪紐實釋文從邪或混之一例也此首音辭陵反即廣韻十六蒸疾陵切讀如繒辭登辭亙二反則下字韻部已異故陸云或周春云辭陵反音層層在登韻是依後世韻書合蒸登二韻爲一而言也

蹢 丁歷反毛詩傳云蹄也

踏 徒臘反

騱 音奚郭又音雞舍人本作雞○匡名十九云案說文騱驒騱馬也義不合

當從舍人作雞雞騱皆從奚聲箋曰說文隹部雞知時畜也義亦不合足見作騱作雞皆依聲託事不得云當從舍人作雞也

翑郭音劬又音矩舍人本作狗○匡名十九云案說文有翑字翑狗皆從句聲箋曰說文羽部翑羽曲也與此馬後足皆白翑之義迴異蓋郭本爾雅作翑與舍人本作狗皆為聲借

踦郭去宜反顧居綺反○十三經音略十一云踦郭去宜翻音欺顧居倚翻音几箋曰去宜反即廣韵五支去奇切讀如欹周春云音欺欺在七之是依後世韵書合支之為一也居綺反即廣韵四紙居綺切讀掎周春云音几几在五旨又依後世韵書合紙旨為一也

驤息羊反

駵音留字或作駠說文字林云赤馬黑毛尾也毛詩傳云赤身黑鬣曰駵○攷證云案說文作騮從馬畱聲匡名十九云案說文作騮

騵音原

跨口化反或口故反蒼頡篇云兩股間○十三經音略十一云跨口化翻音胯又口故翻音袴箋曰跨說文鉉音苦化切苦化即此口化故為首音或口故反蓋讀為胯說文肉部胯股也鉉音苦故切以其字已異故陸云或周春云口化反音胯未審胯之本讀乃苦故切口化口故二讀雙聲相轉故韵書如廣韵苦故切苦化切並收胯跨二字耳

驈字或作騂字林于必反顧餘橘反郭音術阮于密反○十三經音略十一云驈字林于必翻音聿顧野王餘橘翻音同郭

音述阮孝緒于窓翻音聿字林廣阮同音不必重出攷證云案說文驈驪馬白胯也從馬矞聲詩曰有驈有騜則作肆者非匡名十九云盧學士曰作肆非箋曰肆者驈之或字也驈從矞聲肆從聿聲矞聿二字說文鉉音並余律切陸云字或作肆蓋彼所見典籍有作肆者不得以說文無肆而以為非于必于窓為用字有異故具載之詩魯頌駉篇釋文引顧郭阮之音與此同用字亦不異詳彼周春以為不必重出未知釋文之例耳

髀甫爾反又步啓反下同說文云股外也○箋曰詩小雅車攻釋文云左脾本又作髀方爾反又薄禮反謂股外方爾即此甫爾薄禮即此步啓詳彼甫爾方爾即說文鉉音并弭切故為首章

驠於見反

竅苦弔反

騴一諫反

株音誅

駺本多作狼同音郎○攷證云案說文有狼無駺知古通借作狼匡名十九引盧說注疏校勘記云尾白駺唐石經雪牕本同釋文云云按藝文類聚引爾雅作尾白狼盧文弨曰說文有狼無駺知此經本用狼字箋曰作狼者為聲借郭本爾雅作駺為後出專字

的字林作馰丁歷反云馬白額也一曰駁○攷證云案初學記載爾雅亦作的則今注疏本作馰非匡名十九云石經作馰案說文白部無的字當作的說文日部的明也從日勺聲易曰為的顙又馬部馰馬白顙也從馬勺聲易曰為馰顙注疏校勘記云馰顙白顛唐石

經雪牕本注疏本同單疏本駁作的引易震為的顙按釋文云云是爾雅不作駁也初學記引爾雅作的顙與釋文邢本合又易釋文作的云說文作駁阮元又云按說文引周易為駁顙又日部旳下引易為旳顙的本從日俗從白作的箋曰說文馬部有駁字林即本說文爾雅注疏本作駁正為本字而盧文弨以為非阮元謂爾雅不作駁未審說文日部之旳訓為明也本非馬白額之專字從白之的依說文自為旳之俗然典籍多如是作周易說卦傳詩秦風車鄰傳字並從白作的廣韵二十三錫都歷切的明也說文作旳廣韵但附旳于注內足見在唐宋時已不用旳也嚴元照謂此的當作旳必依說文實拘顙息黨反縣音玄莖戶耕反漫莫干反髗字書作顱力胡反謂顙也○箋曰廣韵十一模落胡切髗與顱為一字異體陸見郭注之字作髗故引字書顱之音義為釋蓋亦以髗顱為一字也徹直列反駹武江反○十三經音略十一云駹武江翻微明輕重交互出切音厖莫江翻同宜椉字又作乘施市升反謝市證反○攷證云邢本作乘注疏校勘記云回毛在膺宜乘唐石經雪牕本同釋文云云按爾雅乘字多作椉石經此作乘非箋曰椉乘但為篆隸之異不當以作乘者為非陸云字又作乘又于釋丘云乘本又作椉釋畜云椉本或作乘足見椉乘二形在六代時相

同本無是非可言也施乾市升反讀為廣韻十六蒸食陵切之乘駕也為動詞謝嶠市證反則讀為廣韻四十七證實證切之

乘車乘也為名詞義雖有異于此經主文之意並通 樂音洛 相息亮反 肘竹九反 減陽古湛

反本或作駭 幹古旦反 茀音弗 闋苦穴古穴二反○十三經音略十一云闋苦穴音缺古穴音作火訣訛二翻

箋曰各本古穴作古火按廣韻十六屑古穴切騤爾雅馬回毛在背曰騤⿰馬廣⿰馬廣音光亦作闋廣而三十四果古火切實無此闋

則火乃穴之譌字今依周春所改苦穴反即說文鉉音傾雪切廣韻雪在十七薛釋文則屑薛不分猶全書先仙混用也 廣

音光本或作⿰馬廣同○匡名十九云廣韻十六屑云馬回毛在背曰騤⿰馬廣案說文騤馬行威儀也無⿰馬廣字又案五經文字犬部有

獷字云見爾雅疑即此文有從犬者箋曰廣韻十一唐古黃切⿰馬廣決⿰馬廣馬旋毛在脊也按決說文鉉音古穴切則廣韻決⿰馬廣正

此經之闋廣廣韻古黃切所本者亦與陸氏所云或作⿰馬廣同按此以騤⿰馬廣二字為馬回毛在背者之名與說文馬部騤字之義

迥別騤鉉音渠追切與此苦穴古穴二反之音亦異嚴元照韋涉說文之騤以釋此非也又案五經文字云獷見爾雅者謂釋

獸郭注似狗多力獷惡之獷也嚴元照疑此廣有從犬作獷大誤 別彼列反 馻郭宂允二音字林云馬逆

毛也○箋曰廣韵二十八獮以轉切十七準余準切並有馻注皆云馬逆毛即本此

騋力才反周禮云馬七尺也牝頻忍反下同驪牡孫注改上騋牝為牡讀與郭異○十三經音略十一云案周禮廋人注引爾雅騋牝驪牡元駒褭驂釋文云牝驪絕句牡元絕句禮記檀弓注引爾雅騋牝驪牡元益謂騋中牝者為驪牡者為元而駒褭驂自為句此與郭注不同孫改上牝為牡則改下牡為牝矣郭本說文孫又與郭微異孜謚云臧氏琳云鄭注夏官廋人引爾雅曰騋牡驪牝玄然則鄭所見爾雅亦上騋牝為牡非孫私改也周禮音義云牡驪絕句牝玄絕句郭璞義異鄭蓋郭璞作騋牝驪牡不與鄭孫騋牡驪牝玄同故云義異鄭也檀弓注引爾雅曰騋牝驪牡玄此注蓋近人依郭璞爾雅妄改當以廋人注為正檀弓正義云或爾雅釋詩云騋牝郭璞注玄駒小馬稍異鄭也據此則知禮記注本不作騋牝而作騋牡本不以玄駒為讀而連上驪牡至玄句絕耳匡名十九引臧說同又引臧氏云玩郭注及釋文禮記正義知郭本作騋牝驪牝元照案雪窗本正如此騋驪聲相近爾雅以驪牝釋詩騋牝故注云詩云騋牝三千馬七尺以上為騋見周禮解騋牝不更釋驪牝矣若如今本則以騋為牝以驪為牡郭注安得詳騋而不及驪乎檀弓正義曰爾雅釋詩云騋牝此正據郭本也更可證者釋文大書騋牝云頻忍反下同所云下同即指

下驪牝若是注中牝字則當云注同矣又大書驪牝今改牡妄云孫注改上騋牝為牡亦因本作驪牝故言上騋牝以別之若下是牡字則直云改牝為牡矣且孫本作騋牡驪牝元故陸云孫改上騋牝為牡明下驪牝為孫郭同也校勘記云臧琳云郭本爾雅作騋牝驪牝今本釋文誤按雪牕本正作騋牝驪牝說詳注疏校勘記注疏校勘記引經義雜記與嚴元照所引者同箋曰江校改驪牡之牡為牝又于牝注下同二字側施△即據下同二字改牡為牝也顧千里校云廣圻案陸云下同者指牝曰騇而言之也未可竟改按江校即依段玉裁也說文馬部騋馬七尺為騋詩曰騋牝驪牡段注改牡為牝云下牝字各本作牡今正釋畧曰騋牝驪牝今爾雅譌作驪牡而音義不誤可攷音義曰騋牝頻忍反下同下同者即謂驪牝也按段說與臧琳說同皆非也陸云下同者下文牡曰騭牝曰騇之牝無音切陸謂牝曰騇之牝亦讀頻忍反與此騋牝之牝同也若驪牡之牡是牝字則陸氏當云下並同矣此但云下同無並字未可據以改驪牡之牡為牝也盧文弨但引臧琳前說而不引其後說謂爾雅經文驪牡之牡為牝誤自非無見古逸本亦作騋牝驪牡與唐石經及諸本皆合僅雪窗本牡作牝殆牡字之殘壞不足為憑也今仍釋文各本之舊郭本作騋牝驪牡實本說文孫本與周禮鄭注同者孫為鄭弟子從師說也皆有家法可循陸于此云

孫注與郭異于周禮度人云郭璞義異鄭者俱順當文也餘詳度人

上時反　文

玄駒字林作駭同○匡名十九云案說文無駭字箋曰字林加馬作駭即此玄駒字之後出分別文

褭奴了反又而紹反字林云騕褭良馬○十三經音略十一云褭奴了翻音嫋又而紹翻音繞周禮釋文劉音繞劉義異鄭箋曰奴了反即說文鉉音奴鳥切故為首音又而紹反本劉昌宗周禮音周禮度人釋文云劉義異鄭者劉與郭璞同也互詳度人

驂七南反

騕烏了反郭注上林賦云騕褭神馬日行萬里○攷證云舊烏作鳥譌今改正校勘記云鳥了反盧本鳥改烏此誤校語錄云鳥盧改烏是鳥了二字疊韻不可為反語通志堂本烏作鳥以形近致譌郘本亦改為烏廣韻烏皎切騕騕褭神馬今據改

騭之逸反○十三經音略十一云騭之逸翻音質校語錄云騭當作騭箋曰說文馬部騭牡馬從馬陟聲鉉音之日切之日即此之逸通志堂本騭誤騭郘本盧本並改為騭與注疏本及說文合今依改

父符甫反本或作駁俗字○攷證云郱本作駁案此正如釋蟲蠸輿父父字或作蚥字注疏校勘記云今江東呼駁馬為騭音質雪牕本同注疏本刪下二字釋文父本或作駁俗字按單疏本注疏本作駁雪牕本誤駮此當從陸本箋曰古逸本郭注作駁亦誤然可見駁一誤為駁再誤為雪牕本之駮

也陸云本或作駁則六代時即有如是作者邢昺即本之耳

騇音舍

草馬本亦作騲魏志云教民畜牸牛騲馬是也○攷證云注疏本牸作特譌今改正校勘記云教民畜牸牛騲馬是也葉本牸作牸此誤盧本已據改校語錄云牸盧改牸是箋曰通志堂本牸誤牸臧校改為牸即依葉本是也邵本亦改為牸並與魏志杜畿傳合今依改牸者字之後出分別文

駁字林云馬色不純也方卓反

騜音皇字林于亡反○箋曰廣韵十一唐胡光切騜馬黃白色本此首音字林于亡反讀如王亡在十陽即廣韵雨方切集韵雨方切有騜即本字林

脊音積

騝郭音虔本或作騫去虔反○匡名十九云案說文無騝字箋曰說文馬部騫馬腹縶也與此經騝馬黃脊騝之義迥異則或作騫者亦為聲借音虔讀渠焉切屬犀紐去虔反依騫字讀屬溪紐溪犀皆牙音也同位雙聲

騽音習說文作驔音簟字林云又音譚今爾雅本亦有作驔者○攷證云案說文驔驪馬黃脊從馬覃聲讀若簟箋曰說文馬部騽馬豪骭也與此經驪馬黃脊之義不同而驔字說解適同故陸氏引以證彼時爾雅本亦有作驔與說文符合者然以音習為首者蓋其所據以作音義之郭本字作騽也

騆詩音及呂忱顧延之荀楷並呼縣反郭火玄反謝孫火縣反顧户眄反○十三經音略十一云騆詩音及呂忱顧延

之荀楷未詳其人並呼縣翻音絢郭火延翻音袄謝孫犬縣翻音遣顧戶眠翻縣聲上經籍舊音辨證三云盧校本作犬縣反通志本作火縣反承仕案類篇集韵並有犬縣之音而玉篇止列胡見火涓許銜三切疑應作火縣反而篇韵所據則誤本也章先生音理論引孫炎反語以苦穴犬縣虛貴去貧為同類今按犬縣合作火縣虛貴乃虛無之虛非丘虛之虛虛貴反乃釋詁鶨字音如是則火虛同屬曉紐苦去同屬溪紐非同類黃侃箋識云呂聲之字不妨讀溪紐此仍以犬縣為是若作火縣則與呼縣無別何須重出集韵之音玉篇不載者多矣箋曰詩魯頌有駜釋文云騗呼縣反又火玄反徐又胡眠反又音炫徐音即此顧音實無有讀溪紐者則火縣之火作犬者以形近致譌火縣與上呼縣用字有異故陸氏並出之周春云音遣尚沿誤本且遣為開口犬縣為合口則犬縣亦不當音遣其謂火延翻音袄亦誤玄為合口延為開口不當改玄為延又荀楷通志本盧本荀並殘為荀邵本作荀是也隋書經籍志小學類梁有詁幼二卷顏延之撰廣詁幼一卷宋給事中荀楷撰亡陸以顏荀並舉則作荀非也今依邵本

鐵佗結反

驄七工反說文云青黑雜毛馬○攷證云驄宋本注同別本多作驄箋曰干祿字書聦聰上中通下正諸從悤者並同則驄即驄之異體按說文馬部驄馬青白襍毛也段注云白毛與青毛相閒則為淺青俗所謂蔥白色如段

說此引說文白作黑則誤

粼 本或作驎郭良忍反注同字林良振反郭云班剝隱粼也或音鄰孫云似魚鱗也〇十三經音略十一云驎郭良忍翻鄰上聲又平聲音鄰去聲音吝本亦作甐攷證云邢本作驎案說文無驎字匡名十九云石經單疏本及詩正義二十之一引皆作驎案粼義不合驎亦俗字當作鱗說文云驒青驪白鱗蓋言如魚鱗也注疏校勘記云青驪驎驒唐石經單疏本雪牕本同五經文字云驎與鄰同今之連錢驄也釋文云云按說文無驎字驒下云一曰青驪白鱗文如鼉魚與孫說合是古借用魚鱗字或用隱粼字今本作驎非箋曰詩魯頌駉篇釋文云驎本亦作粼郭良忍反毛色有深淺斑駁隱粼今之連錢驄也呂忱良振反孫炎音鄰云似魚鱗也則此云本或作驎謂魯頌也云或音鄰本孫讀也此經石經邢本作驎即本釋文作鱗作粼為聲借作驎為後出字周春謂本亦作甐案甐見攷工記鮑人與此義殊又詳魯頌

驒 徒河反說文云馬文如鼉魚韓詩字林皆云白馬黑髦

鬣 力涉反髦也

騥 而周反本又作柔〇匡名十九云案說文無騥字箋曰此亦陸氏所見郭本爾雅如是作也其云本又作柔亦聲借

兩被 普義反又皮義反

駂 音保說文云黑馬驪白雜毛〇匡名十九云案今說文馬部無駂字陸說不足據依詩當作鴇從鳥彼釋文云依字作駂意蓋以為馬名當從

馬其見俗矣箋云郝懿行義疏云釋文云云今說文無蓋唐以前本有之也詩太叔于田傳驪白雜毛曰鴇鴇借字耳按郝說是也桂馥說文義證正依此及大叔于田釋文補鴇于馬部末陸于彼云依字作鴇者蓋所見爾雅郭本如是作而說文又有鴇謂詩傳作鴇為借字爾雅說文乃本字也

駓 備悲反字林音丕○校勘記云五經文字駓駓二同音丕此似當作駓箋曰張參既云二同則駓駓一也備悲反及駉篇符悲反彼引字林亦同

桃華 音花本亦作花同

駰 字林乙巾反郭央珍反今人多作因音○十三經音略十一云駰字林乙巾翻音因於巾翻同郭央珍翻音因撮口微別今人多作因音經籍舊音辨證三云承仕案廣韻因於真切醫於巾切陳澧以為兩類釋文說今人多作因音蓋以郭音為世所行之音而字林則舊音也箋曰乙巾央珍俱為三等開口周云撮口微別不可解陳澧韻類實有未周法氏吳氏俱用其說失於思攷詩魯頌駉篇釋文云駰舊於巾反讀者並音因此乙巾即彼於巾彼易字林為舊爾云今人云讀者皆謂時人不用反語並音因實未有別直音與反語並出也

泥 奴兮反

騅 音佳○攷證云舊本音佳譌今改正校勘記云音佳葉本作音佳此誤盧本已據改校語錄云佳盧改隹是箋曰通志堂本俱誤佳以形近致譌孫校臧校並改為隹即依葉本邵本亦作隹與魯頌駉

篇釋文及說文鉉音職追切合今依改

彤 徒冬反赤也

騢 乎加反說文云馬赤白雜色文似鰕魚也○攷證云案今本說文作馬赤白雜毛從馬叚聲謂色似鰕魚也疑有誤當從此所引校勘記云乎加反盧本同葉本乎作下同毋字箋曰臧校改乎為下即依葉本也按乎下同屬匣紐不必改當仍各本之舊又按說文騢字段注云謂色似鰕魚也當系襍毛之下如驒下文如鼉魚一例惟段氏又云襍毛者謂異色之毛襍亂相廁也或作襍色非是魯頌有騢釋嘼毛傳皆曰彤白雜毛曰騢段云或作襍色正謂此釋文所引也則此襍色當作雜毛乃與今本說文及爾雅毛傳一致

赭白 音者

白馬黑鬣 舍人同眾家並作髦○十三經音略十一云詩釋文樊孫爾雅並作黑馬白髦駱禮記釋文鬣本亦作髦旄攷證云案毛詩傳曰白馬黑鬣曰駱正義云定本集注髦字皆作鬣則孔本詩傳元作髦匡名十九引盧說末又有傳刻譌耳四字箋曰此乃漢世已有作鬣作髦二本詩魯頌駉篇釋文曾言之詳彼

駱 音洛說文云白色馬黑毛尾也廣雅云白馬朱鬣曰駱

夏 音下

駩 音詮又音全孫本作犉云與牛同稱汝均反本或作驎音吝○十三經音略十一云駩孫本作犉云與牛同稱汝均翻音仁日母攷證云本或作驎注疏本驎作鱗譌匡名十九云一切經音義四二又引作驎案駩

騛二字皆不見於說文，當從孫本。箋曰：說文牛部犉，黃牛黑脣也。則孫本作犉爲聲借。仁開犉合，故云與牛同稱。汝均反即廣韵十八諄如勻切。周春云音仁，仁在十七真，依後世韵書合真諄爲一而言也。郭本爾雅作駩，首音詮，讀此緣切，屬清紐；又音全，讀疾緣切，屬從紐。

喙 許穢反，又昌銳反，口也。○箋曰：詩曹風候人釋文：喙也，虛穢反，又尺稅反。虛穢即此許穢，尺稅即此昌銳，詳彼。

騧 古花反。毛詩傳、說文、字林皆云黃馬黑喙曰騧。郭云今以淺黃色爲騧馬。○十三經音略十一云：騧，古花翻，音瓜。宋明帝改爲騧。唐太宗六駿，其五曰拳毛騧。見杜詩。說文婐讀若騧，廣韵不知說文讀若之例，九麻騧婐同紐，當是宋人廣益。其誤久矣。箋曰：說文婐讀若騧，鉉音烏果切，則與古華切之騧異讀。今云不知說文讀若之例，殆未明說文讀若後世之切讀不同者多矣。注疏校勘記云：今之淺黃色者爲騧馬，單疏本、雪牕本同。釋文引郭云今以淺黃色爲騧馬。按今本之字蓋涉上注誤，當從釋文作以。

瞯 音閑。本又作瞯。蒼頡篇曰：目病也。吳江湖之閒曰瞯。說文云：戴目也。字林作⿰馬閑，音同。○孜證云：邢本作瞯。案說文目部：瞯，戴目也。從目閒聲。江淮之間謂親曰瞯。匡名十九云：石經及詩正義二十之一引皆作瞯。一切經音義十四引馬一眼白曰瞯。案應劭漢書注酷吏傳云：瞯音馬瞯眼之瞯。案說文瞯從閒不從閑，馬部無⿰馬閑字。校勘記云：本又作瞯葉本瞯作矙正文當作瞷注疏校勘記云一目白瞯唐石經單疏本雪牕本同釋文云云案釋文當作瞷音閑本又作瞯葉鈔本云本又作瞯則正當作瞷詩釋文引爾雅云一目白瞷可證說文瞯戴目也從目閒聲箋曰孫校改本又作瞯之瞯為瞷而正文仍舊臧校同皆誤依葉本也葉本注文之瞯實涉正文而誤其正文作瞯即為明證陸云本又作瞯者以說文諸書作瞯也安得據葉本注文一誤字既改其正文又改各本之正文注文乎瞯與瞷本一字異體猶說文馬部作⿰馬閒而此引字林作⿰馬間詩魯頌駉篇釋文引爾雅作瞯即從又作之形唐石經邢昺所本也今仍各本之舊臧校又改戴目之目為呂既與說文不合且戴呂亦不詞呂實目之形近誤字臧氏所據之本不可從

魚本又作⿰目魚疑居反字林作⿰馬魚音同○十三經音略十一云詩釋文字書作⿰馬魚攷證云案說文無⿰目魚⿰馬魚字匡名十九云釋文云本又作⿰目魚字林作⿰馬魚案皆俗字箋曰王筠校云詩釋文云字書作⿰馬魚字林作⿰目魚任大椿字林攷逸目部收⿰目魚字謂本詩經駉篇釋文及古今韻會又云案釋畜釋文云云與駉釋文所云字書作⿰馬魚字林作⿰目魚自相齟齬疑釋畜釋文本又作⿰目魚乃⿰馬魚之誤字字林作⿰馬魚之⿰馬魚乃⿰目魚之誤耳玉篇亦云馬二目白魚或作⿰目魚或作即謂字林也任氏又云案宋毛晃增修互註禮部韻略於⿰月魚字下云見字林則⿰目魚又通作⿰月魚今按任氏小學鉤沈十

七卷十八卷不收驗字或漏又韻會六魚云驗爾雅馬二目白䁩字書作驗字林作䁩通作魚詩有驔有魚依韻會但改此字林之林為書字則與詩駉釋文俱相同矣陸云本又作䁩者謂如字林也猶玉篇云或作䁩也增韻之䁩韻會注云字林作䁩之䁩疑皆䁩之形近誤字此經作魚為依聲託事䁩驗皆後出字

驔徒南大點二反○箋曰徒南反讀如覃大點反讀如簟互詳魯頌

差楚佳反

毫音豪

犘亡巴反○十三經音略十一云犘亡巴翻微明輕重交互出切音麻校語錄云亡巴反亡乃方之誤箋曰廣韻九麻莫霞切犘犘牛重千斤出巴中正本此經郭注及釋文之讀且方巴反即廣韻伯加切正讀如巴則方巴亦不能為切語法說非也

犦步角反張揖亡角反字林方沃反案即今之犎領牛出合浦郡○十三經音略十一云犦步角翻音雹張揖亡角翻微明輕重交互出切音邈字林方沃翻非幫輕重交互出切音不箋曰方沃反即廣韻二沃博沃切當音襮非音不不字廣韻有甫鳩甫九甫救諸切以不字作直音不明其何讀若依指掌圖逋沒切亦非沃韻且為北宋人音

犎甫逢反

𦢊音與上犦字同本亦作犦鄭注攷工記云𦢊謂墳起○攷證云邢本作犦注疏校勘記云領上肉犦胅起單疏本雪牎本同釋文云云按𦢊胅字當從肉鄭注攷工記云𦢊謂墳起郭注

以曝訓爆此當從釋文然陸氏所見本已有援經改注者矣箋曰攷工記䟽人注云暴墳起不堅致也釋文云暴音剥又音雹墳起也其字作暴既不從月亦不從牛可見鄭注作暴爲聲借曝爆皆後出字惟此曝爆二字音同故曝亦有通用作爆者非援經改注文也

朕大結反

橐音託字又作馲

駝大河反字林云馲駝似鹿而大肉窜出繞山○攷證云馲邢本作駞宋單注本作馲注疏校勘記云狀如橐駝單疏本雪牕本同注疏本駝改駞五經文字作馲駝云馲音洛又他各反見爾雅釋文橐字又作馲引字林云馲駝似鹿而大然則爾雅注本作橐駝呂氏字林作馲駝淺人據以改之箋曰橐本無底囊也橐駝用橐亦爲依聲託事呂忱較郭璞爲早則郭時早有作馲駝者此首音託爲橐字本讀自後出字馲又音洛遂又有作駱駝者廣韵七歌徒河切駝駱駝外國圖云大秦國人好騎駱駝俗從㐌則邢本駝作駞者即駝字之俗體耳

日而一反

浦音普

犤音碑又音皮

庳音婢○校語錄云音碑庳無音碑者碑疑婢之譌箋曰各本婢誤碑以形近致譌攷周禮大司徒左傳襄三十一年爾雅釋木釋鳥釋文並云庳音婢又庳説文銍音便俾切而廣韵彼爲切集韵班糜切皆不載此庳今依法氏校改

猣子息反本或作稯○攷證云宋本作稯注疏本譌作犪然説文

無㹻字知古通用𤜣注疏校勘記云今之㹻牛也單疏本雪牕本同注疏本㹻訛𤜣五經文字㹻子力反見爾雅釋文㹻子息反本或作𤜣箋曰注疏本㹻作犪從夔不成字實譌唯𤜣為五穀總名此為牛名作𤜣者為聲借陸氏所見郭本作㹻為後出分別文

高涼音良

犩郭魚威反張揖同字林牛畏反云黑色而大重三千斤○十三經音略十一云犩郭魚威翻音近危𢼸微別字林牛畏翻音魏攷證云犩寀說文無此字注疏本皆同釋文惟單注宋本作魏攷中山經注引爾雅作魏知郭本作魏宋本誠足為珍匡名十九引盧說注疏校勘記云魏牛唐石經單疏本雪牕本注疏本皆作犩牛釋文亦作犩此作魏蓋非盧文弨曰山海經中山經夔牛郭傳云即爾雅所謂魏夔魏兩字俱無牛旁與此合按五經文字牛部載爾雅牛屬字無犘魏二字蓋張參所據本亦作魏校勘記云字林生畏反按生乃牛字之誤箋曰通志堂本盧本牛畏誤生畏江校改生為牛與周春及校勘記所說者同是也廣韻八微語韋切有犩即本郭音八未魚貴切有犩即本字林字林攷逸亦改作牛畏反魚威牛畏正平去相承今依改唯正文之犩盧文弨以作魏者為足珍而阮元又以作魏者為非按字林既有犩字呂忱生在郭璞之前郭璞自可作犩明矣其實作魏者本為依聲託事加牛作犩者為後出分別文皆無不可盧阮各據一隅為言耳

犪 巨龜反字林云牛柔謹也顧如小如昭二反○攷證云案說文止有犪字牛柔謹也從牛夒聲此即顧野王所音者若巨龜反則字當從夒不可混並校勘記云顧如小如照二反葉本照作昭校語錄云案說文犪牛柔謹也字從夒聲若巨龜反反則字當從夒聲陸氏誤合為一非詳攷證經籍舊音辨證三云承仕案犪牛犩牛疊韵為訓巨龜反是也呂義顧音其字從夒非此所用釋文誤引失之箋曰通志堂本如昭作如照盧本同臧校改照為昭江校同是也攷廣韵四宵如招切有犪注云又而沼切正同此顧如小如昭二反而三十五笑人要切無犪今依葉本按說文夂部夒夔二篆相連上為貪獸鉉音奴刀切下為夔魖如龍一足鉉音渠追切二篆音義並異惟形相似陸氏肴音巨龜反其字當從夔聲而又引呂義顧音實為從貪獸為聲之犪字說文牛部犪字段注云爾雅注犪牛以有角之夔為聲陸德明誤為一字段氏正謂陸于此不當引呂顧之音義也字林攷逸據此云犪牛柔謹也其字從夒聲實沿此而誤

數千 所主反

岷山 亡巾反

犣 力涉反字林云牛名也郭云旄牛也本或作鬣字此牛多毛鬣○匡名十九云案說文牛部無犣字臧氏鏞堂曰案注云旄牛也髀膝尾皆有長毛郭以旄訓鬣則郭本不從牛注疏校勘記云犣牛唐石經單疏本雪牕本同五經文字犣力涉反見爾雅

釋文云云按注云旋毛也髀膝尾皆有長毛釋文旋作髦郭氏以髦訓鬣則經必作鬣字今本後人援字林所改說文無鬣箋曰說文髟部鬣髮鬣鬣也則本或作鬣者為聲借從牛作犣者為後出分別文字林已有犣字郭璞較呂忱為晚故陸氏所見郭本爾雅作犣勿庸致疑于今本為後人所改也

髦本又作旋同音毛或音亡交反○攷證云邢本作旋箋曰髦旋同音詳上此首音毛即廣韵六豪莫袍切為本讀亡交反即廣韵五肴莫交切讀如茅蓋豪肴不分猶今人讀毛茅無別矣

髀必爾反又步啓反○箋曰詩小雅車攻釋文云左髀本又作髀方爾反又薄禮反方爾即此必爾薄禮即此步啓詳

彼

犝音童字林云牛名

犑古闃反

俯音甫

觭郭去宜反字林丘戲江宜二反云一角低一角仰樊云傾角曰觭○十三經音略十一云觭郭去宜翻音欹字林丘戲企音江宜嬉音二翻案說文一角仰觢與爾雅不同子夏易作契荀爽又作觭則觭與觢二字通箋曰說文角部觭角一俛一仰也鉉音去奇切說文正本爾雅去奇即去宜在廣韵五支周春云音欺則在七之此周依後世韵書合支之為一而言也字林丘戲反即廣韵五寘去智切與去宜反平去相承江宜反即廣韵居宜切讀如羈周春云音姬亦合支之為一而言也按說文觢一角仰也觭注云一當作二釋嘼曰角一俯一仰

觭皆踊觢皆踊謂二角皆豎也蒙上文一俯一仰故曰皆俗譌為一則與觭無異易音引說文以角一俯一仰系之觢當時筆誤耳如段說周春說誤

低卬　五剛反又魚丈反○注疏校勘記云牛角低仰雪牕本注疏本同釋文云云按仰當作卬注以低卬釋經之俯仰今本譌箋曰古逸本郭注亦作牛角低仰按卬說文鉉音伍岡切仰鉉音魚兩切卬仰古雖通用此以五剛反為首音則陸氏所見郭注之字必為卬也魚丈反乃讀為俯仰之仰阮說是

踊　音勇

觢　字或作挈郭常世反字林之世翻音逝字林之世翻音制○十三經音略十一云觢字或作挈郭常世反字林之世反攷證云案說文角部觢一角仰也從角㓞聲易曰其牛觢牛部無挈字則從角為正匡名十九云案說文角部觢一角仰也牛部無挈字箋曰周易睽卦釋文云掣鄭作挈云牛角皆踊曰挈徐市制反說文作觢之世反云角一俯一仰足見此云字或作挈者謂鄭本周易也郭常世反與徐仙民之讀同字林之世反與說文舊音同盧文弨嚴元照但以說文無挈為說而未檢周易音義非陸意也

犉　閏旬反字亦作犉音同○匡名十九云石經作犉案犉正體犉隸變不必別出類篇上二遂以犉入真韵犉入先韵判為兩字失之遠矣箋曰類篇分裂犉犉為二自非唯犉下云濡純切又而宣切非以犉入真犉入先也若釋文必于此云字亦作犉者犉犉為

篆隸之異故詩小雅無羊釋文云其犉本又作犚而純反正與此相應正以說明詩之犉與此經之犚為一也嚴元照謂不必别出未明釋文之例

眥才細反說文云目匡也字林云目厓也

牰音袖字林音就本或作褎音同○攷證云舊褎譌褏案說文牛部無牰字衣部云褎袂也從衣采聲袖俗褎從由是古通借用褎袂字也褏博毛反音義别今據改正匡名十九引盧說又云褏乃褎貶字校勘記云本或作褎盧本褎改褎此誤說詳考證校語錄云褏盧改褎是箋曰通志堂本褎作褏以形近致譌孫校改為褎部本亦改褎並與盧改同此首音袖即廣韵四十九宥似祐切屬邪紐字林音就即廣韵疾僦切屬從紐然此乃從邪相混如論語鄉黨釋文褻詳又反字亦作袖而左傳襄十四年又云袖本又作褎在又反亦從邪不分也陸于此云音同必為衣褎之褎若褏在豪韵邦紐不與袖同音今依諸家所改

犚音尉

犈音權又音眷

犢徒木反

㸬火口反字林云牛鳴也

𤘽博益反○十三經音略十一云𤘽廣韵作𤘽五經文字同博益翻音貝五經文字布大翻同匡名十九云釋文云𤘽傅益反說文無𤘽字當作𤘽五經文字云𤘽布大反見爾雅案巿本作朩朩本作巿巿形近易溷六朝人書姊多作姉校語錄云𤘽當作𤘽傅依篇韵當作博注疏校勘記云體長娣注疏本同釋文單疏

本雪牕本犻作犻皆誤按五經文字云云玉篇犻布外反牛體長當據以訂正釋文博葢反雪牕本音貝則字本作犻也又云按以艸木巿巿然之巿為聲箋曰古逸本經文作犻獨不誤通志堂本釋文誤犻孫改及江校並作犻按廣韻博葢切犻牛二歲也爾雅云體長犻牛二歲之訓本說文說文正作犻今依正

羖 古牙反

羒 又作⿰牜分同符云反字林云羒羊○攷證云羝舊譌羘案經明云牡羒牝羘詩羘羊墳首毛傳亦以為牝羊則羒當為牡羊羝牡羊也說文亦作羘羊葢誤牛部無⿰牜分字匡名十九云詩正義十七之一引作⿰牜分案說文牛部無⿰牜分字校勘記云字林云羘羊盧本改羝羊校語錄云羘羊羘盧改羝詳攷證盧氏又改羝注內羘字為牡箋曰通志堂本羝羊作羘羊字林攷逸同邵本改羘為羝與盧改同是也說文羊部羝牡羊也羒羘羊也段注依初學記改羘為牡按經文羊牡羒郭注云謂吳羊白羝廣韻二十文符分切羒白羝羊也則此引字林當作羝羊乃與經文及毛詩傳說文廣韻諸書合今依邵盧所改

羝 丁兮反字林云牡羊也廣雅云三歲曰羝○攷證云案說文羝牡羊也與爾雅經注正合舊引字林牡羊作羘羊譌今改正箋曰通志堂本牡羊作羘羊邵本羘作牡與盧改合是也詩大雅生民篇取羝以軷傳云羝牡羊也廣雅釋獸牡羝雄也今依邵盧所改字林攷逸則沿通志本之誤又三歲通

志本作二歲按盧本作三歲與廣雅釋畜合今從之

牂 子郎反字林云三歲曰牂

墳 扶云反

夏羊 户雅反黑羖羊也

羖 音古字林云夏羊牝○箋曰臧校改牝為牡按說文羊部羖夏羊牡曰羖段注云此牡字大小徐皆不誤今刻大徐本誤牝假令羖是牝則下文安得云羺乎段說是也廣雅釋畜羖羊羺曰羯亦可證羖為牡而非牝此作牝者牡之形近譌字

䍽 音歷

羭 郭羊朱反字林羊句反○箋曰羊朱反為羭字本讀故為首音羊句反即廣韻十遇羊戍切羊朱羊句平去相承

壺 音乎○校勘記云壺盧本同葉本作壷當據正箋曰臧校改壺為壷即依葉本也按壺即壷字不必改

觤 九委反○十三經音略十一云觤音詭

觠 呂郭音權謝居轉反○十三經音略十一云觠呂郭音權謝居轉翻音羂箋曰居轉反即廣韻二十八獮居轉切周春云音羂案羂在二十七銑周依後世韻書合銑獮為一而言也

羷 謝許檢反字林力冉反一音力驗反○十三經音略十一云羷謝許簡翻音近顯入潸韻字林力冉翻音斂一音力驗翻斂去聲校勘記云謝許簡反葉本簡作檢此誤盧本未及改正校語錄云簡與羷不同部簡疑檢之譌與釋言弇於簡反同誤箋曰通志本檢作簡明時避崇禎諱所改臧校改為檢王筠校同即依葉本是也許檢反即廣韻五十琰虛檢切此羷

從僉聲自當在琰部今依葉本周春云音近顯則在二十七銑又云入潸韻沿簡字為說誤廣韻五十琰良冉切獫羊角三犄

獫即本字林之讀力驗反蓋讀同獫下文獫力驗反可證[illegible]其字異故云一音

迊子合反○攷證云迊帀本作匝廣韻三十三線引作帀注疏校勘記云犄角三匝雪牕、注疏本同釋文單疏本匝作迊廣韻三十三線引作帀箋曰迊即帀之異體禮記檀弓釋文帀本又作迊同子合反千祿字書迊帀上通下正則帀本作匝即迊之小異

羳音煩

羜直呂反又之呂反字林云五月生羔○十三經音略十一云羜直呂翻音宁又之呂翻音渚箋曰說文羊部羜五月生羔也從羊宁聲讀若煮鉉音直呂切又之呂反即本說文讀若煮字林本說文

犬說文云狗縣蹄者象形孔子曰視犬之字如畫狗也

貑子工反

獑音祈

毫户刀反字又作豪㕓名十九云按儀禮既夕注作豪疏引爾雅亦作豪箋曰此陸氏依其時之用字而言也釋獸釋文云毫户高反本或作豪音同借用也嚴元照于彼即有誤解詳彼

狗古口反字林云家獸也說文云孔子曰狗叩也叩气吠以守也

乾下旦反又胡肝反謂長毛也○箋曰下旦反即說文鉉音侯旰切故為首音胡肝反則讀平聲故云又

喙許穢反又昌銳反

獫力驗反字林力劒反呂力冉反郭力占況儉二

反呂力冉翻音斂〇十三經音略十一云獫力驗翻斂去聲字林力劍翻同力驗郭九占兼音沈儉闇音二翻校語錄云沈儉二反沈不知何字之譌經籍舊音辨證三云通志本盧本並作郭九占沈儉二反九屬見紐沈屬澄紐聲韻殊遠承仕案九應作力沈應作況皆形近之譌類篇有離鹽虛檢二切正與郭力占況儉二反相應茲正之箋曰詩秦風駟鐵釋文云獫力驗反說文音力劒反此引字林與說文舊音同皆鹽梵不分也呂力冉反者蓋呂忱復有上聲之讀也郭璞力占反則讀平聲況儉反則讀音與上文獫謝許檢反同吳氏改舊本之九占沈儉為力占況儉是也今依改周春沿誤字為說不可從

獥許謁

或作獥匡名十九云案獥疑獥之譌依說文當作猲校勘記云獥大遏反案獥當作獥此誤說詳注疏校勘記段玉裁云大為反字林作猲火遏反〇攷證云獥字林作猲案說文犬部猲短喙犬也詩曰載獫猲獢爾雅曰短喙犬謂之猲獢釋文作獥本火之譌注疏校勘記云短喙猲獢唐石經單疏本雪牕本同釋文獥許謁反字林作猲案玉篇獥許謁反獥獢犬短喙也宋作猲文選西京賦載獫獥獢為狼子釋文胡狄古狄工弔三反非犬名也陸氏既云字林作猲知爾雅不作猲矣釋文作獥者獥之訛今本作猲者據字林所改毛詩作歇者為通借字說文亦作猲校語錄云獥當作獥大乃火之譌見詩駟鐵經籍舊音

辨證三云盧本沿通志本作大過反任大椿字林考逸改作犬過反承仕按應作火過反篇韵列許竭許葛二反正與釋文相應箋曰獥通志堂本誤獥江校云獥字見西京賦轉寫作獥非獥狼子也胡狄古狄工弔三反又火通志堂本誤大江校改為火案詩秦風駟驖釋文云歇本又作猲許謁反說文音火遏反驕本又作獢同獥獢短喙田犬也此引字林之音與彼引說文舊音同廣韵許葛切有猲即本說文舊音及字林也獥猲為一字異體駟鐵釋文及玉篇廣韵並可為證傳寫致譌遂誤獥為獥大實火之形近誤字今並依諸家所說改正唯嚴元照謂依說文獥當作猲阮元又謂注疏本獥作猲為據字林所改未審獥猲本一字則嚴阮尚有所蔽耳

獢虛驕反

狣吕郭同音兆

尨亡江反說文云犬之多毛字林同也

吠扶廢反

雓音餘字或作餘○攷證云說文隹部無雓字知古通用餘匡名十九引盧說箋曰或作餘者依聲託事雓為後出分別文

雛仕俱反本或作鶵○箋曰釋鳥釋文云雛字或作鶵詳彼

僆郭音練力見反又力僆力展二反○十三經音略十一云僆郭音練力見翻又力僆音同上入願韵讀力展音變二翻攷證云單注本有音練二字校語錄云僆在願部無來紐集韵願部收僆則其所據本已譌陸益讀僆為綫部字也箋曰音練與力見反為直音與反語並出練見廣

韻並在去聲三十二霰健在二十五願乃作音家願釋文願云霰混用展在上聲二十八獮去聲爲三十二線按詩載馳釋文云求援于春反沈于万反而春在線韻万在願韻正與此同若集韻二十五願力健切有此健云難未成者正本此釋文爲之益丁度等未審釋文此條爲願霰線三韻混用非其所據之本已譌法偉堂不得其解

少者 詩照反

奮迅 信峻二音

戎 本亦作駥而融反○攷證云戎邢本作駥後漢書注引爾雅馬八尺爲龍不作駥匡名十九云釋文云戎本亦作駥石經作駥臧氏琳曰郭注引周禮曰馬八尺已上爲駥案夏官庾人馬八尺以上爲龍鄭司農引月令駕蒼龍月令注云馬八尺以上爲龍高誘淮南時則注云周禮馬八尺已上曰龍說文馬部云八尺爲龍何氏公羊解詁隱元年云天子馬曰龍高七尺以上諸書皆不作駥後漢書二十八下馮衍傳四十下班固傳注引爾雅皆作龍元照案說文無駥字箋曰上文絶有力駥郭注云即馬高八尺釋文云駥而充反本亦作戎然則此云本亦作駥謂如上文之經用字作駥也詳上駥爲後出分别文戎龍皆爲聲借戎在東韻日紐爲三等龍在鍾韻來紐亦三等來日並爲舌音濁聲故或用戎或用龍說文馬部騋馬七尺爲騋八尺爲龍段注云龍俗作駥蓋以說文無駥而以爲俗也

以上 時掌反

犉 閏旬反

驖 本亦

作麙五咸反○十三經音略十一云麙本亦作麙五咸翻音岀廣韵陟鄰翻音真山海經作麙郭注引爾雅音針孜證云說文有麙無麙匡名十九引盧說箋曰廣韵陟鄰切無此麙麙二字且陟屬知紐陟鄰切當讀如珍不讀如真真屬照紐乃職鄰切周說誤

彘直例反○孜證云舊譌直列反今據宋本改校勘記云直列反葉本列作例此誤盧本已改正校語鉉云直列反列盧改例是箋曰通志堂本作直列反臧校改列為例即依葉本郘本亦改為例是也彘說文鍇音直例切詩兩無正左傳宣十二年釋文並作直例反無他讀廣韵十七薛直列切亦不載此彘字則通志本之列實例之殘壞今依葉本及諸家所改

豟於革反大豕也小爾雅云豕之大者謂之豜豟○校勘記云按單疏本釋獸引小爾雅無豜下豟字此豟誤衍箋曰小爾雅廣獸豕之大者謂之豜阮說是陸氏于此引之者所以廣異聞以見豟豜名異而實同也

獒五刀反尚書云西旅獻獒孔傳云大犬也說文云犬知人心可使者字林同廣雅云殷虞晉獒楚獷韓獹宋浞皆良犬也浞音鵲○校勘記云孔傳云大犬也葉本作人犬也與下文引說文犬知人心可使者說合今本孔傳亦作大益誤箋曰臧校改大犬為人犬即依葉本案經云狗四尺為獒郭注云尚書孔氏傳云犬高四尺曰獒即此義今本尚書旅獒篇西旅獻獒僞孔傳云西戎遠國貢

大犬與此所引孔傳正合驁為駿馬鼇為大鼈䫨為高頭皆從敖聲有大義且阮元注疏校勘記于旅獒末云孔傳大犬有誤此見葉本大殘為人遂為之曲說耳今仍通志本之舊又孫校改犬知人心之知為如與今說文大小徐本相合惟桂馥義證云如當為知釋畜釋文引說文作知左傳釋文及正義字林集韵增韵韵會通志並同如桂說且以作如者為誤段注本作知云知一作如今案作知作如並通則孫氏不必改當仍各本之舊

鶤音昆字或作鵾同或音運又音輝○攷證云案說文鳥部鶤鶤雞也從鳥軍聲讀若運則從昆者非匡名十九引盧說箋曰郝懿行義疏引釋文而釋之云楚辭九辯鵾雞啁哳而悲鳴淮南覽冥篇軼鶤雞於姑餘是鶤雞即鵾雞按郝說是也陸氏因楚辭用字有異故備載之亦以廣異聞也盧文弨以從昆者為非但依說文為說實失陸意廣韵古渾切鵾鵾雞鶤上同正本此陸云或音運即本說文讀若運又音輝為別讀故廣韵許歸切不載至集韵吁韋切乃依此又音錄鶤字

溝古侯反

經典釋文卷第三十○攷證云經典釋文卷第三十終舊無終字宋本有校勘記云葉本有終字盧本據補又此本卷末有乾德開寶間詳勘職名葉本在毛詩音義末於此無之後人取以殿此卷之末非也段玉裁曾辯正之箋曰

藏校于三十下補終字與盧文弨同皆依葉本也按一卷至二十九卷末皆無終字葉本亦無獨于此有終字非例也盧文弨等補之亦墨守宋本耳今仍通志本之舊

經典釋文集説附箋卷第三十終

勘官登仕郎前守趙州柏鄉縣主簿臣張崇甫

勘官登仕郎前守丹州司法叅軍臣李守志

勘官登仕郎試大理評事前守唐州湖陽縣監察御史賜緋魚袋臣皇甫與

勘官宣德郎試大理評事前守許州錄事叅軍兼監察御史臣姜融

勘官朝請大夫行國子監丞柱國臣馮英

詳勘官通議大夫鴻臚少卿兼判國子司業事上柱國賜紫金魚袋臣聶崇義

銀青光祿大夫檢校工部尚書司農卿兼判國子監事臣衞融

乾德三年五月　日

重詳勘官朝散大夫太子中舍權判太府寺國子監事柱國賜紫金魚袋臣陳鄂

重詳勘官山南西道節度判官奏行尚書司封郎中上柱國臣姚恕

開寶二年正月　日

推忠協謀佐理功臣金紫光祿大夫尚書吏部侍郎參知
政事上柱國東平郡開國侯食邑一千戶臣呂餘慶等進

推忠協謀佐理功臣金紫光祿大夫尚書吏部侍郎參知
政事上柱國河東郡開國侯食邑一千戶臣薛居正

推忠協謀同德佐理功臣起復光祿大夫尚書左僕射兼
門下侍郎同中書門下平章事昭文館大學士監修
國史上柱國天水郡開國公食邑二千戶食實封四
百戶臣趙普